시티즌 오블리주

시티즌 오블리주

행복한 세상을 만드는 새로운 물결

초판 1쇄 인쇄 2009년 12월 16일
초판 1쇄 발행 2009년 12월 23일

지은이 문제갑 양순필
펴낸이 김백일

표지디자인 이재교
편집 굿플러스커뮤니케이션즈
출력 한컴출력
인쇄 미르인쇄

펴낸곳 (주)역사비평사
등록 제300-2007-139호(2007. 9. 20)
주소 110-260 서울시 종로구 가회동 175-2
전화 02-741-6125~5
팩스 02-741-6126
홈페이지 www.yukbi.com
전자우편 yukbi@chol.com

ISBN 978-89-7696-278-2 03330

이 도서의 국립중앙도서관 출판시도서목록(CIP)은 e-CIP 홈페이지(http://www.nl.go.kr/ecip)에서
이용하실 수 있습니다.(CIP제어번호: CIP2009003983)

시티즌 오블리주

행복한 세상을 만드는 새로운 물결

문제갑 양순필 지음

역사비평사

아름다운 우리의 공동체 문화

우리의 고전소설 《심청전》에 이런 대목이 나옵니다.

음전하던 곽씨 부인 불쌍히도 죽었구나. 우리 동네 백여 집이
십시일반 十匙一飯 으로 장례나 치러주세.

심청이를 낳고 세상을 떠난 곽씨 부인. 남편 심 봉사는 몰락한 양반
가문 출신의 가난한 선비인데, 살림이 워낙 궁하다 보니 부인 초상 치
를 일이 막막합니다. 그때 동네 사람들이 나서서 열 숟가락 모아 밥 한
그릇 마련하는 정성으로 대신 장례를 치러준다는 얘기입니다.

…… 어머니는 세상 버리시고 우리 아버지 눈 어두워 앞 못 보는 것
을 뉘 모르시겠어요? 십시일반이라 하오니 밥 한 술 덜 잡숫고 주시
면 눈 어두운 저의 아버지 시장을 면하겠습니다.

동네 아낙들의 동냥젖으로 자란 심청이가 이번에는 앞을 못 보는
아버지를 위해 구걸을 다니는데 그때도 동네 사람들이 밥 한 술씩 떠

서 도와주는군요.

십시일반 하는 사람들 이야기가 참 따뜻하게 그려져 있습니다. 장례 치를 형편이 안 되는 것을 알고 집집마다 조금씩 보태주는 인심이 가슴 뭉클하지요. 이렇듯 우리가 쉽게 읽고 넘어간 《심청전》을 잘 살펴보면, 심청이를 키워낸 우리의 공동체 문화가 얼마나 아름다운지 알 수 있습니다. 어려운 중에도 이웃의 고통을 함께 나누는 인심과 불우한 환경에도 희망을 잃지 않고 아버지를 봉양하는 심청이의 효심까지 《심청전》은 우리 민족 정서의 본보기로 지금까지 널리 읽혀 오고 있습니다.

이심전심以心傳心은 불교 용어로 석가가 제자인 가섭迦葉에게 말이 아닌 마음으로 불교의 진수眞髓를 전했다고 한 것에서 유래했습니다. '마음과 마음이 서로 통한다'는 뜻으로 쓰이는데, 이를 테면 수십 년 만에 상봉한 이산가족이 그저 부둥켜안고 우는 것은, 말하지 않아도 서로 그리워한 정이 얼마나 큰지 알기 때문입니다. 세상에는 말로 표현할 수 없는 것이 있고, 백 마디 말보다 눈빛만 보고도 아는 것이 있습니다. 이심전심은 오랫동안 함께 살아온 공동체 구성원들 간의 정서적 공감으로, 그 느낌까지 훈훈한 우리의 전통적인 정서의 하나입니다.

상부상조相扶相助는 짐을 서로 나눠지거나 여럿이 힘을 합해 어려움을 극복한다는 뜻으로 쓰이는데 아마도 우리만큼 이 말을 많이 쓰는 민족도 없을 것입니다. 서로 돕고 살아온 우리 민족의 고유한 전통을 잘 나타내주고 있습니다. 요즘에도 결혼을 하거나 장례를 치를 때 혹은 병상에 있거나 큰 행사를 치를 때, 주위에서 부조扶助하는 것을 당연하게 생각합니다.

십시일반, 이심전심, 상부상조는 모두 공동체 생활로부터 나온 것입니다. 이 같은 전통이 요즘에도 강하게 남아 있다는 것은 그만큼 우리 사회가 공동체 지향적이라는 뜻일 것입니다.

서구에도 우리와 유사한 개념이 있습니다. 똘레랑스 Tolerance가 그것입니다. 똘레랑스의 기원은 서구 사회 특히 프랑스가 종교개혁을 겪게 된 시기로 거슬러 올라갑니다. 당시 서구 사회는 구교와 신교, 교회와 세속 권력으로 나뉘어 서로 주도권을 잡기 위해 치열하게 투쟁하고 있었습니다. 이러한 싸움 끝에 구교와 신교, 성聖, 교권과 속俗, 세속권 어느 한편도 상대를 압도하지 못하게 되자 평화 선언을 하고 서로를 인정함으로써 나타난 타협의 산물이 바로 똘레랑스입니다. 이것이 근대화 과정을 거쳐 '자유'와 '평등'의 개념을 흡수하고 '나의 자유가 소중한 것처럼 당신의 자유를 존중한다'는 의미로 확대되어 일반들에게 널리 퍼졌습니다. 이에 대해서 볼테르가 유명한 말을 남겼습니다.

"나는 당신의 의견에 동의하지 않는다. 그러나 목숨을 걸고 당신이 말할 권리를 지켜주겠다."

볼테르의 이 말에는 근대 시민사회를 이끌어온 자유 정신의 발로인 말할 권리, 즉 표현의 자유를 얼마나 소중하게 여기는지 잘 나타나 있습니다. 여기에서 볼테르는 비록 자신에 반대하는 사람의 권리라도 목숨을 걸고 지켜내겠다고 말합니다. 이러한 상대주의적 관점은 우리의 역지사지易地思之 개념과 사상적으로 같은 뿌리에서 나온 것입니다. 서구의 시민사회는 볼테르와 같은 변혁가들이 목숨을 걸고 지켜온 자유와 평등의 정신이 있었기에 가능했습니다.

기원과 역사는 다르지만, 우리의 십시일반, 이심전심, 상부상조와 서구의 똘레랑스 같은 말들은 사회라는 공동체 안에서 사람들이 서로 어떻게 협력하며 사는지, 또 어떻게 차이를 극복하고 더 큰 하나로 통일해 나가는지에 대해 잘 말해주고 있습니다.

동양과 서양은 지내온 역사와 문화가 다르다 보니 노블레스 오블리주 Noblesse Oblige 전통에도 상당한 차이가 있습니다. 농경 사회의 전통과 산업사회의 전통을 같은 선상에서 비교하는 것도 무리가 있고, 사회 성격과 국민성이 다른 마당에 노블레스 오블리주를 실천하는 모습이 같을 수는 없겠지요.

당장 우리나라에서는 노블레스 오블리주에 대한 생각부터 다릅니다. 마땅히 해야 할 일을 하면서 생색내는 일을 몹시 꺼리는 경향이 있습니다. 또 모범적으로 노블레스 오블리주를 실천하는 사람이라도 '그 많은 돈을 어떻게 벌었겠느냐'고 색안경을 끼고 바라보기도 합니다. 이것은 오랜 식민 통치의 경험과 전쟁 그리고 너무 빠르게 산업사회로 변화하는 사회상을 반영한 것인데 원칙과 기준, 차례와 질서보다는 기회주의와 투기 성향 그리고 결과지상주의가 오래도록 청산되지 않고 남아 있기 때문일 것입니다.

지금 우리 사회가 노블레스 오블리주를 주목하는 것은 그 같은 시대상을 반성하는 의미가 있는가 하면, 또 한편으로는 격변기를 지내고 이제 좀 안정기에 접어들고 있다는 데서 오는 여유로 볼 수도 있겠습니다. 반면에 고속 성장 이면에 부익부빈익빈 현상이라는 성장통을 겪으면서 부의 재분배에 대한 사회적 요구가 커진 것도 또 하나의 이유가 되겠지요.

법과 제도를 아무리 잘 갖춘다 해도 국민들의 복지 수요를 다 감당하기는 어렵습니다. 게다가 그런 법과 제도가 정착되기를 기다리는 동안 가난과 질병, 소외로부터 고통받는 사람들의 어려움을 돕는 것은 늘 촌각을 다투는 일이 되고 있습니다.

이런 때에 방송이나 신문을 통해 무명의 기부 천사들이 펼치는 기부 선행 봉사 활동은 많은 사람들로 하여금 자신을 돌아보게 하는 계기가 되었습니다. 여기에 더하여 사회 저명인사들이나 스타, 대중문화예술인들의 기부 활동이 자주 보도되면서 이제는 국민 누구나 할 것 없이 각자의 처지에 맞게 기부하고 선행하며 봉사하자는 운동이 조용히 확산되고 있는 것을 느낍니다. 이 책은 바로 이러한 시대의 흐름에 부응하기 위해 쓴 것이며, 비록 전문가의 혜안에 미치지는 못하지만 용기를 내어 출판하게 되었습니다.

당초 사례를 위주로 소개하는 방식을 구상했으나 조금 욕심을 내어 우리나라 노블레스 오블리주의 역사를 추적하는 능력 밖의 일을 하다 보니, 결과적으로 독자 여러분께 송구한 일을 하게 된 것 같습니다. 다만 애썼다는 격려의 말씀이라도 듣게 된다면 간신히 부끄러움을 면할 수 있지 않을까 합니다. 특별히 노력을 기울인 것은 세계 각 나라의 경험들을 사례 형식의 글로 모아내는 것이었습니다. 되도록 알려진 이야기 이면의 교훈을 찾기 위해 노력했고, 이왕이면 내용이 중복되는 것을 피하기 위해 이야기 구성을 최대한 절제했습니다.

이 책은 한 마디로 시민의 사회적 책무 즉, '시티즌 오블리주Citizen

Oblige'에 대한 이야기입니다. 신분 사회의 노블레스 오블리주 전통이 오늘날에 와서 어떤 방식으로 시티즌 오블리주로 확산되었는지 그 과정과 의미를 중심으로 엮었습니다. 아직 마땅한 우리말을 알지 못해 외국어로 표기할 수밖에 없지만, 언젠가 시티즌 오블리주라는 말이 온 사회에 퍼지면 그때는 아마도 우리 이름을 갖게 되지 않을까 기대해봅니다.

이 책이 많이 부족한 것은 사실이지만 몇 가지 점에서 그 의미와 가치가 적지 않습니다.

먼저 역사 속의 기부 전통을 개개인의 선행 차원으로 해석하기보다는 공동체 문화라는 관점에서 추적하고 있습니다. 또 무엇보다 시티즌 오블리주라는 개념을 새롭게 탄생시키고 정립한 것은 이 책의 중요한 성과입니다. 나아가 이런 관점에서 시민들의 기부와 사회적 기업의 역할, 기업의 사회공헌 활동을 일관되고 독창적으로 조명하고 있습니다. 이런 소재를 개별적으로 다룬 책은 많지만 하나의 시각으로 엮은 책은 아마 처음일 것입니다.

노블레스 오블리주가 신분 사회의 산물이라면, 시티즌 오블리주는 사회 공동체의 산물입니다. 노블레스 오블리주가 있는 것을 나누는 것이라면, 시티즌 오블리주는 동참하고 봉사하는 것입니다. 노블레스 오블리주가 고귀한 사람들이 펼치는 선한 행동이라고 하면, 시티즌 오블리주는 그것을 행하는 사람을 고귀한 존재로 만들어줍니다.

시티즌 오블리주는 특정인의 전유물이 아니라 누구나 자기의 처지에 맞게 실천하는 사회적 활동입니다. 기부와 선행 봉사를 하는 데 어떤 전제나 자격도 필요하지 않습니다. 과거에 그가 어떤 사람이었느냐에 상관없이 그 행위 자체를 인정하고 가치를 두는 아량과 이해가 필요합니다. 이것은 시티즌 오블리주와 노블레스 오블리주의 중요한 차이 중 하나입니다.

교육은 국가 백년대계입니다. 우리 선조들은 자녀를 교육할 때 인성 교육을 가장 중요하게 생각했습니다. 그런데 오늘날 우리 사회는 경쟁에서 이기는 방법을 주로 가르치고 있습니다. 이 책이 전하는 여러 사례들이 자라나는 우리 아이들은 물론 어른들에게도 좋은 교훈으로 널리 읽혔으면 좋겠습니다.

2009년 겨울

제 1부

노블레스 오블리주에서 배운다

1장 노블레스 오블리주를 실천한 진정한 지도자

1. 세종대왕 : 모두 사랑에서 비롯되다

고귀한 신분을 가진 사람의 사회적 책임을 노블레스 오블리주Noblesse Oblige라고 부릅니다. 이런 의미에 꼭 맞는 인물을 꼽으라면 세종대왕을 들 수 있습니다. 세종은 조선시대에 하늘 아래 가장 높은 존재인 임금이었습니다. 그런 그가 백성을 지극히 사랑하고, 백성들을 위해 자신을 낮추며 수많은 일을 했습니다. 동서양을 통틀어 노블레스 오블리주의 최고 전형이라고 할 만합니다.

세종대왕은 고구려 광개토대왕과 함께 우리나라 역대 임금들 중 제일로 꼽힙니다. 광개토대왕은 고구려를 당대 동아시아에서 가장 강력한 국가로 성장시켰습니다. 이 시기에 우리 민족은 역사상 가장 강성한 나라를 이루었습니다. 광활한 영토와 넘치는 국력으로 세계를 호령했습니다.

세종 시대에는 우리의 민족문화가 활짝 꽃을 피웠습니다. 세계 어떤 문자보다 과학적이며, 세상의 모든 소리를 가장 잘 표현할 수 있는 최고의 문자인 훈민정음이 탄생했습니다. 특히 한글이 위대한 것은 이를 만든 이유가 백성에 대한 깊은 사랑에서 비롯됐기 때문입니다. 뿐만 아니라 세종 당시 조선의 과학은 세계 으뜸이었습니다. 한양의 백성 누구나 길거리에 있는 해시계를 보고 정확한 시간을 알 수 있을 정도였습니다.

백성과 신하들을 자기 자신보다 더 아끼고 사랑했던 만백성의 어버이. 그래서 오늘날까지 수많은 국민들로부터 사랑받으며 최고의 성군으로 불리는 세종대왕. '모두 사랑에서 비롯되다'를 주제로 그에 대한 이야기를 시작하겠습니다.

"노비도 하늘이 낸 백성이다"

조선은 봉건적 신분 질서가 뚜렷한 사회였습니다. 양반과 천민의 사회적 지위는 하늘과 땅만큼 달랐습니다. 천민의 목숨은 시쳇말로 파리 목숨과도 같았고, 이들에게는 인간으로서의 최소한의 권리조차 보장되지 않았습니다.

1418년, 이런 조선에서 세종이 제 4대 임금에 올랐습니다. 그는 자신의 즉위에 맞춰 반포한 교서에서 '어짊으로 나라를 다스리겠다施仁發政^{시인발정}'는 통치 이념을 밝혔습니다. 세종은 나아가 "임금이란 하늘을 대신해 만물을 다스리는 직책이다. 사물이 제자리를 찾지 못해도 대단히 상심할 일인데 사람의 경우는 어떻겠느냐. 진실로 차별 없이 만물을 다스려야 할 임금이 어찌 양민과 천인을 구별해서 다스릴 수 있겠는가"라고 말했습니다. 또 "노비도 하늘이 낸 백성이다"라고 강조했습니다.

세종대왕은 말만 이렇게 한 게 아닙니다. 그가 왕위에 오른 지 8년이 되던 해인 1426년에는 "여종이 아이를 낳으면 휴가를 100일 동안 주도록 하라"고 지시했습니다. 오늘날과 비슷한 출산 휴가를 도입한 것입니다. 몇 년 후에는 임신한 관비들을 출산 한 달 전부터 쉬게 하라고 명했습니다. 그 시절에는 출산을 며칠 앞둔 관비들이 일을 하다가 너무 지쳐서 미처 집에 가지 못하고 길에서 아이를 낳는 경우가 적지 않았다고 합니다.

산모와 태아, 그리고 갓난아기에 대한 세종의 사랑과 배려는 여기에서 그치지 않습니다. 1434년, 세종은 여종이 출산을 하면 그의 남편에게도 30일간 일을 시키지 못하도록 했습니다. 남편이 일을 나가 아내와 아기를 돌보지 못해 이들이 숨지는 일을 진실로 가엾게 생각한 것입니다. 600여 년 전 조선시대에는 인권과 복지에 대한 인식이 현대사회에 훨씬 미치지 못했던 게 사실입니다. 하지만 세종의 백성에 대한 지극한 사랑에서 나온 이 같은 정책은 오늘날과 비교해도 참으로 대단한 것입니다.

세종대왕은 사랑이 많은 군주였습니다. 그는 언제나 신하를 존중하고, 백성을 보살폈습니다. 또 귀천을 가리지 않고 모든 사람을 따뜻하게 배려했습니다. 그의 사랑은 상대방에 대한 존중과 배려, 약자에 대한 보살핌이었습니다.

임금은 당시 조선에서 가장 힘이 세고 돈이 많은 사람입니다. 마음만 먹으면 무엇이든 자기 뜻대로 할 수 있었습니다. 물론 제아무리 군왕이라고 해도 신하와 유생들이 그의 뜻에 집단적으로 반대하는 일은 종종 있었습니다. 세종 때도 마찬가지였을 것입니다. 그런데 당시 기록에 보면 세종 재위 시절 양반을 사형에 처한 일이 한 건도 없다고 합니다. 이는 세종이 자신이나 조정을 주도하는 세력과 다른 의견을 가진 자들을 존중하고, 이들과 끊임없이 대화하고자 했기 때문일 것입니다. 그는 또 별실을 지을 때 돌층계를 만들지 않았고, 지붕도 기와가 아닌 짚을 이어 올렸다고 합니다. 이처럼 세종은 돈과 권력을 자기 자신을 위해 함부로 사용하지 않았습니다.

그는 자신의 능력을 백성들에게 꼭 필요한 곳에 썼습니다. 응급환자가 생겼을 때 백성들이 쉽게 구급약을 만들어 먹을 수 있도록 하기 위해 청심환 등의 제조법을 적은 책을 한글로 편찬했습니다. 해시계인 앙부일구도 많은 백성이 볼 수 있도록 사람들이 많이 다니는 종묘 거리 등에 설치했습니다. 특히 각 시각을 숫자가 아닌 동물 그림으로 표시했습니다. 글자를 모르는 백성도 쉽게 시간을 알 수 있도록 세심하게 배려한 것입니다.

세종 때 신하인 신숙주가 하루는 집현전에서 밤새 일을 하다 의자에서 잠이 들었습니다. 이를 본 세종이 그에게 짐승의 털가죽을 안에 대서 만든 갖옷을 덮어주었다는 기록도 있습니다. 또 당시 조정에서는 백성들에게 공물로 해동청(보라매)을 바치도록 했습니다. 이 새들을 호조에서 관리하며 길렀는데, 세종은 이를 모두 놓아주었습니다. 그는 "해동청은 매우 잡기가 어렵고, 날마다 꿩 한 마리씩을 먹여야 하고 길들이기도 어렵다. 혹시 멀리 날아가기라도 하면 매를 좇아 사람들이 마을을 뒤져야 하니 백성에게 폐가 되므로 내가 모두 놓아버렸다"라고 했습니다.

세종의 사랑은 약자에 대한 보살핌

세종은 어린이와 여자 등 약한 사람들을 가엾게 여기고 사랑했습니다. 《세종실록》에 보면 '지방에서 선발한 관비들에게 제생원에서 의술을 가르쳐 다시 지역에 내려가 그곳의 부녀자들을 치료하게 했다'는 기록이 있습니다. 제생원은 조선시대 나라에서 세운 의료 기관입니다. 당시 지방에는 의원도 많지 않았고 그마저도 거의 모두 남자였습니다. 이 때문에 여자들이 병에 걸려도 의원에게 몸을 보이기를 꺼려해 치료를 받지 못하는 경우가 많았습니다. 세종은 이런 사정을 알고 관청에 속한 여자 노비들에게 침과 뜸, 약 짓는 법을 가르쳐 부녀자들을 돌보도록 한 것입니다. 또 부모를 잃은 어린이를 입양해 기르는 것을 적극적으로 권장하고 지원했습니다. 실록에는 '버려진 아이를 거둬 기르는 사람에게는 문서에 이를 기재해 마음껏 기를 수 있도록 해야 한다'는 기록도 있습니다.

세종의 사랑은 감옥에 있는 죄수에게까지 미쳤습니다. 세종은 "무더위에 죄수를 옥에 오래 갇혀 있게 하는 것은 참으로 가엾다"고 했습니다. 또 "감옥은 본래 악한 것을 징계하자는 것이지 사람을 죽게 만드는 곳이 아니다. 그런데 옥의 관리를 맡은 자가 마음을 써서 살피지 않아 옥에 갇힌 사람들이 병에 걸리거나 혹은 굶주리거나 얼어서 죽는 이가 적지 않다. 또 옥졸의 핍박과 고문으로 원통하게 생명을 잃는 자도 있다"며 "지금 죄수 중에 죽은 자가 있거든 죄의 경중을 가리지 말고 모두 다 사연을 조사해 보고하라"고 지시하기도 했습니다.

세종대왕의 백성에 대한 사랑을 읽을 수 있는 따뜻한 이야기는 이 밖에도 많지만 더 소개하지 않겠습니다. 다른 사람을 존중하고 배려하며, 어려운 이웃을 보살펴야 한다는 깨달음을 얻기에는 이것으로도 충분할 것입니다.

세종대왕에 대해 말할 때 '훈민정음'을 빼놓을 수 없습니다. 비밀리에 진행된 창제 과정과 최만리 등 대신들과의 갈등, 글자를 만든 독창적 원리 모두 중요합니다. 하지만 이 글에서는 한글을 만든 정신에 대해서만 이야기하겠습니다.

세종은 28자의 새로운 문자를 만들고, 훈민정음이라고 이름 지었습니다. 이는 '백성을 가르치는 바른 소리'라는 뜻으로 그 이름에 이미 백성을 위해 만들었다는 의미가 담겨 있습니다. 당시 조선은 중국과 같이 한자를 사용했고, 모든 책과 문서를 한자로 기록했습니다. 그런데 한자는 사실상 소수 양반 계층에서만 통용되는 문자였습니다. 대다수의 백성들은 글을 몰라 불이익을 당하기 일쑤였고, 자신의 생각을 글로 표현하는 것은 거의 불가능했습니다. 문자가 소수에게 독점되면 지식과 정보, 돈과 권력이 모두 일부 특권층에게 집중되는 것은 당연한 일입니다. 세종이 한글을 창제한 정신의 핵심 중 하나가 바로 특권을 폐지하자는 것이었습니다. 책을 읽고 글을 쓰는 권리를 누구나 누릴 수 있도록 하고자 했던 것입니다. 당시 조선에서 일반 백성들이 글을 배울 수 있도록 새롭고 쉬운 문자를 만든 것은 가히 혁명적인 사건이었습니다. 사회질서 전체를 크게 뒤바꿀 수 있기 때문입니다.

세종대왕은 '백성이 하늘'이라고 믿었고, 그 이상을 실현하고자 했습니다. 백성이 진정한 하늘, 진정한 주인이 되기 위해서는 그들이 배우고 이치를 깨달아야 했습니다. 이를 위해서는 누구나 쉽게 배우고 쓸 수 있는 문자가 반드시 필요했던 것입니다.

우리는 모두 누군가를, 또 무엇인가를 사랑합니다. 아무것도 사랑하지 않는 사람은 없을 것입니다. 만약 이런 사람이 있다면 그는 정말 불행한 사람입니다. 그렇다면 우리의 사랑은 어디를 향하고 있을까요? 나보다 더 가진 사람, 나보다 더 높은 사람만을 향해 애정 표현을 하고 있지는 않나요? 나보다 배운 것이 없고, 나보다 가진 것이 없고,

나보다 힘이 약한 사람들에게 사랑을 나누는 것은 먼 훗날에나 할 수 있는 일이 아닙니다.

세상의 모든 사랑은 소중합니다. 그런데 이 중에서도 세종의 사랑이 특히 더 아름답고 위대한 것은 그가 무지하고 힘없는 백성, 가진 것 없는 민초들을 향해 끊임없이 사랑을 실천했기 때문이 아닐까요?

2. 정약용 : 백성과 시대의 아픔을 함께하다

인류 역사에는 뛰어난 재능을 가진 천재들이 많습니다. 이들 중 한 사람인 레오나르도 다빈치는 모나리자를 그린 위대한 화가입니다. 동시에 그는 발명과 해부학 등 수많은 영역에서 놀라운 천재성을 발휘했습니다. 다빈치는 이탈리아가 낳은 최고의 천재라고 할 수 있습니다.

그렇다면 우리나라의 최고 천재는 누구일까요? 물론 이 질문에 정답이 있는 것은 아닙니다.

그런데 꼭 한 명만 골라야 한다면 이번 이야기의 주인공 다산 정약용을 들어도 좋을 것입니다. 그는 정치와 행정은 물론 건축과 의학, 생물학 등에 걸쳐 천재적인 능력을 보여주었습니다. 그가 저술한 수백 권의 책은 한 사람이 쓴 것이라고는 믿기 어려울 만큼 영역이 다양할 뿐만 아니라 그 깊이도 대단합니다. 당시에는 대형 도서관이나 인터넷도 없어 접할 수 있는 정보가 오늘날과 비교해 매우 부족했습니다. 이런 점을 고려하면 그의 저술 활동은 정말 놀라운 것입니다.

하지만 이 글에서 정약용에 대해 이야기하려는 것은 그의 천재성 때문이 아닙니다. 그에게는 빼어난 재능보다 더 빛나는 게 있습니다. 바로 '시대의 아픔을 백성들과 함께 나눈 삶'입니다. 나아가 그는 이를 통해 '품격 있는 성공'이란 무엇인지 보여주었습니다.

정약용이 태어난 해는 사도세자가 죽음을 당한 1762년입니다. 그의 아버지 정재원은 이 일로 벼슬을 버리고 시골로 돌아왔는데 이때 정약용이 태어난 것입니다. 어린 정약용은 시를 잘 짓고 산문을 잘 썼다고 합니다. 그의 나이 15살 때 아버지가 다시 벼슬길에 나가 한양에서 살게 됐습니다. 이 무렵 정약용은 실학파의 거목인 성호 이 익이 남긴 글을 읽고, 그의 제자들과 교류하며 실학에 뜻을 두기 시작했습니다. 당시 실학은 백성을 가난에서 구제하고, 나라를 부강하게 하려는 실천적 개혁 사상이었습니다. 어린 정약용은 이미 이때부터 가난과 수탈, 질병으로 고통받는 민초들을 위해 살겠다고 생각했는지 모릅니다.

22살에 성균관에 입학한 정약용은 깊은 학식과 빼어난 논리로 정조대왕의 주목을 받게 됩니다. 28살에 대과에 급제해 벼슬길에 첫발을 내디뎠고, 곧이어 출중한 능력을 인정받아 임금과 함께 학문에 관한 토론을 할 수 있는 초계문신에 발탁됐습니다.

이후 그가 관료로서 어떻게 성장했고, 유배 생활에서 무엇을 했고 어떤 저술을 남겼는지 등에 대해서는 자세히 나열하지 않겠습니다.

"지배층에게는 의무가 있고, 백성은 권리가 있다"

그럼 본격적으로 정약용의 삶 속에 흐르는 값진 교훈을 만나보겠습니다. 그가 공직에 있을 때나 유배지에 있을 때 행한 말과 글은 모두 일관된 가르침을 담고 있습니다. 바로 '지배층에게는 의무가 있고, 백성은 권리가 있다'는 것입니다. 노블레스 오블리주 정신을 이처럼 잘 표현한 말이 또 있을까 싶을 정도입니다.

정약용은 백성이 자신들의 권리를 깨우치게 하려고 애를 썼습니다. 그는 "목민관이 백성을 위해 있는 것이지, 백성이 목민관을 위해서 있는 게 아니다"라고 했습니다. 목민관은 오늘날로 치면 공직자 정도로 이해할 수 있습니다. 이 말은 관료를 질타하는 것과 동시에 민중의 주인의식을 강조한 것입니다. 그는 또 "하늘이 백성을 내실 때 밭을 두어 먹고살게 했고, 그 다음에 군주와 목민관을 세워 백성을 보살펴 모두 살도록 했다"고 했습니다. 이 말은 '모든 사람은 날 때부터 먹고살수 있는 권리를 타고 난다'는 의미를 담고 있습니다. 정약용의 말에서한 발 더 나아가면 토지, 즉 오늘날로 치면 생산수단은 백성이 먹고살수 있도록 하늘이 내린 공동체의 것입니다. 따라서 여기에서 나온 곡식과 생산물은 마땅히 백성들이 먹고사는 데 쓰여야 하고, 백성은 이를 요구할 권리가 있다는 의미로 해석할 수 있습니다.

정약용이 백성의 권리를 일깨운 일 중 대표적인 사례가 '이계심 사건'에 대한 처리라고 할 수 있습니다. 당시 조정에서는 정약용을 반대하는 세력들이 끊임없이 그를 모함했습니다. 정조도 어쩔 수 없어 그를 외직에 보내기로 하고, 황해도 곡산의 부사를 맡겼습니다. 마침 이지역에는 골치 아픈 문제가 있었습니다. 전임 곡산부사 때 서리들이세금으로 면포 40자, 돈으로 치면 200전을 걷어야 하는데 900전을 걷은 것입니다. 그러자 이계심이라는 자가 고을 백성 천 여 명과 함께 관아로 가서 이를 항의했습니다. 관군들이 이계심을 체포하려 했으나 백성들이 가로막아 그는 도망칠 수 있었습니다. 이 사건은 한양 조정에까지 알려졌는데, 이계심이 부사에게 해코지를 한 흉악범인 것처럼 잘못 전해졌습니다. 이런 곳에 정약용을 신임 부사로 내려 보낸 것은 어쩌면 정조의 깊은 뜻이 있었는지도 모릅니다.

정약용이 곡산부사로 부임하던 길에 이계심이 나타나 자수했습니다. 그는 백성의 고통을 12조목으로 적은 글을 가지고 있었습니다. 서리들은 이계심을 포박해 끌고 가야 한다고 했지만 정약용은 그렇게 하지 않았습니다. 정약용은 관아로 이계심을 데려온 후 먼저 그의 말을 들어보았습니다. 하나도 틀린 것이 없었습니다. 정약용은 관료와 백성들 앞에서 이렇게 말했다고 합니다. "관청이 잘못을 저지르는 것은 백성들이 폐단을 보고도 관청에 대들지 않기 때문이다. 이계심 같은 사람은 천금을 주고도 얻기 어렵다."

이처럼 정약용은 민중들에게 자신의 권리를 주장하라고 일깨웠습니다. 동시에 관직에 있는 사람과 부자들에게는 그들의 의무를 실천하라고 촉구했습니다.

그는 《목민심서》에서 "백성은 토지를 밭으로 여기는데 벼슬아치들은 백성을 밭으로 삼는다. 살갗을 벗기고 골수를 두들기는 것을 밭갈이로 삼고, 머릿수를 세어 거두어들이는 것을 가을걷이로 삼는다"고 했습니다. 관료의 착취와 부패에 대한 통렬한 비판이며 스스로 뉘우치라고 호되게 꾸짖은 것입니다.

그는 또 "부자의 것을 덜어내서 가난한 자에게 보태주어 그 살림을 고르게 해야 한다"고 주장했습니다. 부자에게는 가난한 사람을 돌봐야 할 책임이 있다고 지적한 것입니다.

당시 조선 백성들은 병이 들어도 돈이 없어 약을 쓰지 못해 죽어가고, 먹고살기 위해 어쩔 수 없이 도적떼가 돼야 하는 참혹한 삶을 살고 있었습니다. 이를 본 정약용은 '누구나 인간으로서의 품격과 착한 본성을 지킬 수 있도록 해야 한다'고 생각했습니다. 그는 이것이 조정과 지배층의 책무라고 여겼습니다. 최소한의 생계 보장을 넘어 인간으로서의 품격과 착한 본성을 지켜줘야 한다는 그의 주장은 오늘날의 선진복지국가 이념에 견주어도 결코 손색이 없습니다.

"온 나라가 양반이 되면 양반은 없게 될 것이다"

물론 정약용이 백성과 지배층의 대립과 갈등을 조장한 것은 아닙니다. 그는 "조정은 백성의 심장이요 백성은 조정의 팔다리와 같기 때문에 힘줄과 핏줄은 한순간도 막히거나 끊어져서는 안 된다"고 했습니다. 정부와 국민, 가진 자와 소외된 자의 상생과 조화, 소통을 강조한 것입니다. 그는 또 "온 나라가 양반이 되게 하는 것을 소망한다. 그렇게 하면 온 나라에 양반이 없게 될 것이다"라는 말도 했습니다. 여기에는 모두가 특권을 누릴 수 있게 되면 특권은 사라지고 그것은 보편적 권리가 된다는 깊은 뜻이 담겨 있습니다. 오늘날은 정약용이 살던 시대와 비교해 인류 보편적 권리가 크게 확대됐습니다. 이에 따라 더 많은 사람이 더 많은 것을 누리고 있습니다. 하지만 많은 돈과 힘센 권력을 가진 소수는 특권을 누리고, 힘없고 돈 없는 사람이 소외받는 현실은 사라지지 않았습니다. 정약용의 꿈은 지금도 여전히 숙제로 남아 있습니다.

정약용은 위대한 학자이며, 훌륭한 공직자이며, 뛰어난 정치사상가입니다. 하지만 그의 삶은 결코 순탄치 않았습니다. 임금의 총애를 받아 승승장구할 것 같았던 그의 공직생활은 12년 만인 1800년 정조가 세상을 떠나자 함께 막을 내렸습니다. 그의 유배 기간이 18년이었다는 점을 생각하면 공직에 몸담으며 백성과 나라를 위해 봉사했던 기간은 그리 길지 않았습니다.

그러나 그는 공직에 있을 때나 유배지에 있을 때나 언제나 한결같이 민초들과 함께 시대의 아픔을 나눴습니다. 백성들 속에서 치열하게 대안을 찾고, 정열적으로 실천했습니다. 그의 삶이 위대한 것은 학식이 높아서도 아니고, 높은 벼슬을 얻었기 때문도 아닙니다. 바로 백성의 고통을 자기 것으로 느끼며, 그들과 함께 세상을 바꾸기 위해 노력했기 때문입니다. 정약용의 학문은 오직 백성을 위한 것이었고, 그가 공직에서 행한 일도 민중을 잘살게 하기 위한 것이었습니다. 그가 쓴 방대한 책들은 모두 하나같이 백성의 삶을 이롭게 하는 내용을 담고 있습니다.

우리는 과거 일제 시대와 권위주의 정권 시절 수많은 지식인과 공직자들이 자신의 명석한 두뇌와 해박한 지식을 권력자를 위해 사용했던 부끄러운 역사를 가지고 있습니다. 그 대가로 본인과 그 가족들은 부귀영화를 누렸을지 모르지만 국민은 큰 고통을 받았습니다. 정약용의 삶은 우리 시대 지식인, 나아가 시민들에게 '항상 국민의 편에서 생각하고 실천하라'고 가르치고 있습니다. 또 오늘날 공무원들에게는 국민을 섬기고 보살피라고 주문합니다.

한편 정약용의 삶은 우리가 좇고 있는 '성공'에 대해 다시 생각하게 합니다. 그는 많은 재물을 모으지도 못했고 큰 권력을 얻지도 못했습니다. 유배지인 강진에 처음 도착했을 때 그를 받아주는 이는 아무도 없었습니다. 정약용은 주막 노파에게 방 한 칸을 얻어 곤궁하게 살았습니다. 세속적인 의미에서 보면 그는 처세에 실패한 사람인지도 모릅니다.

그러나 오늘날 정약용을 실패자로 부르는 사람은 아무도 없습니다. 역사적 평가는 그를 '실천적 개혁가', '모든 공직자의 참스승' 등으로 높여 부르고 있습니다. 다산 정약용의 사상은 지금까지 계승되고 있습니다. 베트남의 혁명가 호치민은 생전에 정약용이 쓴 《목민심서》를 항상 곁에 두고 읽었다고 합니다.

많은 현대인들이 성공을 꿈꾸며 처세술에 관한 책을 사서 읽습니다. 그런데 그 속에 과연 성공으로 가는 길이 있을까요? 우리가 좇고 있는 게 정말 참다운 성공일까요?

다산 정약용의 삶에는 품격 있는 성공이란 무엇인지, 우리는 어떻게 살아야 하는지에 대한 소중한 가르침이 담겨 있습니다.

2장 현대적 노블레스 오블리주의 전통을 세운 사람들

1. 슈바이처 : 영혼의 울림을 외면하지 않았다

나누는 삶을 살다간 훌륭한 사람들에게는 한 가지 공통점이 있습니다. 어느 날 우연히 들려온 선한 영혼의 울림을 간직하고 있다가 그것을 몸소 실천했다는 것입니다. 이들이 들은 영혼의 울림은 보통사람들은 접할 수 없는 거창한 것이거나 특별한 게 아닙니다. 또 위대한 인물들만 들을 수 있는 것도 아닙니다. 거의 모든 사람들이 자신의 내면에서 들려오는 착한 마음의 소리를 들을 수 있습니다. 훌륭한 사람과 그렇지 못한 사람의 차이는 단지 이 영혼의 울림을 대하는 태도에서 온다고 할 수 있습니다. 대부분의 사람들은 자신이 누군가를 도와야 한다고 느낄 때가 있을 것입니다. 또 문득 다른 이들을 위해 어떤 삶을 살아야 한다고 깨닫기도 합니다. 하지만 이를 쉽게 잊어버리거나 생각은 있어도 실행으로 옮기지 못하는 경우가 많습니다.

여기 어린 시절 흑인 조각상을 보고 느낀 감정과 젊은 날 자신의 행복한 삶을 돌아보며 가진 생각을 끝까지 실천한 위대한 인물이 있습니다. 바로 우리가 위인전에서 만났던 알베르트 슈바이처Albert Schweitzer입니다.

'이 행복을 나만 누려도 되는 것일까?'

소년 슈바이처는 공원에서 흑인 조각상을 보고 많은 생각을 했습니다. 이 공원은 조각가 바르톨디가 자신의 고향인 콜마르에 만든 곳입니다. 바르톨디는 미국 뉴욕에 있는 '자유의 여신상'을 만든 유명한 조각가입니다. 그는 브뤼아 제독을 기념해 공원을 만들었고 그곳에 장군의 동상도 세웠습니다. 그런데 어린 슈바이처의 눈길을 끈 것은 멋진 장군의 모습이 아니었습니다. 소년은 아프리카 대륙을 상징하는 한 흑인 조각상에서 깊은 인상을 받았습니다. 그 흑인은 헤라클레스처럼 탄탄한 몸을 가지고 있었지만 표정은 슬퍼 보였습니다. 슈바이처는 이때 "그 얼굴에서 아프리카 대륙의 비참함을 보았다"고 했습니다. 그의 가슴에 아프리카 사람들에 대한 깊은 연민과 사랑이 자리 잡은 것입니다. 그리고 소년은 이날 느낀 감정을 평생 잊지 않고 간직했습니다.

20대 청년이 된 슈바이처는 문득 '나는 이렇게 행복한데 이 행복을 나만 누려도 되는 것일까?' 하고 생각했습니다. 그는 대학에서 철학과 신학을 공부하고 이미 25살에 철학박사와 신학박사 학위를 받은 앞길이 창창한 젊은 학자였습니다. 뿐만 아니라 오르간 연주에도 천재적인 재능을 발휘한 훌륭한 음악가이기도 했습니다.

그런데 그의 나이 30살이 된 1905년, 슈바이처는 의사가 되기로 결심합니다. 그 이유는 병이 들어도 의사가 없어 진료를 받지 못해 죽어가던 아프리카 흑인들을 구하기 위해서였습니다. 얼마 전 우연히 잡지에서 본 '아프리카에는 의사도 없고 약도 없어 많은 사람들이 죽어가고 있으니 의사이신 분은 와 달라'는 글이 그의 인생을 크게 바꿔놓은 것입니다. 이후 그는 자신이 신학과 철학을 강의하던 대학교의 의학 과정에 학생으로 입학했습니다. 외과학과 열대의학을 공부해 1912년 드디어 의사가 됐습니다. 그해 헬레네 브레슬라우와 결혼했고, 1913년 그를 돕기 위해 간호사 교육을 받은 아내와 함께 아프리카의 랑바레네로 떠났습니다. 적도 부근인 이곳은 당시 프랑스가 통치하고 있었고, 현재는 1960년에 독립한 가봉공화국의 한 지역입니다. 슈바이처는 언제부턴가 '30살까지는 학문과 예술을 위해서 살고, 그 이후에는 인류를 위해 살겠다'는 생각을 했고 결국 이를 실천에 옮긴 것입니다.

랑바레네에 도착한 슈바이처는 한 선교사가 썼던 닭장을 수리해 병원으로 사용했습니다. 병원을 운영하는데 필요한 돈을 마련하기 위해 그는 몇 년에 한 번씩 유럽으로 돌아와 오르간 연주회를 열었습니다. 또 강연을 하고 번 돈과 책을 쓰고 받은 인세는 물론 기부금을 모아 흑인 환자들을 치료하는 데 필요한 비용을 충당했습니다.

여기서 한 가지 돌아볼 대목이 있습니다. 30살이 된 슈바이처가 자기와 별로 상관도 없는 아프리카 흑인들을 치료하기 위해 의사가 되기로 마음먹었다는 것입니다. 이미 의사가 된 사람이 자신이 익힌 의술로 돈 없는 환자들을 돌보는 것도 아름다운 일입니다. 지금은 좋은 의사가 가난한 사람들을 돕는 게 충분히 미담이 되는 세상입니다. 그런데 슈바이처는 의사라서 아프리카에 간 것이 아니라 아프리카에 가서 흑인들을 치료하기 위해 의사가 됐습니다. 오늘날 우리 주변에서 벌어지고 있는 일반적인 모습과는 분명 다른 느낌입니다.

요즘 의사가 되려는 사람들이 모두 슈바이처와 같은 동기를 갖기를 바랄 수는 없을 것입니다. 하지만 분명 생각해볼 게 있습니다. 요즘 우리의 경우 가장 성적이 좋은 학생들이 의과대학에 진학합니다. 아니 의과대학에 가기 위해 공부를 열심히 한다고 할 수도 있을 것입니다. 많은 학생들이 어떤 생각으로 의사가 되려고 할까요? 모든 의대생과 의대 지망자들의 생각을 알 수는 없습니다. 하지만 많은 대학병원이 응급의학과 지원자가 부족해 응급실 운영에 어려움을 겪고 있다는 뉴스를 어렵지 않게 접할 수 있습니다. 응급실은 환자의 삶과 죽임이 갈리는 의료 서비스의 최전선입니다. 군인은 많은데 최전방은 비어 있는 것과 같은 꼴입니다. 또 시골 읍내에 유일하게 남아 있던 의사가 떠나자 새로운 의사를 모셔오기 위해 주민 전체가 나섰지만 별다른 성과가 없다는 소식도 들립니다. 반면 부유층이 많이 사는 서울 한 지역에는 수백 개의 성형외과와 피부과 등이 몰려 있습니다.

물론 우리나라에도 '한국의 슈바이처'로 불리는 좋은 의사들이 있습니다. 영혼의 울림을 외면하지 않았던 슈바이처의 삶이 또 다른 많은 사람들의 영혼을 일깨워 수많은 슈바이처를 탄생시키고 있는 것입니다.

슈바이처가 많은 사람들에게 존경받는 것은 의사가 되기까지의 순수한 마음도 중요하지만 의사가 된 이후 죽을 때까지 펼친 아프리카에서의 활동 때문일 것입니다.

랑바레네에서 흑인들을 치료하던 슈바이처는 제 1차 세계대전 때 그곳을 통치하던 프랑스에 의해 사실상 구금이나 다름없는 상태에서 환자들을 치료해야 했습니다. 프랑스의 적국인 독일의 국적을 가지고 있었기 때문입니다. 심지어 1917년과 1918년에는 약 1년 동안 프랑스로 끌려가 포로수용소에 억류되기도 했습니다. 그는 이곳에서도 아픈 포로들을 돌보는 일을 멈추지 않았습니다.

1918년에 전쟁이 끝나자 포로 교환으로 고향에 돌아온 그는 이후 유럽 여러 나라를 돌며 연주회와 강연회를 열어 돈을 모았습니다. 1924년 다시 랑바레네로 간 슈바이처는 이렇게 모은 재산을 털어 그곳에 병원을 새로 지었습니다. 나병 환자들을 위한 거주지도 마련했습니다. 1937년에는 그동안 유럽을 오가며 저술과 강연 활동 등으로 모은 돈으로 병원을 증축했습니다. 이후 제2차 세계대전이 일어나 그의 병원이 있던 랑바레네에 또 한 번 전쟁의 포화가 울렸지만 진료를 멈추지 않았습니다. 이처럼 열정과 헌신으로 환자들을 치료한 그는 '아프리카의 성자'로 불리며 1952년 노벨 평화상을 받았습니다. 시상식에도 참석하지 않고 환자들을 돌봤고, 상금으로 받은 3만 4천 달러로 다시 나병 환자들을 위한 병동을 지었습니다. 그가 나이가 들자 여러 사람들이 고향으로 돌아오라고 권유했지만 그는 끝까지 환자 곁에 남았습니다. 그를 도와 헌신적으로 흑인들을 돌보던 그의 아내 헬레네는 1957년에 먼저 세상을 떠났습니다. 아흔 살이 된 슈바이처도 1965년 그가 평생 돌봐온 랑바레네 사람들 곁에서 숨을 거두었습니다.

'아이티의 슈바이처'가 된 멜런

이처럼 아름다운 슈바이처의 삶은 많은 사람들에게 좋은 영향을 끼쳤습니다. 이 중 빼놓을 수 없는 사람이 윌리엄 래리머 멜런 주니어입니다. 멜런은 슈바이처로부터 들려온 영혼의 울림을 외면하지 않고 제2의 슈바이처가 된 미국 유명 기업의 후계자입니다.

멜런은 재벌 가문의 아들로 태어났지만 기업 경영에는 별로 관심이 없었습니다. 회사를 떠나 37살까지 시골에서 목장을 운영하며 여유로운 삶을 살아가고 있었습니다. 그러던 1947년 어느 날이었습니다. 그는 우연히 잡지에서 한 늙은 의사에 관한 기사를 보았습니다. 멜런이 처음 슈바이처를 알게 된 것이 바로 이때입니다.

슈바이처에 관한 기사를 읽은 멜런은 그의 철학과 활동에 깊은 감동을 받았습니다. 멜런의 가슴속에서 '나도 슈바이처와 같은 삶을 살겠다'는 영혼의 울림이 들려왔습니다. 멜런은 이를 외면하지 않았고, 즉시 실행에 나섰습니다. 의사가 돼 아프리카로 가기로 결심한 멜런은 슈바이처에게 편지를 썼습니다. 무엇을 어떻게 준비해야 슈바이처와 같은 활동을 할 수 있는지 묻기 위해서였습니다. 먼 나라에 사는 낯선 젊은이로부터 편지를 받은 슈바이처는 친아버지 같은 마음으로 진심 어린 조언을 담아 답장을 보냈습니다. 멜런은 의학 공부를 시작했고, 슈바이처의 가르침을 따라 열심히 노력했습니다.

몇 년 후 마침내 의사가 된 멜런은 이후 가족과 함께 아프리카의 아이티로 가서 병원을 세우고, 그곳 사람들을 무료로 진료했습니다. 또 아프리카 아이들에게 배울 기회를 주기 위해 교육 시설도 지었습니다. 슈바이처와 멜런은 슈바이처가 숨을 거두기까지 18년 동안 수십 통의 편지를 주고받으며 서로 격려하고 도왔습니다. 슈바이처가 먼저 시작하고 멜런이 그 뒤를 따랐지만 이 두 사람은 언제부턴가 같은 방향을 향해 나란히 걷고 있는 동반자가 됐습니다. 슈바이처가 세상을 떠난 후에도 멜런은 24년 동안 '아이티의 슈바이처'로 살며 그의 정신을 이었습니다. 1989년, 제 2의 슈바이처 멜런이 세상을 떠났습니다. 멜런이 설립한 아이티의 알베르트 슈바이처 병원은 현재 멜런의 자식과 손자들이 운영하며 슈바이처와 멜런의 정신을 이어가고 있습니다.

"종종 저희에게는 우리의 의무라고 생각하는 것들을 이루기 위해 필요한 도덕적 용기가 부족합니다. 하지만 박사님을 생각하면 다시 힘을 얻어 인도주의의 길로 나서게 됩니다."

멜런이 슈바이처에게 보낸 편지에 있는 내용입니다. 우리가 보기에 멜런은 대단한 용기와 결단력을 가진 인물임에 틀림없습니다. 그런데 멜런은 스스로 용기가 부족해 슈바이처로부터 힘을 얻는다고 고백했습니다. 왜 그랬을까요? 사실 이 두 사람과 같이 자신의 삶을 송두리째 바꾸며 인류애를 실천하는 삶을 살기 위해서는 멜런의 말처럼 상당한 용기가 필요할 것입니다. 슈바이처와 멜런이 살던 시대에는 이런 선구자가 필요했고, 먼저 나선 사람들은 자신의 모든 것을 걸어야 했습니다. 물론 오늘날에도 선각자는 필요하고 이들에게는 큰 희생과 용기가 필요합니다. 하지만 슈바이처의 시대와 지금은 분명 달라진 게 있습니다. 한 사람이 자신의 모든 것은 내놓지 않아도 천 명, 만 명이 자신이 가진 것의 100분의 1, 아니 1000분의 1만 모으면 더 큰 힘을 발휘할 수 있는 세상입니다. 이미 많은 나라에서 평범한 시민들이 조금씩 기부한 금액이 백만장자들이 사회에 헌납하는 액수를 넘어섰고, 인류애를 실천하는 많은 단체들이 시민들의 자원봉사로 운영되고 있습니다.

능력 있는 의사나 재벌 2세가 아닌 이상 오늘 당장 슈바이처나 멜런처럼 할 수는 없습니다. 그러나 많은 사람들이 참여해 조금씩 뜻을 실천하면 슈바이처와 멜런 못지않게 큰일을 해낼 수 있습니다. 슈바이처와 멜런을 일깨운 영혼의 울림이 어느 순간 우리에게도 들려올 수 있습니다. 그렇다고 바로 의사가 되려고 하거나 가족과 함께 모든 재산을 가지고 아프리카로 가야 하는 것은 아닙니다. 우리가 처한 위치에서 할 수 있는 아주 작은 것부터 시작하면 됩니다. 다만 멜런이 그랬던 것처럼 그 울림이 잊혀지기 전에 즉시 실천하는 게 필요합니다.

2. 카네기 : 자식이 아니라 사회에 상속하다

혹시 부모의 입장에서 또는 자녀의 처지에서 상속에 대해 진지하게 생각해보신 적 있습니까? 자신이나 부모님의 죽음은 상상하는 것조차 꺼려지는 게 사실입니다. 하지만 그 누구도 죽음을 피할 수 없으니 잠깐 생각해보세요. 만약 본인이 죽거나 부모님이 돌아가셨을 때 남은 재산이 있다면 이것을 어떻게 하시겠습니까?

19세기 영국의 유명한 철학자이자 경제학자인 존 스튜어트 밀^{John Stuart Mill}은 "첫째 자녀가 모든 것을 상속받아야 한다"고 말했답니다. 그런데 그 이유가 이렇습니다. "한 자식만 바보로 만들기 위해서"입니다. 농담 같기도 한 밀의 말에는 그냥 웃어넘길 수 없는 뼈가 들어 있습니다. 정치학과 경제학은 물론 윤리학과 사회평론 분야에서도 왕성하게 활동한 위대한 사상가의 상속에 대한 비판적인 생각을 엿볼 수 있습니다.

또 다른 명언도 있습니다.

"자식에게 막대한 유산을 물려주는 것은 독이나 저주를 남겨주는 것과 같다."

이 말은 이번 글의 주인공 앤드류 카네기^{Andrew Carnegie}가 한 것입니다. 그는 자신이 이룬 막대한 부를 사회에 환원해 상속에 대한 새로운 모범을 제시한 인물입니다. '철강왕', '기부왕'으로 오늘날까지 존경받고 있는 카네기를 만나봅니다.

카네기는 1835년 스코틀랜드에서 태어났습니다. 13살 때 가족과 함께 미국 피츠버그로 왔습니다. 그의 아버지가 하던 사업이 쇠퇴해 경제적으로 어려웠기 때문입니다. 어려서부터 면직물 공장에서 일을 시작한 카네기는 친척의 소개로 전신국 전보 배달부가 됐고, 이후 전신 기사로 승진했습니다.

1853년은 그의 인생에서 큰 전환점이라고 할 수 있습니다. 펜실베니아 철도회사에 사무원 겸 전신 기사로 취직한 것입니다. 성실하고 창의적인 일처리로 능력을 인정받은 그는 24살에 이 회사의 피츠버그 지부 감독관이 됐습니다. 높은 연봉을 받게 된 카네기는 침대차 회사와 교량, 석유 회사 등에 투자해서 많은 돈을 모을 수 있었습니다.

이렇게 마련한 자본금으로 1865년 사업을 시작했습니다. 그는 교량과 레일을 만드는 회사를 운영하며 앞으로는 강철의 수요가 크게 늘어날 것으로 예측했습니다. 이후 주요 고객이 될 철도 회사 사장의 이름을 딴 에드거 톰슨 강철 레일 회사를 세웠고, 경쟁 관계였던 홈스테드 제강소를 합병했습니다. 1892년에는 석탄과 철광석, 광석 운반용 철도, 선박 사업 등을 통합해 운영하는 카네기 철강회사를 설립했습니다. 이 회사는 당시 미국 철강 생산의 4분의 1 이상을 차지할 정도로 규모가 컸습니다.

그의 나이 66세가 되던 1901년, 카네기는 이 회사를 4억 8000만 달러에 JP모건 계열의 제강 회사에 매각했습니다. 그가 계속 성장세를 보이던 회사를 팔고 기업 활동에서 물러난 가장 큰 이유는 '더 많은 돈을 버는 것보다 돈을 의미 있게 나누는 게 훨씬 중요하다'고 생각했기 때문입니다. 카네기는 이미 33살 때 자신에게 쓴 편지에서 "1년에 5만 달러로 생활하고, 남는 돈은 자선사업에 쓰겠다"고 다짐했습니다. 그는 "내 필요를 채우고 남은 잉여 재물은 영구한 사유재산이기보다는 이웃을 위해 잠시 관리를 맡은 신성한 신탁금이라고 생각한다"고 말하기도 했습니다.

"부자인 채로 죽는 것은 부끄러운 일이다"

카네기는 회사를 팔고 받은 엄청난 돈으로 다양한 사회 공헌 활동을 펼쳤습니다. 이 중 가장 대표적인 것이 미국과 영국 등에 2500개가 넘는 공공도서관을 건립한 일입니다. 카네기가 세운 도서관은 가난한 사람도 마음껏 책을 읽을 수 있는 소중한 공간이 되었습니다. 이 도서관에서 책을 읽고 자란 어린이들과 시민들이 미국을 세계에서 가장 부강한 나라로 만드는 데 분명 큰 역할을 했을 것입니다.

카네기가 이처럼 누구나 책을 읽을 수 있도록 수많은 도서관을 지은 데는 어린 시절 경험이 중요한 계기가 됐습니다. 전보 배달부로 일하던 소년 카네기는 어느 장교가 자신의 책 400여 권을 어린 노동자들이 읽을 수 있도록 개방한다는 소식을 들었습니다. 그런데 육체노동을 하지 않는 소년들은 제외된다는 사실을 알게 됐습니다. 그는 지역 언론에 모든 청소년들이 장교의 장서를 볼 수 있어야 한다는 내용의 글을 기고했습니다. 이 글이 장교의 마음을 움직였습니다. 카네기는 장서 400권을 모두 읽을 수 있었고, 이때의 일이 훗날 공공도서관 건립 사업으로 이어진 것입니다.

카네기는 또 공장 노동자들을 위해 '앤드류 카네기 구제기금'을 설립했습니다. 재해를 당한 사람들에게 치료비와 생활비를 지급하고, 늙어 경제적으로 어려움에 처한 사람들에게는 연금을 지급하기 위해 기금을 내놓은 것입니다. 일종의 복지 제도입니다.

그는 특히 교육에 관심이 많았습니다. 당시에는 대학교수들의 봉급이 일반 사무원보다 낮았습니다. 이런 사실을 알게 된 카네기는 대학교수들이 마음 놓고 연구하고, 훌륭한 인재를 길러낼 수 있도록 하기 위해 1500만 달러를 내놓았습니다. 또 현재 카네기멜론대학인 당시 카네기 공과대학을 설립했습니다. 뿐만 아니라 각종 문화 예술 분야에 거액을 기부했고, 전쟁을 막기 위한 활동을 지원하기 위해 국제평화기금을 설립하기도 했습니다. 1911년에는 각종 연구 활동을 지원하고 자선사업을 벌이기 위해 1억 2500만 달러를 기탁해 카네기재단을 설립했습니다. 이 재단은 현재까지 왕성하게 활동하고 있습니다.

1919년 앤드류 카네기가 숨을 거두었습니다. 그는 자신이 모은 재산의 90퍼센트 정도를 사회에 환원하고 떠났습니다. "부자인 채로 죽는 것은 부끄러운 일이다"라는 그의 말을 몸소 실천한 것입니다.

카네기는 막대한 재산을 자식이 아니라 사회에 상속하고 떠났습니다. 그가 이럴 수 있었던 것은 부富에 대한 확고한 철학이 있고, 또 부자가 그 사회를 위해 무엇을 해야 하는지 누구보다 잘 알고 있었기 때문입니다.

카네기는 부자인 것을 수치스럽게 생각하지는 않았지만 부자인 채로 죽는 것은 부끄러워했습니다. 열심히 노력해서 돈을 모았다면 그 돈을 현명하게 나누기 위해서도 그만큼 노력해야 한다고 믿었습니다.

그는 《부의 복음》을 출간한 후 "부를 축적하려는 노력을 그만두고 이 책의 가르침에 따라 살기로 했다"고 말했습니다. 부의 현명한 분배라는 훨씬 더 중요하고 어려운 과제에 뛰어든 것입니다.

부자는 가난한 사람들의 재산 보관인

카네기는 "개인의 사유재산이 존중되는 세상이지만 엄밀한 의미에서 백만장자는 가난한 사람들의 재산 보관인일 뿐이다. 지역 사회의 증가된 재산 중 일부를 잠시 떠맡은 것으로서 그 돈이 다시 지역사회를 위해 잘 쓰여질 수 있도록 관리하는 역할을 맡는다"고 말했습니다. 이런 생각을 가진 그가 "부를 사회에 환원하는 것은 경영자의 선택사항이 아니라 의무이다"라고 말하는 것은 당연한 것인지도 모릅니다. 그에게 있어 자신의 재산은 자기만의 것이 아니라 반드시 사회에 돌려주어야 할 빚과 같은 것이었습니다.

카네기는 부를 사회에 환원하기 위한 적극적인 역할을 주문하기도 했습니다. "부자는 과시나 허영을 멀리하며 검소하고 소박한 삶의 모범을 보여야 한다. 그리고 그에게 의지하는 사람들에게 진정으로 필요한 것들을 충분히 제공해주어야 한다. 공동체에 가장 유익한 결과를 가져다주어야 한다."

그가 말한 '사람들에게 진정으로 필요한 것'은 무엇일까요? 카네기는 한 인터뷰에서 "사람들을 위해서 무엇을 했느냐가 중요하다. 관대하고 헌신적인 행동을 했는가, 아버지가 없는 아이들에게 아버지 역할을 했는가, 빈곤의 원인을 찾아내 없애려고 노력했는가"라고 물었습니다. 카네기가 세상을 떠나고 90년의 시간이 지났지만 그의 물음은 지금도 숙제로 남아 있습니다. 그는 미국 상류층과 자신에게 물었지만 오늘날 여기에 답해야 할 사람은 세계 각국에서 사회적 책임을 다하는 시민들일 것입니다.

앤드류 카네기는 위대한 기업가이자 미국에 찬란한 기부 문화를 꽃피운 선구자입니다. 그는 생전에 많은 돈을 이웃과 사회를 위해 썼고, 사후에도 재산을 사회에 헌납했습니다. 그의 이런 기부 활동을 '사회적 상속'이라고 불러도 좋을 것입니다. 그런데 법률을 어느 정도 아는 사람이라면 사회적 상속이라는 말은 이치에 맞지 않는다고 지적할 것입니다. 상속은 법률 용어입니다. 우리나라 민법은 '상속은 사망으로 인하여 개시된다'고 했습니다. 또 친족 관계인 사람 사이에서 이루어지는 행위입니다. 이렇게 보면 사회적 상속이라는 말은 법률적으로 성립될 수 없습니다.

그럼에도 불구하고 여기서 말하는 사회적 상속의 의미를 무시하거나 부정해서는 안 될 것입니다. 오히려 그 사회적 의미를 높이 평가하고, 사회적 상속이 새로운 기부 문화로 정착될 수 있도록 인식을 넓히는 활동이 필요할 것입니다. 또 법과 제도적 뒷받침이 필요하다면 이를 마련하기 위한 노력도 뒤따라야 할 것입니다.

상속을 빼놓고 노블레스 오블리주에 대해 말하는 것은 분명 어딘가 허전한 구석이 있습니다. '부모가 남긴 유산을 두고 형제들이 각자 더 많이 상속받기 위해 싸운다'는 뉴스는 많은 사람을 슬프게 합니다. 또 재산을 자신의 자녀들에게 더 많이 물려주기 위해 온갖 편법과 탈법을 동원하는 세태는 계층 간 갈등을 키웁니다. 사회적 책임을 다하는 모습과는 거리가 아주 멉니다.

앤드류 카네기는 "자식에게 유산을 물려주는 것은 저주를 남겨주는 것과 같다"며 공동체를 위해 자신의 재산을 나누는 사회적 상속을 선택했습니다. 그의 삶이 상속에 대해 새롭게 생각하는 거울이 되길 기대합니다.

3장 영원히 존경받는 부자가 된 사람들

1. 경주 최 부자와 김만덕 : '나눔 절제 교육'을 남긴 진정한 부자

많은 사람들이 부자가 되고 싶어 합니다.

몇 년 전에는 유명 여배우가 "부자 되세요"라고 말하는 한 광고가 큰 인기를 끌었습니다. 이 광고 때문은 아니겠지만 우리 사회에서는 언제부터인지 '부자 되라'는 말이 최고의 덕담처럼 됐습니다. 새해 인사에도, 결혼을 해도, 이사를 해도, 심지어 아이가 태어나도 부자가 되라고 말할 정도입니다.

모두 부자가 되려고 하고 또 서로 부자가 되라고 격려해서인지 대한민국은 부자가 빠르게 증가하는 나라가 되었습니다. '세계 부 보고서World Wealth Report'는 해마다 새로 백만장자가 된 사람들의 숫자를 국가별로 집계해 공개합니다. 여기서 백만장자란 자신이 살고 있는 집을 제외한 자산이 100만 달러, 우리 돈으로 12억 원 정도 되는 사람입니다. 이 자료에 따르면 최근 몇 년 동안 우리나라의 백만장자 증가율은 평균 20퍼센트 안팎으로 세계에서 가장 높은 수준입니다.

그렇다면 부자가 많아진 만큼 우리 사회는 더 풍요로워졌을까요? 사회로부터 존경받는 부자도 그만큼 늘어났을까요? 이 물음에 대한 대답이 긍정적이지 못할 수도 있습니다. 하지만 요즘 들어 우리 사회에서도 존경받는 부자에 대한 관심이 크게 높아지고 있는 것은 다행스러운 일입니다.

노블레스 오블리주를 실천한 국내외 명문 가문의 이야기를 담은 책이 나오고, 거액을 사회에 기부한 유명 인사들의 소식도 언론에 자주 보도됩니다. 또 많이 알려지지 않았던 기부와 선행을 베푼 우리 조상들의 이야기를 담은 역사 다큐멘터리가 방송돼 인기를 끌기도 합니다.

여전히 한쪽에서는 돈이 최고라며 온갖 '재테크'를 부추기고 있지만, 다른 한편에선 '어떤 부자가 되어야 하는가'에 대한 진지한 고민이 시작되고 있는 것입니다.

존경받는 부자가 되는 것은 아주 어렵다고 합니다. 부자가 되고, 그 재산을 대를 이어 지키는 것보다 훨씬 힘들고 가치 있는 일이라는 것입니다.

그런데 부자가 세상 사람들로부터 존경을 받는 것은 정말 어려운 일일까요? 어쩌면 부자가 되는 것보다 존경받는 부자가 되는 게 더 쉬운 일인지도 모릅니다.

정당한 과정을 거쳐 부자가 된다고 해도, 남들보다 엄청난 노력을 해야 하고 운도 따라야 합니다. 부당한 방법을 쓰기도 하는데 다른 사람의 기회를 가로채거나 상대방을 속이고, 때론 남의 것을 빼앗기까지 하는 경우도 있습니다. 이처럼 부자가 되는 것은 쉽지 않습니다.

반면에 존경받는 부자가 되는 것은 의외로 어렵지 않습니다. 재산을 모으거나 돈을 쓸 때 스스로 '절제'하고, 가난하고 어려운 이웃들에게 '나눔'을 실천하며, 후손들에게 부에 대한 올바른 생각을 '교육'해 이를 잘 지키도록 하면 됩니다. 이 세 가지 가르침은 시대와 국경을 넘어 사회에서 존경받는 부자들에게서 발견되는 공통점입니다.

물론 이것을 실천하는 것은 말처럼 간단하지 않습니다. 하지만 생각하기에 따라서는 부자가 되기 위해 갖은 노력을 하는 것보다 훨씬 쉽게 행할 수 있는 일일 수도 있습니다.

나눔과 절제, 교육은 존경받는 부자의 조건이라고 할 수 있습니다. 이를 몸소 실천한 경주 최 부자와 김만덕의 이야기를 통해 어떤 부자가 진정한 부자인지 함께 생각해보겠습니다.

경주 최 부자 : 교육으로 노블레스 오블리주를 상속하다

경주 최 부자는 노블레스 오블리주를 실천한 '참부자의 교과서'와 같은 존재입니다. 어떻게 부자가 되고, 부를 유지하며, 그 부를 어디에 써야 하는지를 너무도 잘 보여주고 있습니다. 오늘날 존경받는 부자에 대해 말할 때 이 집안이 빠지지 않고 등장하는 것은 이 때문일 것입니다.

이렇게 유명하다 보니 경주 최 부자를 다룬 책이 적지 않고, 방송과 신문에도 여러 차례 보도됐습니다. 인터넷 검색창에 '경주 최 부자'를 치면 수많은 자료를 볼 수 있습니다. 그래서 이 글에서는 이 집안을 전체적으로 소개하기보다 주제를 '교육으로 노블레스 오블리주를 상속하다'로 한정해서 여기에 집중하겠습니다.

경주 최 부자 가문은 조선시대 최진립(1568~1636)에서 시작됐습니다. 그는 임진왜란과 정유재란에 참전해 공을 세웠고, 병자호란 때 전사한 후 병조판서에 추증된 청백리입니다. 이 집안이 '착한 부자'로 명성을 얻기 시작한 것은 최진립의 손자인 최국선 때부터로 보입니다.

1671년 조선 현종 때 남부 지방에 큰 흉년이 들었습니다. 최국선은 곳간 문을 열고 대문 밖에 큰 솥을 걸어 죽을 쑤어 굶주린 백성들에게 나눠주었습니다. 이때부터 이 집안에는 '사방 백리 안에 굶어 죽는 사람이 없게 하라'는 가훈이 전해지고 있습니다.

이를 포함해 경주 최 부잣집의 가훈은 모두 6개의 가르침으로 이루어져 있는데 이를 '육훈六訓'이라고 부릅니다.

첫째, 과거를 보되 진사보다 높은 벼슬은 하지 마라.
둘째, 1년에 만 석 이상 소작료를 거두지 마라.
셋째, 손님의 신분을 따지지 말고 후하게 대접하라.
넷째, 흉년에는 땅을 사지 마라.
다섯째, 며느리들은 시집온 후 3년 동안 무명옷을 입어라.
여섯째, 사방 백리 안에 굶어 죽는 사람이 없게 하라.

수백 년 전에 만든 최 부잣집 가훈은 현대를 사는 우리에게도 여전히 큰 가르침이 됩니다.

육훈은 그 첫 번째에서 후손들에게 과거를 보도록 해 학문에 힘쓰도록 했습니다. 돈이 있다고 배움을 게을리해서는 안 된다는 것입니다. 동시에 진사 이상은 하지 말라며 부자가 권력까지 탐하는 것을 경계했습니다. 예나 지금이나 돈과 권력, 명예까지 모두 거머쥐려고 욕심을 부리는 사람이 적지 않은데 이런 가르침에 귀 기울여야 하지 않을까요.

여기서 더 생각해볼 게 있습니다. 요즘에는 부모가 학력이 높고 재산이 많은 아이들이 상위권 대학에 더 많이 진학한다고 합니다. 이렇게 된 데는 상당한 돈이 들어가는 사교육의 영향을 무시할 수 없습니다. 또 이들은 좋은 대학을 졸업해 우리 사회의 상류층으로 계속 남을 확률이 높습니다. 이를 두고 일각에서는 "학벌이 부를 대물림하는 수단이 되고 있다"며 우려하고 있습니다. 최 부자가 열심히 공부하라고 가르친 것은 학벌을 이용해 자기 자손만 대대로 부자로 살기를 바라서가 아닐 것입니다.

이 가르침을 현대에 맞춰 올바르게 해석하면 다음과 같지 않을까요.

'내 자식뿐만 아니라 다른 아이들도 더 좋은 교육을 받을 수 있도록 함께 생각하고 실천하라.'

또 최 부자는 소작료를 낮추고, 흉년에는 재산을 늘리지 말라며 스스로 절제하고 정당하게 부를 일구라고 가르쳤습니다. 뿐만 아니라 검소한 옷차림을 강조해 재산을 모을 때와 마찬가지로 쓸 때도 절제가 중요함을 일깨웠습니다.

1990년대 후반 IMF 외환 위기가 닥쳤을 때 현금 자산을 많이 가지고 있던 일부 부유층은 "이대로"를 외쳤다고 합니다. 금리가 폭등해 엄청난 이자 수입을 얻을 수 있고, 급하게 매물로 나온 부동산을 헐값에 사들일 수 있는 '기회의 시간'이 이대로 계속되기를 바랐다는 것입니다. 실제로 '이때 아파트를 구입한 사람 중에는 이후 집값이 크게 올라 이를 팔아 큰돈을 벌었지만 소득세 한 푼 내지 않았다'는 기사를 어렵지 않게 찾을 수 있습니다. 대다수 국민에게 큰 고통을 준 외환 위기가 일부에게는 재산을 늘리는 절호의 기회가 된 것입니다.

그런데 우리 사회는 이때의 교훈을 잊었거나 심지어 거꾸로 학습한

게 아닌가 싶을 정도입니다. 세계 금융 위기를 겪고 있는 2009년, 일부 부유층은 물론 중산층까지 나서서 '투자'인지 '투기'인지 모를 기회를 엿보고 있습니다. "정부도 실수를 되풀이하고 있다"는 우려의 목소리가 높습니다.

우리 사회는 부동산 투자가 '국민 재테크'처럼 돼버렸습니다. 경주 최 부자는 남의 어려움을 이용해 부를 늘리지 말라고 가르쳤습니다. 지금 우리가 정당한 투자라며 하고 있는 행위가 덜 가진 사람들을 더 어렵게 만드는 방식으로 부를 늘리는 것은 아닌지 되돌아볼 때입니다. IMF 위기를 거치며 부자와 가난한 사람들의 소득 격차가 크게 벌어지고, 양극화가 심화됐습니다. 또다시 찾아온 경제 위기는 가난한 사람들을 더 어렵게 만들고 있습니다.

'경제 위기를 부동산 투기의 기회로 삼지 말라.'

최 부자는 지금 이렇게 말하고 있습니다.

손님을 후하게 대접하고 주변에 굶주리는 사람이 없게 하라는 당부에는 인심을 잃지 않도록 항상 노력하고, 부를 이웃과 함께 나누고 사회에 돌려주라는 교훈이 담겨 있습니다. 부자는 가난한 이웃을 돌보는 책임을 다해야 한다는 것입니다. 경주 최 부자는 가진 것을 이웃에 나눠주는 것이 부를 유지하는 가장 현명한 방법이라는 것을 이미 알고 있었던 것입니다. 또 좋은 평판을 얻는 게 얼마나 소중한지를 그의 후손들과 우리들에게 일깨워주고 있습니다. 실제로 이 집안은 도적떼가 부잣집 곳간을 터는 일이 빈번했던 혼란기에도 피해를 입지 않았습니다.

‘나와 내 가족만 잘 먹고 잘살면 그만’이라는 이기적인 생각으로는 진정한 부자가 될 수 없습니다. 좋은 이웃이 되려면 주변에 어려움을 겪는 이웃은 없는지 살피고, 이들을 돌봐야 합니다. 돈은 아무리 꽉 움켜쥐어도 언젠가 모두 잃기 마련입니다. 이미 사라져버린 수많은 부자들이 이를 잘 보여줍니다. 최 부자는 재물을 가난한 이들에게 나눠줘 인심을 얻는 게 계속 부자로 남는 길이라는 것을 가르쳐주고 있습니다.

경주 최 부잣집은 육훈 외에도 ‘육연(六然)’을 통해 어떻게 수양하고 처신해야 하는지 가르침을 남겼습니다.

육연은 스스로 초연하게 처신하라自處超然자처초연, 남에게 온화하게 대하라對人靄然대인애연, 일이 없을 때에는 마음을 맑게 가져라無事澄然무사징연, 일을 당하면 용맹하게 대처하라有事敢然유사감연, 뜻을 이루어도 담담하게 처신하라得意淡然득의담연, 실의에 빠져도 태연하게 처신하라失意泰然실의태연입니다.

경주 최 부잣집이 300년 넘는 세월 동안 조선 최고의 부자로 백성들의 존경과 사랑을 받을 수 있었던 것은 이런 교훈을 대대로 가르치고 배우며 실천했기 때문입니다. 이 집안이 대를 이어 후손들에 물려준 것은 막대한 재산이 아닙니다. 이들은 육훈과 육연을 엄격하게 교육해 노블레스 오블리주를 상속한 것입니다.

교육을 중심으로 경주 최 부자 이야기를 하다 보니 매우 중요한 부분을 이제야 짤막하게 소개하게 됐습니다. 노블레스 오블리주의 완결

판이라고 할 수 있는 이 집안의 일제시대와 해방 후 행적입니다. 이 부분은 다른 책과 자료를 통해 좀 더 자세히 만나보실 것을 적극 권합니다.

경주 최 부자 시대를 마감한 최 준은 20대의 젊은 나이에 집안을 이끌게 됐습니다. 당시는 국권을 일본에 빼앗긴 식민지 시기였습니다. 그는 독립운동가 안희재와 함께 백산상회를 설립했습니다. 백산상회는 임시정부에 독립 자금을 지원하기 위해 만든 위장 회사입니다. 이 회사를 통해 임시정부에 지원된 돈의 상당 부분은 경주 최 부잣집에서 나온 것입니다. 또 최 준은 조선국권회복단의 일원으로 활동하다 일본 경찰에 잡혀 옥살이를 하기도 했습니다.

해방 후에는 '부강한 나라를 만들기 위해서는 인재를 양성하는 교육이 가장 중요하다'는 생각으로 집안 전 재산을 기부해 대학을 설립했습니다. 이 학교가 바로 몇 차례 곡절을 거쳐 오늘에 이른 영남대학교입니다.

이로써 수백 년을 이어온 만석꾼의 시대는 끝이 났습니다. 재물은 사라졌지만 명성은 더 높아졌습니다. 비로소 경주 최 부자는 모든 사람들에게 존경받는 영원한 부자가 됐습니다.

김만덕 : 나눔을 실천하는 데는 귀천이 없다

기부와 선행 소식은 언제나 우리의 마음을 따뜻하게 합니다. 또 이런 소식이 널리 퍼져 기부 주인공이 유명 인사가 되기도 합니다. 특히 우리 사회에는 모든 재산을 기부한 할머니들이 많습니다. 젓갈 할머니, 김밥 할머니, 떡볶이 할머니, 바느질 할머니 등 헤아릴 수가 없을 정도입니다. 이 분들의 기부가 더욱 감동적인 것은 자신들도 어렵게 생활하며 모은 돈을 아무런 대가없이 흔쾌히 내놓았다는 것입니다.

이번 이야기의 주인공은 이런 할머니들의 원조라고 할 만한 '제주도 김만덕 할망'입니다. 지방 기생에서 성공한 여성 상인으로, 또 조선 사회에 이름을 떨친 '기부 천사'로 한 시대를 살다간 그녀의 삶 속으로 들어가겠습니다.

김만덕은 조선 영조 때인 1739년 제주도에서 태어났습니다. 만덕의 아버지는 평민 신분으로 배를 타고 다니며 장사를 한 것으로 전해집니다. 만덕이 12살 때 아버지가 풍랑으로 목숨을 잃었고, 다음해에는 어머니도 병에 걸려 세상을 떠났습니다. 고아가 된 만덕은 퇴기의 집에 들어가 함께 살았습니다. 이 때문에 김만덕도 기적에 이름을 올리고 기생이 됐습니다. 어쩔 수 없이 기생 생활을 하게 됐지만 만덕은 스스로 기생이 아니라고 생각했습니다. 기적에서 이름을 빼달라고 관청에 호소해 스무 살이 넘어 기생 신분에서 벗어났습니다. 다시 양인이 된 만덕은 본격적으로 장사에 나섰습니다.

관아와 가까운 포구에 객주를 차리고 육지와 무역을 해서 큰돈을 벌었습니다. 김만덕은 '시기에 따라 물건이 귀하고 천함을 잘 알았다'고 합니다. 이를 이용해 흔할 때 싸게 샀다 귀해지면 비싸게 팔아 많은 재물을 모으게 된 것입니다.

1794년, 제주도에는 굶어 죽는 이들이 수를 헤아릴 수 없을 만큼 많았습니다. 몇 년째 여름마다 계속된 태풍으로 농작물 피해가 극심해 제주도 전역에 식량이 바닥날 지경이었습니다. 제주목사는 조정에 장계를 올려 긴급하게 구휼미 2만 석을 보내달라고 요청했습니다. 소식을 들은 정조 임금은 식량을 마련해 제주도로 보내도록 했습니다. 그런데 곡물을 실은 배 12척 중 5척이 바다를 건너다 침몰해 배고픈 백성들이 모두 굶어 죽을 처지가 됐습니다.

이때 김만덕은 수십 년 동안 장사를 해서 모은 돈을 내놓아 육지에서 쌀 500석을 들여왔습니다. 500석을 요즘 식으로 계산하면 20kg짜리 포대로 4000개에 달하는 엄청난 양입니다. 이 중 50석은 친척들에게 주고 나머지 450석은 모두 굶주린 백성들에게 나눠주도록 했습니다. 당시 제주도 양반 중에도 구휼미를 내놓은 가문이 여럿 있었는데 김만덕이 기부한 쌀이 가장 많았다고 합니다.

제주 백성들은 "만덕이 우리를 살렸다"며 김만덕을 칭송했고, 만덕이 굶주린 백성들을 위해 '천금'을 내놓은 사실은 임금님에게까지 전해졌습니다. 이를 알게 된 정조는 만덕을 크게 칭찬하며 "소원이 있으면 들어주라"고 제주목사에게 명했습니다.

그런데 김만덕의 소원은 고을 수령이 들어줄 수 있는 게 아니었습니다. 만덕은 자신의 소원이 "한양에 가서 임금님이 계신 궁궐을 우러러 보고, 천하 명산인 금강산 1만 2천 봉을 구경하는 것"이라고 밝혔습니다.

당시 제주도 사람은 쉽게 육지에 나갈 수 없었습니다. 남자는 관청의 허락을 받아야 했고, 여성은 아예 섬 밖으로 나가는 게 금지돼 있었습니다. 만덕의 소원은 이 같은 금기를 깨뜨리는 것이었습니다.

제주목사는 정조에게 이 같은 내용을 보고했습니다. 정조는 김만덕

의 소원을 들어주었을 뿐만 아니라 만덕을 대궐로 불러 효의왕후와
함께 직접 만났습니다. '양인 신분의 여성이 궁궐에 들어와 임금을 알
현할 수 없다'고 하자 김만덕에게 내의원 의녀들의 우두머리 격인 의
녀반수라는 벼슬을 내리기까지 했습니다. 실로 파격적인 대우였는데
이는 김만덕의 선행이 당시 조선에서는 전례를 찾기 힘든 놀라운 일
이었기 때문입니다. 양반도 아니고, 남성도 아니고, 한양에 살지도 않
는 제주도 평민 여성이 수많은 백성을 구제했다는 사실이 신선한 충
격이었던 것입니다.

정조를 알현한 만덕은 다음해 금강산을 두루 구경하고, 다시 한양
에 들렀다 제주도로 돌아갔습니다. 만덕은 한양에 머무는 동안 많은
조정 중신들을 만났습니다. 이들 중에는 채제공이나 이가환 같이 만
덕의 행실을 높이 평가하는 글을 써서 후대에 남긴 이들도 있습니다.
이처럼 만덕의 선행에 제주 백성들은 말할 것도 없고, 한양 사대부들
중에도 감명을 받은 이가 적지 않았습니다. 당시 김만덕에 대한 관심
과 칭송은 실로 대단한 것이었습니다. 왜 그랬을까요?
조선시대 가난한 백성을 도운 의로운 부자는 적지 않습니다. 의병
을 일으켜 나라를 구한 충신도 많습니다. 그런데 이런 사람들 대부분
은 양반 출신 남성입니다. 선비 중에는 나라와 백성이 어려움에 처하
면 자신의 목숨과 전 재산을 내놓는 것을 당연하게 생각하는 이들이
상당했습니다. 조선 사회에 대한 주인의식이 있었기 때문입니다. 조
선은 명실상부한 '선비의 나라'였으니까요.
김만덕은 자신에게도 백성을 구할 사회적 책임이 있다고 생각했습

니다. 조선의 주인은 한양 사대부도 남자도 아닌 모든 백성이라는 것을 이미 알고 있었던 것입니다. 만덕의 이런 깨달음과 실천이 당시 조선의 민초들과 지도층을 모두 놀라게 한 것인지도 모릅니다.

김만덕은 요즘 식으로 말하면 사회의 비주류 중의 비주류라고 할 수 있습니다. 양반이 아니면 사람 취급도 받기 힘들던 세상에서 평민이었고, 남성 중심 사회에서 여성이었습니다. 게다가 살던 곳은 대역 죄인들이 유배를 오던 가장 변방인 제주였습니다. 사회가 만덕에게 해준 것은 어쩌면 갖가지 굴레를 씌운 것뿐입니다. 그녀도 주변의 고통을 외면하고 자기 재물을 지키면 그만이었습니다.

하지만 김만덕에게는 돈보다 인간으로서 존엄성을 지키는 것이 더 컸습니다. 어려움에 처한 이웃을 돕는 것은 사람의 기본 도리이고, 이 도리를 다하는 데는 귀천이 따로 없다는 것을 몸소 보여준 것입니다. 또 조선 여성도 사회의 당당한 주인이라는 것을 널리 알렸습니다. 이로써 만덕은 조선시대 어느 남성이나 양반보다 더 귀한 인물이 됐습니다.

1812년에 제주에서 생을 마친 김만덕은 '나눔에는 귀천이 있을 수 없고, 나누는 사람이 바로 고귀한 존재'라는 가르침을 오늘에 남겼습니다.

많은 사람들이 요즘 세태를 '부자는 많지만 진정한 부자는 찾기 힘든 세상'이라고 합니다. 앞으로 누군가에게 부자가 되라고 덕담을 할 거라면 기왕 하는 김에 "존경받는 부자 되세요"라고 하면 어떨까요?

2. 유일한 : 국민과 사회를 건강하게 만든 선구자

노블레스 오블리주를 실천한 삶에 기준이 있다면 무엇일까요? 아마 조국과 민중을 위해 목숨을 걸었거나, 재산을 사회에 기부해 어려운 이웃을 도운 경우일 것입니다. 우리는 이런 사례로 고대 로마나 중세 유럽의 귀족 계층 또는 근대 미국의 거액 기부자를 먼저 떠올리는 경우가 많습니다. 노블레스 오블리주란 개념이 이들에 대한 이야기와 함께 전해졌기 때문입니다.

그런데 동서고금을 통틀어 노블레스 오블리주의 최고 모범이라고 할 만한 인물을 우리 근현대사에서 만날 수 있습니다. 바로 유한양행을 창업한 유일한입니다. 그는 성공한 기업인으로 자신의 전 재산을 사회에 환원했고, 조국의 해방을 위해 자기가 가진 모든 것을 걸었던 독립투사이기도 합니다.

유일한은 1895년에 평양에서 태어났습니다. 그의 아버지 유기연은 아홉 살이 된 어린 그를 "선진 문물을 배워야 한다"며 대한제국 순회공사였던 박장현과 그의 조카 박용만과 함께 미국으로 보냈습니다. 유일한은 미국에서 1909년부터 1912년까지 네브래스카 주에 있던 '한인소년병학교'를 다니며 군사훈련을 받았습니다. 이 학교는 항일운동가 박용만이 독립군을 양성하기 위해 세운 것으로 미국에 설립된 최초의 한국 군사학교입니다.

신문을 팔고 구두를 닦아 학비를 벌어서 고등학교를 마친 그는 1916년 네브래스카 주립대를 거쳐 미시건대학 상과에 입학했습니다.

그가 대학에 다니던 1919년에 조국에서 3·1독립운동이 일어났습니다. 이 영향으로 미국 내 한인 사회도 분주하게 움직였습니다. 유일한은 서재필 등이 주도해 미국 필라델피아에서 연 '한인 자유 대회'에 참석해 직접 동료들과 작성한 '한국인의 목적과 열망을 석명하는 결의문'을 낭독하기도 했습니다.

이 글에는 모두 10개의 결의안이 담겨 있습니다. 그 첫 번째는 '우리는 정부가 피치자로부터 나오는 권력에서 유래하는 것이라고 믿고 있다'입니다. 오늘날 대한민국 헌법 제 1조의 일부이기도 한 '모든 권력은 국민으로부터 나온다'와 같은 뜻입니다. '민중의 교육이 어떠한 정부 정책보다 중요하다'와 '민중의 건강은 정치인들이 첫째로 고려해야 할 일이다'라는 내용도 포함돼 있습니다. 특히 교육과 건강을 강조한 두 항목은 이후 유일한의 삶이 어떠할지를 암시하는 것처럼 보입니다.

회사의 소유권을 사원들에게 분배

같은 해 대학을 졸업한 그는 이후 미시간 중앙철도회사와 제너럴 일렉트릭General Electric에 취직해 일했습니다. 1922년에는 미국인 친구와 동업해 숙주나물 통조림을 생산하는 라초이 식품회사를 창업했습니다. 사업이 성공을 거두자 원료인 숙주가 그만큼 많이 필요하게 됐습니다. 미국 내에서는 이를 충분히 조달할 수 없어 1925년 중국 출장길에 올랐습니다. 중국을 거쳐 조국에 잠시 귀국한 그는 백성들의 비참한 삶을 보고 영구 귀국을 결심했습니다. 처음 조국에 돌아오기로 마음을 정할 때는 귀국 후 대학교수를 할 생각이었다고 합니다. 이미 연

희전문학교로부터 상과 교수직을 제안받았습니다. 하지만 그는 제약 회사를 창업하기로 마음을 바꾸었습니다. 1926년, 미국에서 번 50만 달러를 가지고 조국에 돌아온 그는 유한양행을 설립했습니다.

이 회사는 초기에 기생충약과 피부연고제, 아스피린 등을 수입해 판매했습니다. 모두 국민 건강의 기초가 되는 필수 의약품입니다. 당시에는 이런 약품조차 턱없이 부족해 작은 상처가 덧나 목숨을 잃는 사람도 적지 않았습니다. 1934년에는 프론토실이란 항생제를 독점으로 제조해 판매했습니다. 빠르게 성장한 유한양행은 1936년에 주식회사로 전환했습니다. 이 때 유일한은 자신이 100퍼센트 소유하고 있던 이 회사 주식의 52퍼센트를 액면가의 10분의 1로 사원들에게 양도했습니다. 회사가 성장한 것은 직원들의 공로 덕분이라며 사실상 회사의 소유권을 사원들에게 분배한 것입니다. 이로써 유한양행은 우리 나라 최초의 종업원지주제 회사가 됐습니다.

그는 1938년 다시 미국으로 건너가 조국이 해방된 이후 귀국했습니다. 그가 또 미국에 간 것은 일제의 압박으로 회사 경영이 어렵게 되자 해외에서 새로운 활로를 찾기 위해서였습니다. 귀국이 늦어진 것은 일본이 진주만을 폭격해 태평양전쟁이 일어났기 때문입니다. 하지만 유일한의 이후 행적을 보면 그가 조국 독립을 위한 활동에 매진하기 위해 일부러 미국으로 간 것이 아닌가 하는 생각이 들 정도입니다.

사실 그는 이 기간 동안 미국에서 임시정부의 외교 활동과 독립 자금 조성을 도왔고, 미 육군 전략정보처OSS^{현 CIA}의 한국 담당 고문으로 활동했습니다. 또 맹호군으로 알려진 한인국방경위대 편성에 주도적으로 참여하기도 했습니다.

이 시기 그의 활동 중에서 특히 주목할 부분은 '냅코 작전^{Napko Project}'에 특수 요원으로 참여한 것입니다. 냅코 작전이란 미국에 있는 한국인 중 반일 민족의식이 투철한 사람을 뽑아 특수 훈련을 시켜 한국에 침투시키려던 것입니다. 또 이 계획은 중국에 있던 광복군이 참여한 독수리 작전과 함께 추진됐습니다. 미국은 이 같은 작전을 통해 일본군을 혼란에 빠뜨려 연합군의 승리를 앞당기고자 했습니다.

다행인지 불행인지 이 계획은 실행되지 못했고, 유일한도 실제로 침투 작전을 수행하지는 않았습니다. 일본이 예상보다 빨리 항복했기 때문입니다. 하지만 성공한 기업인인 그가 나이 오십에 조국의 해방을 위해 자신의 목숨과 모든 것을 걸고 특수 임무에 참여했다는 점은 많은 것을 생각하게 합니다.

"기업의 소유주는 사회입니다"

1946년에 귀국한 그는 회사를 다시 정비하고 경영에 매진했습니다. 이후 유일한은 기업에 대한 확고한 철학을 가진 혁신적인 기업인으로서의 참모습을 보여줍니다.

"기업은 개인의 것이 아니며 사회와 종업원의 것입니다. 기업의 소유주는 사회입니다. 단지 그 관리를 개인이 할 뿐입니다."

유일한의 말입니다. 그의 말이 무게를 갖는 것은 그가 이를 실천했기 때문입니다. 그는 회사 주식의 절반 이상을 사원들에게 나눠줬고, 1962년에는 기업을 공개해 유한양행을 상장시켰습니다. 우리나라 민간 기업으로는 경성방직에 이어 두 번째로 상장기업이 된 것입니다.

유한양행의 상장은 오늘날의 일부 삐뚤어진 기업 공개와는 크게 다릅니다.

우리는 새로 코스닥에 등록하거나 거래소에 상장된 기업의 창업자나 대주주가 신흥 갑부가 됐다는 뉴스를 종종 접합니다. 하지만 같은 회사의 소액주주들은 엄청난 손해를 보는 경우도 있습니다. 기업을 실제 가치보다 부풀려 공개했거나, 회사를 껍데기만 남겨 놓았기 때문입니다. 이들은 주식을 상장해 시세 차익을 얻는 게 목적이었지 회사를 성장시켜 모든 주주들에게 이익을 돌려주는 데는 관심이 없었던 것입니다.

유일한이 기업을 공개하기로 결심한 것은 기업의 소유주가 사회인 만큼 그 이익을 국민과 나눠야 한다는 생각에서였습니다. 기업이 성장하며 거두는 결실을 일부 주주들만 독점해서는 안 되고, 국민 누구나 주주로 참여해 이를 함께 누릴 기회를 줘야 한다는 것입니다. 상장을 진행할 때 이 회사 주식의 가치는 액면가보다 훨씬 높았습니다. 이런 경우 주식 공모 가격을 비싸게 정하거나 무상증자를 실시해 기존 대주주에게 큰 이익이 돌아가게 하는 게 일반적입니다. 회사 내부에서도 무상증자를 권했습니다. 하지만 유일한은 "투자자들이 손해를 본다"며 거부했다고 합니다. 유한양행은 액면가 100원 그대로 기업을 공개했고, 주가는 상장이 되자마자 600원으로 뛰었습니다.

유일한은 또 정직하고 투명하게 기업을 경영했습니다. 이익을 얻기 위해 편법은 물론 불법도 서슴지 않는 기업인이 많았던 시절이었지만 그는 언제나 바른 길을 걸었습니다. 유일한은 "기업의 제 1목표는 이윤 추구입니다. 그러나 그것은 성실하게 기업을 경영한 대가로 얻어야 합니다"라고 말했습니다. 또 "이윤 추구는 기업가 개인의 부귀영화를 위한 수단이 될 수 없다"고 했습니다.

그는 정치권과 기업이 불법 정치자금과 이권을 주고받는 잘못된 행태인 정경유착을 단호히 거부했습니다. 이 때문에 여러 차례 어려움을 겪기도 했습니다. 1967년에는 당국에 밉보여 세무조사를 받았습니다. 당시는 '세무조사 받으면 기업이 망한다'는 속설이 떠돌 정도였습니다. 하지만 유한양행은 세금을 한 건도 누락하지 않은 것으로 확인됐습니다. 이 덕분에 1968년에는 오히려 모범납세 우량기업으로 선정돼 동탑 산업훈장을 받았습니다. 유일한은 납세에 대해서도 확고한 철학을 가지고 있었습니다.

"국가는 세수입 없이는 운영이 불가능하고, 기업은 세금으로 유지되는 국가의 법적 보호 없이 존립될 수 없습니다. 따라서 기업은 납세에 충실하지 않으면 안 됩니다."

보복성 세무조사에서 정부가 결국 그에게 손을 들 수밖에 없었던 이유가 여기에 있습니다.

최고 경영자 유일한에게서 빼놓을 수 없는 이야기 중 하나가 조권순 사장에게 경영권을 넘긴 것입니다. 1969년 10월 30일, 주식회사 유한양행의 제 44기 정기 주주총회가 열렸습니다. 이날 유일한은 경영 일선에서 공식 은퇴했습니다. 그를 이어 대표이사에 오른 사람은 유일한과 아무런 혈연관계가 없는 조권순 전무였습니다. 그에게는 회사를 물려줄 만한 아들이 있었지만 전문 경영인을 선택했습니다. 재벌 기업들의 경영권 세습을 둘러싸고 사회적 논란이 끊이지 않는 현실과 비교됩니다. 유일한은 이미 40년 전에 창업자의 자손이 반드시 경영권을 승계해야 하는 게 아니라는 것을 몸소 실천했습니다. 기업을 소유하는 것과 경영하는 것은 별개라는 확고한 철학이 있었던 것입니다. 이처럼 그는 자기 자식에게 회사의 경영권을 물려주지 않았을 뿐만 아니라 소유권도 상속하지 않았습니다. 현재 유한양행의 최대 주주는 그의 자손들이 아닙니다. 공익사업을 하는 유한재단입니다.

유한재단은 1965년에 설립된 '유한교육신탁관리기금'에서 출발한 우리나라의 대표적인 공익재단입니다. 유일한은 교육에 관심이 많았습니다. 일제시대에도 종업원들에게 꾸준히 소양교육을 진행했고, 한국전쟁 중이던 1952년에는 공장 안에 고려공과기술학교를 설립했습니다. 이 학교는 학비는 물론 먹고 자는 것까지 공짜로 제공했습니다. 자신의 주식과 땅, 현금을 출연해 학교법인 유한학원을 설립하고, 1964년에 유한공업고등학교를 개교했습니다.

유일한은 '기업이 얻은 이익은 그 기업을 키워준 사회에 환원해야 한다'고 굳게 믿었습니다. 또 "기업은 사회의 이익을 증진시키기 위해서 존재하는 기구"라고 말했습니다. 이처럼 함께 나누는 공동체 의식과 혁신적인 기업관을 가진 그는 몇 세대를 앞서간 선구자입니다.

1971년 3월 11일, 유일한이 세상을 떠났습니다. 그는 이미 살아 있을 때 자기가 가진 주식의 40퍼센트를 공익재단에 기증한 상태였습니다. 한 달 후 그의 유언장이 공개됐습니다. 모두 다섯 가지 유언을 남겼는데 이중 두 가지를 소개합니다.

"유일한 자신의 소유 주식 14만 941주는 전부 '한국사회 및 교육원조 신탁기금'에 기증한다. 아들 유일선에게는 대학까지 졸업시켰으니 앞으로는 자립해서 살아가거라."

그가 세상을 떠난 지 20년 후 그의 딸도 아버지 뒤를 따랐습니다. 딸 재라씨는 숨을 거두며 자신의 전 재산을 유한재단에 기증했습니다. 아름다운 기부가 대를 이어 계속된 것입니다.

1971년 정부는 유일한에게 국민훈장 무궁화장을, 1995년에는 건국훈장 독립장을 추서했습니다.

"건강한 국민, 병들지 아니한 국민만이 주권을 누릴 수 있다."

이런 신념으로 제약회사를 설립한 유일한은 자신의 바람처럼 국민을 건강하게 만드는 데 지대한 공헌을 했습니다. 그는 이에 못지않게 우리 사회를 건강하게 만드는 데도 크게 기여했습니다. 조국의 독립을 위해 헌신하고, 사회를 위해 모든 것을 나누고 떠난 그의 삶에서 '병들지 않은 사회만이 희망을 누릴 수 있다'는 희망을 만났습니다.

제 2부

시티즌 오블리주 시대를 열다

1장 기부하고 봉사하는 수많은 시민들

1. 우리 이웃들의 이야기에는 감동이 있다

기부와 나눔은 모두 소중하고 아름답습니다. 더 많은 돈을 기부했다고 더 훌륭한 것이 아닙니다. 사회적 지위가 높은 사람의 선행이 더 존경을 받는 것도 아닙니다. 나눔을 실천하는 존재는 모두 똑같이 고귀합니다.

그런데도 사람들이 느끼기에는 조금 다른 게 있는 것 같습니다. 어떤 이의 이야기는 오래 기억되며 많은 사람들이 동참하는 계기가 되고, 어떤 뉴스는 금방 잊혀지기도 합니다. 아마 그 차이는 '감동'에 있지 않을까요.

그럼 우리는 어떤 이야기에 감동할까요? 수많은 사람들을 감동시키는 선행의 주인공은 대부분 이름 없는 우리 이웃들입니다. 우리가 이들의 이야기에 더 감동하는 것은 자신의 모습을 되돌아보게 하기 때문일 것입니다. '나와 다를 것 없는, 아니 어쩌면 나보다 훨씬 형편이 못한 사람들'의 실천은 우리를 부끄럽게 만듭니다. 여기에서 그치지 않고 우리를 변화시키고 행동하게 합니다. 감동은 사람을 움직이는 힘이 있습니다.

이번 이야기는 시티즌 오블리주Citizen Oblige 시대의 주인공이라고 할 수 있는 '나눔을 실천하는 시민들'에 관한 것입니다. 시장에서, 일터에서, 동네에서 만났던 우리 이웃들의 소박하지만 한없이 크고, 평범하지만 그 무엇보다 아름다운 이야기입니다.

'행복한 유산'을 약속한 어르신들

사회복지공동모금회 서울지회는 2004년부터 '행복한 유산' 캠페인을 벌이고 있습니다. 이 캠페인은 유산을 사회에 기부하기로 약속하고, 본인이 세상을 떠나면 유언에 따라 재산을 좋은 일에 쓰는 것입니다. 모금회는 이를 "세상을 떠나면서 마지막으로 할 수 있는 가장 아름다운 약속"이라고 설명합니다.

2009년 8월까지 유산 캠페인에 참여한 사람은 모두 9명입니다. 이들 중 손중기 할아버지는 2009년 여름에 세상을 떠났습니다. 1995년 부인이 암으로 사망한 후 자식이 없어 외롭게 생활해오던 그는 1년 전부터 건강이 크게 악화됐다고 합니다. 결국 올해 6월 8일에 다니던 병원에서 오래 살기 어렵다는 말을 들었습니다.

이 세상과의 이별을 앞둔 그는 자신의 재산을 모두 사회에 기부하기로 결심했습니다. 이날이 2009년 6월 9일입니다. 바로 할아버지가 칠순이 되는 날이었습니다. 뒤늦게 이런 사실을 전해들은 그는 뜻 모를 눈물을 흘렸다고 합니다.

일주일 후, 유서를 쓸 기력도 남지 않은 손중기 할아버지는 기부 의사를 묻는 변호사의 질문에 고개를 끄덕이는 것으로 유언을 대신했습니다. 산소호흡기를 입에 넣고 있어 말을 할 수조차 없었습니다. 그리고 닷새가 지난 6월 21일, 또 한 명의 기부천사는 정말 하늘나라로 떠났습니다.

그의 유산은 자신이 세들어 살던 집의 보증금 3천60만 원과 통장 4개에 남은 80여 만 원입니다. 누구에게는 많지 않은 돈일 수도 있지만 할아버지에게는 자신이 평생 고생해 모은 전 재산입니다. 고 손중기 할아버지는 행복한 유산 캠페인에 가장 최근에 참여한 9호 기부자입니다.

행복한 유산 캠페인에 제일 먼저 참여한 '제 1호 기부자'는 김춘희 할머니입니다. 현재 여든이 넘은 할머니는 2005년 1월 당시 자신이 살던 옥탑방의 전세 보증금 1500만 원을 유산으로 기부하기로 약속하고 법적 절차를 마쳤습니다. 뿐만 아니라 사랑의 장기기증 운동본부에 자신이 죽으면 각막과 시신을 기증하기로 했습니다. 김춘희 할머니는 요즘도 외출할 때면 꼭 장기기증 등록증을 가지고 다닌다고 합니다. 또 2006년과 2008년에는 자기보다 더 어려운 사람들을 위해 써달라며 각각 300만 원과 500만 원을 모금회에 기부했습니다. 매월 정부에서 받는 생활비와 수십 년 전에 보육원에서 돌봐주었던 아이들이 어른이 돼 가끔 찾아와서 주는 용돈을 모은 돈입니다. '옥탑방 할머니'로 잘 알려진 할머니는 무릎이 아파 계단을 오르기 힘들어 지금은 반지하방으로 옮겨 생활하고 있습니다.

2009년 3월에는 김정연, 박부자, 배복동 할머니가 유산을 기부하기로 약속했습니다. 세 분 모두 기초생활 수급자로 자신들이 살고 있는 단칸방의 보증금과 예금을 모두 내놓기로 한 것입니다.

박부자 할머니는 교통사고를 당해 받은 돈까지 강원도 수해 복구 성금으로 내놓을 만큼 이웃돕기에 앞장서 온 분입니다. 김수환 추기경의 선종을 보고 자신에게 남은 보증금 500만 원까지 기부하기로 결심했다는 박부자 할머니는 "어차피 죽으면 없어지는 것"이라고 말했습니다.

10㎡제곱미터도 안 되는 지하방에서 살고 있는 배복동 할머니도 자신의 전 재산인 보증금 900만 원을 유산으로 기부했습니다. 할머니는 모금회에 "이거라도 어려운 이웃에게 도움이 되면 좋겠다"고 짧게 기부의 뜻을 전했습니다.

김정연 할머니는 아흔이 넘은 연세에 지금도 서울 종로구 경복궁역 근처에 있는 금천교시장에서 떡볶이를 팔고 있습니다. 원래 개성이 고향인 할머니는 한국전쟁 때 서울에 외상값을 받으러 왔다 영영 돌아가지 못했습니다. 개성에 당시 11살, 9살, 7살이던 세 아이를 두고 혼자 내려와 이산가족이 된 것입니다.

예전에 장기기증 서약을 한 김 할머니는 그 이유를 "우리 아이들도 혹시 아플 때 다른 사람의 도움을 받아 살아날 수 있길 바라는 마음에서 그랬지"라고 자신을 찾아온 〈월드얀뉴스〉 기자에게 말했습니다. 자신이 이웃을 도운 것처럼 부모 없이 자랐을 할머니의 자식들도 주변으로부터 보살핌을 받기를 바라는 간절한 소망이 느껴집니다.

또 김정연 할머니가 사회에 보답해야겠다고 생각한 데는 한 가지 계기가 있었습니다. 아무 것도 가진 것 없이 서울 생활을 시작할 무렵 할머니는 오이 장사를 하기로 마음먹었습니다. 그런데 돈이 없어 장사를 할 수 없었습니다. 그때 오이밭 주인이 할머니에게 오이 100개를 외상으로 주었습니다.

그때의 도움이 자신에게는 목숨을 살린 거나 마찬가지라는 할머니는 이때 '나한테 도와달라는 사람 있으면 도와주겠다'고 결심했습니다. 이후 등록금이 없는 학생들에게 학비를 보태주기도 하고, 생계가 막막한 사람들을 여러 명 도와줬습니다. 그리고 마지막 남은 보증금과 예금 2천3백만 원도 행복한 유산으로 내놓았습니다.

'유산' 하면 우리는 돈 많은 부자를 먼저 떠올립니다. 가진 것이 많은 사람이 남길 것도 많을 테니 말입니다. 그런데 지금까지 이 캠페인에 함께한 사람들 중에 자산가는 없습니다. 거꾸로 우리 사회에서 가장 소외되고 어려운 분들이 아름다운 유산 운동에 앞장서고 있습니다. 제일 많은 돈을 유산으로 기부한 사람은, 언론을 통해 김춘희 할머니의 소식을 듣고, 같은 해 4월 유산 기부를 약속한 이름을 밝히지 않은 분입니다. 이 분이 기부하기로 한 재산은 3억 원 정도입니다. 작은 나눔이 또 다른 나눔을 불러온 것입니다.

이 밖에도 행복한 유산 기부에 참여한 분은 조규환 은평천사원 이사장과 서울 동대문에 사는 김화규 할머니, 영등포의 박노주 할머니가 더 계십니다. 이 분들 모두 따뜻한 마음을 담아 캠페인에 참여하셨는데 그 사연을 여기에 소개해드리지 못했습니다. 이번 기회에 사회복지공동모금회 홈페이지 등을 방문해 더 많은 소식을 직접 만나보시면 어떨까요.

행복한 유산 기부를 약속한 어르신들이 우리에게 남긴 것은 수백만 원, 또는 수천 만 원의 돈이 전부가 아닙니다. 기부는 많이 가진 사람만 할 수 있는 게 아니고, 유산은 어떻게 남겨야 아름다운지를 가르쳐주고 있습니다.

100원으로 함께 행복해지는 방법 '100원회'

1970년대에 어린 시절을 보낸 분이라면 "엄마 100원만 줘" 하고 졸라댄 기억이 있을 것입니다. 그때 100원은 적지 않은 돈이었고, 특히 어린이들에게는 큰돈이었습니다. 이 돈이면 가게에 가서 과자, 사탕, 아이스크림 중에 마음에 드는 것을 한두 개쯤 골라잡을 수 있었습니다. 하지만 요즘에는 100원으로 살 수 있는 게 거의 없습니다. 껌을 한 통 사거나 막대 사탕 하나 사려고 해도 100원으로는 어림없습니다.

그런데 100원을 모아 '큰일'을 하는 사람들이 있습니다. 수백 명의 학생들에게 장학금을 주고, 가난한 이웃에게 생활비도 지원합니다. 바로 '100원회'입니다.

100원회는 이름 그대로 '하루에 100원씩 모아 이웃 사랑을 실천하자'는 소박한 뜻에서 출발했습니다. 1998년 광주에서 공무원으로 일하던 김희만 씨는 외환,위기로 삶이 더 고단해진 이웃들을 보며 그들을 도울 방법이 없을까 고민했습니다. 뭔가 생각이 떠오른 그는 생활정보지에 조그맣게 광고를 냈습니다. '하루 100원으로 불우이웃을 도울 분을 모은다'는 내용이었습니다. 하루 100원씩이라도 여러 명이 모으면 큰 힘이 될 것이라고 생각했습니다.

이 광고를 보고 한두 명씩 연락이 왔습니다. 드디어 1999년 4월, 60여 명이 모여 100원회를 창립했습니다. 그해에 370만 원을 모아 소년소녀 가장들에게 장학금을 주었습니다.

몇 년 전부터는 해마다 천 만 원이 넘는 돈을 모을 수 있게 됐습니다. 2009년 5월에는 열 번째 장학금 전달식을 가졌습니다. 이때까지 모두

742명에게 1억 원이 넘는 장학금을 주었습니다. 또 어려운 이웃들에게 생활비와 병원비도 지원하고, 어르신들에게는 영정 사진을 찍어주는 활동도 계속하고 있습니다. '100원의 기적'이 현실이 된 것입니다.

이 기적의 주인공은 바로 우리 이웃들입니다. 회원 중에는 초등학교에 다니는 손녀부터 할아버지까지 가족 모두가 100원회 회원인 가정도 있고, 농약병이나 폐지를 모아 매달 3천 원 남짓한 돈을 보내는 시골 할머니도 계십니다. 돼지저금통에 매일 100원씩 모아 그것을 총회 때 들고 오는 분도 있고, 매달 통장으로 계좌 이체를 하는 분도 있습니다. 방법은 다르지만 이 모임의 정신인 '100원의 정성'은 모두 같습니다.

이 모임의 회장인 김희만 씨도 공무원 생활을 하다 정년퇴직한 후 1톤 트럭을 구입해 몰고 다닙니다. 빈병이나 캔, 폐지 등 고물을 주워 100원회에 기부하기 위해서라고 합니다. 김 회장은 "우리 회원들은 자신의 형편도 넉넉지 않은 서민 계층"이라며 "내가 어려워서 어려운 사람들을 그냥 지나칠 수 없다는 생각으로 기부를 한다"고 <연합뉴스>와 한 인터뷰에서 말했습니다.

광주에서 시작된 이 모임에는 2009년 현재 전국에서 650여 명이 회원으로 참여하고 있습니다. 100원회 이야기는 사회적 책임을 다하는 것은 우리 모두의 일이며, 이를 실천하는 게 결코 어렵지만은 않다는 것을 잘 보여줍니다.

"당신은 어려운 이웃을 위해 매일 100원씩 기부할 수 있습니까?"

이들은 우리에게 이렇게 묻고 있습니다.

'얼굴 없는 천사' 익명 기부자들

우리가 살아가고 있는 이 세상에 대해 말할 때 언제부터인가 그 앞에 '각박한'이라는 수식어가 자주 붙습니다. 하지만 한편에서는 '훈훈한' 세상을 만들고 있는 '얼굴 없는 천사'들도 많습니다.

구세군 자선냄비에 남몰래 뭉칫돈을 넣고 가는 사람, 가난과 질병으로 고통받는 이웃들의 이야기를 전하는 방송을 보고 성금을 보내거나 기부 전화를 거는 시민들이 많습니다. 또 세상을 깜짝 놀라게 할 만한 선행을 하면서도 끝내 자신을 드러내지 않는 익명의 기부자들이 끝없이 나타나고 있습니다.

2009년 7월 30일, 전남 담양군청에 커다란 과일 상자가 우체국 택배로 배달됐습니다. 상자 안에는 놀랍게도 거액의 돈이 들어 있었습니다. 5만 원짜리 2880장과 만 원짜리 5600장 등 모두 현금으로 2억 원이었습니다. 보낸 이는 광주에 있는 한 서점으로 돼 있었지만 확인해 보니 없는 주소였습니다. 돈을 보낸 사람이 자신이 누구인지 알아내지 못하게 하려고 그런 것입니다. 상자 안에는 '골목길에 등불이 되고파!'로 시작하는 기부 의사를 담은 편지가 있었습니다. 이 돈을 장학금으로 써달라는 내용이었습니다.

담양군은 다음날 기부심사위원회를 열고 이 돈을 기부자의 뜻에 따라 '등불 장학금'으로 사용하기로 했습니다. 돈 상자를 보낸 사람이 누구인지는 아직도 확인되지 않고 있습니다.

2009년 9월, 대구 수성구청 앞마당에 10킬로그램짜리 쌀 1000포대를 실은 트럭이 들어왔습니다. 올해로 벌써 7년째, 2003년부터 매년 추석을 앞두고 빠짐없이 이어져온 일입니다. 어려운 이웃들에게 나눠주라며 쌀을 보내온 것인데 기부자는 지금까지 이름을 밝히지 않고 있습니다.

이 얼굴 없는 천사는 90세 노인으로 알려졌습니다. 이북이 고향인 그는 한국전쟁 때 내려와 현재 대구에서 생활하고 있습니다. 구청 공무원들은 선행의 주인공을 세상에 알리려고 이름을 물었지만 끝내 알려주지 않았습니다. 그래서 수성구에서는 그를 '키다리 아저씨'라고 부릅니다. 그는 자신이 살아 있는 동안에 계속 쌀을 기증하겠다고 약속했습니다. 단 한 가지 조건이 있습니다. 자신의 신분을 공개하지 말아달라는 것입니다.

전북 전주시 노송동 주민센터에는 매년 연말이면 '얼굴 없는 산타'가 나타납니다. 2000년부터 누군가가 현금 뭉치와 돼지저금통을 갖다놓고 사라지는 일이 한 해도 거르지 않고 이어지고 있습니다.

2008년 12월 23일 주민센터에 30~40대로 들리는 목소리의 남자가 전화를 걸었습니다. 그는 "주차장 옆 화단에 가보세요"라고 말하고 전화를 끊었습니다. 그곳에 가보니 상자에 100만 원씩 묶은 돈다발 20개와 38만1000원이 든 돼지저금통이 들어 있었습니다. '소년소녀가장 여러분 힘내세요. 파이팅'이라고 쓴 쪽지도 함께 있었습니다. 2000년부터 2008년까지 이 얼굴 없는 기부자가 이런 방법으로 주민센터에 보내온 돈이 8100만 원에 달합니다.

2006년 <경향신문>은 한 해를 마무리하며 '올해의 인물'로 '얼굴 없는 기부자'를 선정했습니다. 유력한 정치인이나 유명 인사가 아닌 것도 이례적이지만 누구인지도 알 수 없는 사람들을 꼽은 게 특이합니다. 아마도 숨어서 선행을 베푸는 우리 이웃들 모두가 세상에 가장 큰 감동을 전하는 주인공이라는 의미일 것입니다.

젓갈 할머니 류양선 : 나눔으로 한(恨)을 풀다

한국인의 고유 정서를 말할 때 그중 하나로 '한(恨)'을 꼽는 이들이 많습니다. 우리나라 사람들 대부분이 차이는 있지만 저마다 어떤 설움을 간직하고 있다는 것입니다. 물론 이런 시각이 요즘 젊은이들에게는 맞지 않을 수도 있지만 우리 부모님과 할아버지 할머니 세대는 분명 한이 많은 세월을 살아왔습니다. 특히 할머니, 어머니들은 여자라는 이유로 배우고 싶어도 배우지 못했고, 갖고 싶은 것을 가질 수 없었습니다. 자신의 꿈과 삶을 송두리째 희생해야 했던 경우도 많습니다. 그래서인지 이른바 '홧병'을 앓는 사람의 대부분은 나이 많은 여성들입니다.

한은 쌓아두면 병이 됩니다. 류양선 할머니는 자신이 겪은 온갖 설움을 이웃에 대한 끊임없는 나눔으로 풀고 있습니다. 못 배운 한, 자식을 낳지 못한 설움이 할머니를 '끊임없이 기부하는 젓갈 할머니'로 만든 힘이었는지도 모릅니다.

류 할머니는 노량진수산시장에서 젓갈 장사를 하며 근검절약해 모은 돈으로 수많은 좋은 일을 해오고 있습니다. 그녀의 목소리는 언제나 밝고 힘차지만 그 뒤에는 우리가 헤아릴 수 없는 깊은 고통이 배어 있을 것입니다. '인내는 쓰고 그 열매는 달다'는 말이 있습니다. 어쩌면 할머니는 단 열매는 어려운 사람들에게 모두 나눠주고, 자신은 쓴 인내만을 외롭게 감당하고 있는 것은 아닐까요? 언제 들어도 깊은 감동과 힘이 느껴지는 류양선 할머니의 삶을 소개합니다.

할머니는 충남 서산의 한 가난한 집안에서 6남매 중 넷째로 태어났습니다. 아버지는 "여자가 배워서 뭐하냐"며 학교에 가지 못하게 했습니다. 할머니는 어려서 공부 욕심이 많았지만 끝내 학교 교육을 받지 못했습니다. 못 배운 한이 뼈에 사무쳤습니다.

결혼 생활도 행복하지 못했습니다. 남편은 대를 이을 자식을 낳지 못한다며 곁을 떠났습니다. 혼자 살며 겪은 설움도 말로는 다 못할 정도일 것입니다.

할머니는 이를 악물고 돈 벌기에 나섰습니다. 할머니가 혼자 젓갈 장사를 시작한 지 벌써 40년 가까이 됐습니다. 자린고비는 저리 가라고 할 만큼 알뜰하게 생활해 돈을 모았습니다. 돈이 모이면 땅과 건물을 샀습니다. 이렇게 재산을 불려놓으면 요긴하게 쓸 곳이 있을 것이라고 생각했습니다.

자신을 위해서는 돈 몇 푼 쓰는 것도 벌벌 떠는 할머니였지만 남을 위해서는 큰돈을 내놓는 데 주저하지 않았습니다. 틈만 나면 양로원을 찾아가고, 어려운 학생들에게 꾸준히 장학금을 주었습니다.

류양선 할머니의 선행이 세상에 널리 알려진 것은 1998년입니다. 할머니가 당시 10억 원이 넘는 땅과 건물을 한 대학에 기증한 사연이 신문과 방송에 크게 보도된 것입니다. 한서대학교는 1992년 충남 서산에 문을 연 학교입니다. 할머니가 이 대학과 인연을 맺은 것은 학교가 설립되기 전부터입니다. 할머니에게는 '고향에 좋은 학교를 세우고 싶다'는 꿈이 있었습니다. 자신이 배우지 못하고, 자식을 낳아 가르치지 못한 한을 이렇게 풀고자 했습니다.

서울에서 유명한 성형외과 의사가 자신의 고향에 대학교 설립을 추진하고 있다는 소식을 들은 할머니는 그 의사를 찾아갔습니다. 그가 바로 한서대의 설립자이자 현 총장인 함기선 박사입니다. 할머니는 그의 인품에 믿음을 갖게 됐고, 이 대학의 가장 든든한 후원자가 됐습니다. 2006년에는 자신의 제주도 땅을 대학 발전 용지로 내놓았고, 2008년에도 10억 원이 넘는 부동산을 이 대학에 기부했습니다.

류양선 할머니가 지금까지 한서대에 기부한 금액만 수십 억 원에 이릅니다. 이 대학은 류양선 장학재단을 설립해 할머니를 이사장으로 모시고, 해마다 수십 명의 재학생과 고등학생에게 장학금을 주고 있습니다. 2009년에도 학생 20명에게 장학금 1600만 원을 주었습니다. 학교를 세우겠다는 할머니의 꿈은 대학을 후원하고 학생들을 돕는 것으로 이루어진 셈입니다.

할머니가 베풀고 있는 선행은 이 밖에도 한두 가지가 아닙니다. 1980년대 초부터 전국에 있는 초등학교와 대학교, 관공서 등에 좋은 책을 보내주고 있습니다. 어린이재단에서 발행하는 소년소녀가장들의 생활 수기 모음집을 매년 수백 권씩 구입해 젓갈을 사러 온 손님들에게 무료로 나눠주는 일도 10년 넘게 하고 있습니다. 류양선 할머니는 대한민국에서 책을 가장 많이 사는 할머니입니다. 또 2004년부터 해마다 혼자 살고 있는 노인들에게 전해달라며 서산시에 젓갈을 보내고 있습니다.

기억하는 분들도 계시겠지만 할머니는 몇 년 전 휴대전화 광고에 출연한 적도 있습니다. 장을 보러온 한 남자가 "디지털 세상이잖아요"라고 말하자 할머니가 "뭐, 돼지털?"이라고 말하는 광고입니다. 할머니는 이때 받은 출연료도 모두 기부했다고 합니다. '시민 기부자들의 큰언니'라 부를 만합니다.

류양선 할머니는 언론 인터뷰에서 "어렵게 생활하는 아이들을 보면 내가 낳은 아이는 아니지만 모두 내 아들, 딸 같다"며 "나처럼 못 배운 한을 품고 살아가는 사람이 없었으면 좋겠다"고 말했습니다.

이야기를 하다 보니 기부하는 할머니들이 여러 분 등장하게 됐습니다. 이런 이야기에 빼놓아서는 안 될 사람 중 한 분이 김군자 할머니입니다. 김군자 할머니는 1942년 열일곱 나이에 일본군 종군 위안부로 끌려갔습니다. 해방 후 겨우 고국에 돌아왔지만 의탁할 곳이 없어 갖은 고생을 하며 살았습니다. 1998년부터는 같은 처지의 할머니 10여 분과 함께 '나눔의 집'에서 살고 있습니다.

김군자 할머니는 2000년 아름다운재단이 창립할 때 어렵게 모아두었던 5천만 원을 기부해 세상을 놀라게 했습니다. 할머니는 그 돈을

"집안 형편이 어려워 배우고 싶어도 그럴 수 없는 아이들을 위해 써 달라"고 했습니다. 이후에도 1천 만 원과 5천만 원을 또 기부했습니다. 정부에서 받은 생활지원금 등을 꼬박 모은 돈입니다.

이 글에서 김 할머니의 이야기를 자세히 소개하지 않는 이유는 독자들이 할머니의 '따뜻한 기부'보다 '피맺힌 삶'을 먼저 보기를 바라기 때문입니다. 김군자 할머니는 우리나라 근대 역사에서 가장 아픈 상처를 자신의 온몸에 고스란히 간직하고 살아왔습니다. 할머니는 지금도 종군 위안부 문제에 대해 일본 정부가 공식 사과할 것을 요구하며 싸우고 있습니다.

이분들의 삶과 생생한 증언을 담은 책이 여러 권 출간돼 있으니 꼭 읽어 보시길 바라며 김군자 할머니의 이야기는 이렇게 줄이겠습니다.

가진 것이 넘쳐 혼자는 다 쓸 수가 없어서 기부하는 사람은 없습니다. 이번 이야기의 주인공들이 만약 그 돈을 기부하지 않고 자신을 위해 쓴다면 지금보다 좀 더 편안하게 생활할 수 있을 것입니다. 하지만 이들은 자신의 불편을 기꺼이 감수하고 남을 돕는 일에 나섰습니다. 콩 한 쪽도 나눠 먹는 사람들. 우리 이웃들의 작은 이야기에는 언제나 큰 감동이 있습니다

2. 소박한 실천이 거대한 변화를 만든다

의도한 것은 아닌데 나눠놓고 보니 앞에서는 좀 나이 드신 분들이 주인공이었습니다. 이번에는 젊은이들이 신선하고 유쾌하게 나눔을 실천하는 이야기입니다. 참신한 아이디어와 소박한 실천으로, 자신들도 모르는 사이에, 우리 사회에 거대한 변화를 일으키고 있는 또 다른 이웃들을 만나보겠습니다.

기부하기 위해 펀드를 만든 '현명한 투자자들'

주식 투자로 세계 최고의 갑부가 된 워렌 버핏Warren Edward Buffett을 비롯해 투자 수익을 사회에 기부하는 사람들에 대한 이야기는 들어보셨을 것입니다. 그렇다면 기부를 목적으로 펀드를 만들어 투자를 하는 사람들이 있다는 소식도 들어보셨습니까?

네이버 카페인 '현명한 투자자들의 모임http://cafe.naver.com/highstock15'은 기부펀드를 운영하고 있습니다. 이 기부펀드는 투자 수익의 50퍼센트를 기부하기로 약속한 회원들이 돈을 모아 주식에 투자하고, 여기에서 얻은 이익을 공익을 위해 쓰는 펀드입니다. 펀드 자체가 기부를 목적으로 한다는 점에서 남다른 의미가 있습니다. 제 1기 기부펀드는 2009년 6월에 결산을 마치고, 그 첫 번째 수익금을 아름다운재단에 기부했습니다.

투자펀드는 이 카페 회원 7명의 의기투합으로 탄생했습니다. 이들은 투자 정보를 공유하고 함께 공부하기 위해 정기적으로 모임을 갖고 있었습니다. 2008년 4월 24일, 모임을 마치고 뒤풀이를 하던 중 자연스럽게 "공동으로 펀드를 운영해보자"는 의견이 나왔습니다. 이 자리에 같이 있던 카페 운영자 '허크핀닉네임 : 카페에서 사용하는 별명'이 "기부펀드로 발전시켜 의미를 확대시켜 보자"고 제안했고, 모두 '쌍수를 들고 환영'했습니다.

서로의 뜻을 확인한 이들은 각자 300만 원씩 모아 2100만 원으로 펀드를 운영하고, 수익금의 50퍼센트를 기부하기로 했습니다. 그해 9월 4일, 빠키, 석양에서, 솔개처럼, 요한, 좋은습관, 허크핀, kfirenwater 등 7명이 모두 투자금을 입금했습니다. 그 사이 몇 달 동안 어떤 회사 주식에 투자할지 꼼꼼하게 분석해 12개 종목을 선정했습니다. 제 1기 기부펀드는 이렇게 출발했습니다.

이들은 펀드 운영자로 '석양에서'를 선정하고, 2009년 6월까지 펀드를 운용해 수익률 11.5퍼센트를 기록하며 240여 만 원의 수익을 올렸습니다. 처음 약속한 대로 이 중 절반인 120만 원을 2009년 7월 8일에 아름다운재단에 기부했습니다. 이들이 기부한 돈은 재단이 진행하는 소년소녀가장 주거비 지원 사업솔기금과 실업계·야간 고등학교 학생 교육비 지원 사업징검다리기금에 쓰이게 됩니다.

기부펀드는 2009년 7월 신규 회원으로 '수리부엉이'를 추가해 제 2기를 시작했습니다. 이 펀드는 매년 6월 지난 1년간의 운용 실적을 결산해 수익금의 50퍼센트를 계속 사회에 기부할 계획입니다. 물론 실적이 적자를 기록하면 기부를 할 수 없습니다. 기부를 지속하기 위해서는 안정적이면서 꾸준히 수익을 내야 합니다. 이를 위해 회원들은 투자 기업 분석에 최선을 다하고 있습니다.

기부펀드의 출현은 몇 가지 측면에서 큰 의미가 있습니다.

먼저, 소박해 보이는 이들의 실천은 새로운 기부 시스템을 만들어 냈습니다. 이 펀드가 지속적으로 성장하고, 이런 모델이 널리 확대된다면 더 많은 사람들이 투자 수익과 나눔의 기쁨을 동시에 누리게 될 것입니다. 주식 투자가 개인의 재테크 수단을 넘어 공동체를 위해 이익을 나누는 단계로 발전한다면 그 출발선에 분명 기부펀드가 있을 것입니다.

뿐만 아니라 기부펀드는 단지 수익금을 기부하는 것에 그치지 않습니다. 펀드를 운영하는 것 자체가 개인의 지식을 사회에 환원하는 성격이 있습니다. 바로 지식 기부입니다. 이들은 자신들이 가지고 있는 주식 투자에 관한 지식과 정보, 그리고 판단을 다른 사람들에게 나눠주고 있는 것입니다. 석양에서는 펀드를 시작하며 카페에 올린 글에서 "지식을 나눔으로 전환할 수 있는 힘을 검증해 보고 싶다"고 했습니다.

기부펀드가 개인 투자자들에게 '현명한 투자 모델'을 제시하고 있는 것도 중요한 의미가 있습니다. 많은 투자자들이 단기간에 주식을 사고팔아 수익을 내려고 합니다. 이는 장기 투자 문화가 정착되지 못했고, 이를 위한 정보도 부족하기 때문입니다. 이들은 자신들이 언제 어떤 종목에 투자해서 얼마의 수익을 거두고 있는지 공개하고 있습니다. 이들이 투자하는 주식은 대부분 장기 투자에 적합하다고 판단한 회사입니다. 장기 투자를 위한 포트폴리오를 제공하고 직접 실행해 보이는 것은 건전하고 합리적인 주식 투자 문화를 만들기 위해 매우 중요한 일입니다.

기부펀드의 시작은 작지만 이게 얼마만큼 큰 혁신을 일으킬 지 아무도 알 수 없습니다. 또 다른 착한 펀드를 많이 낳을 수도 있고, 누군가의 바람처럼 '재단'으로 발전할 수도 있을 것입니다. 반대로 몇몇 사람들의 재미있는 실험에 머무를 수도 있습니다. 오직 시민들의 참여가 기부펀드의 미래를 결정할 것입니다.

사실 기부펀드에 대해 알게 된 후 이를 시티즌 오블리주의 소재로 이 책에 포함하기로 했을 때, 이 글이 기부펀드를 대중적으로 소개하는 첫 번째가 될 것으로 기대했습니다. 그런데 2009년 8월, 여러 언론 매체가 이들의 선행을 보도했습니다. 아름다운재단이 이색적인 기부 사례로 언론에 보도자료를 제공했고, 여기에 기자들도 높은 관심을 보인 것입니다. '특종'을 놓쳤다고 서운하지는 않습니다. 오히려 기부 펀드에 대한 언론 보도가 많은 시민들의 관심과 참여로 이어져 더 큰 변화를 몰고 오길 기대합니다.

아름다운 청년 기부자, 고 영 씨와 김윤섭 씨

"누가 조국의 미래를 묻거든 고개를 들어 청년을 보게 하라"는 말이 있습니다. 청년들의 모습에 나라의 희망과 미래가 담겨 있다는 뜻입니다.

그런데 언제부터인가 이 말이 요즘 대학생이나 젊은이들을 비판할 때 쓰이는 경우가 있습니다. 청년들이 취업 준비에 쫓겨 꿈과 열정을 잃고, 개인주의에 빠져 사회의식을 상실해 가고 있다는 것입니다.

물론 이런 면이 아주 없는 것은 아닙니다. 하지만 주변을 살펴보면 누군가를 위해 자신의 시간과 열정을 나누는 젊은이들을 어렵지 않게 만날 수 있습니다. 그리고 그 숫자는 생각보다 훨씬 많습니다. 여전히 청년은 우리의 희망입니다.

컨설턴트로 일하고 있는 고 영씨도 우리 사회에 희망을 주는 젊은이 중 한 명입니다. 그는 '연봉의 80퍼센트를 기부하는 회사원', '자신이 살고 있는 원룸 전세 보증금을 유산으로 기부한 청년'으로 언론에 소개되며 많은 사람들을 놀라게 했습니다.

2006년, 고 영 씨가 어려운 사람들을 돕는 데 쓴 돈이 2300여 만 원에 달합니다. 돈이 없어 수술을 받지 못하는 사람에게 병원비를 대주고, 학비가 없는 학생들에게 등록금을 지원하다 보니 그가 받은 연봉의 80퍼센트를 기부하게 된 것입니다.

2007년에는 대출까지 받아 '동북아 평화연대'라는 NGO^{비정부기구}에 2500만 원을 지원했습니다. 이 단체는 러시아 연해주 동포들의 정착을 지원하는 활동을 하고 있습니다. 평화연대를 컨설팅하기 위해 연해주를 방문했던 그는 종자 살 돈이 부족해서 농사를 제대로 짓지 못하는 것을 보고 아예 후원자로 나섰습니다.

같은 해에 유니세프 한국위원회가 진행하는 유산 기증 운동에 참여해 전세 보증금 1500만 원을 사후에 기증하기로 했습니다. 그는 앞으로 2년마다 재산이 늘어나는 만큼 기부 금액을 늘려 유언장 내용을 고치고, 새로 공증을 받을 계획이라고 언론 인터뷰에서 밝혔습니다.

그의 기부는 금전적인 후원뿐만이 아닙니다. 재능과 지식을 나누는 데도 앞장서고 있습니다. 그는 컨설턴트라는 전문성을 살려 사회적 기업과 비영리 단체들에게 무료로 컨설팅을 해왔습니다. 같은 뜻을 가진 변호사, 회계사, 컨설턴트들 그리고 대학생 인턴들과 함께 소셜 컨설팅그룹Social Consulting Group을 만들어 재능을 나누는 자원봉사를 적극 펼치고 있습니다.

이 그룹에 참여하는 전문가들은 모두 각자 직장을 가지고 있기 때문에 이들은 주로 일요일을 이용해 활동합니다. 자신들의 재능과 달콤한 휴일을 다른 사람들을 위해 나눠주고 있는 것입니다.

고 영 씨는 왜 이처럼 자기가 가진 돈과 재능을 내놓는 것으로도 부족해 대출까지 받아 남들을 돕는 것일까요?

그를 인터뷰한 〈레이디경향〉에 따르면 대학 총학생회장 선거에서 떨어진 그는 당시 기가 많이 죽었다고 합니다. 선거운동으로 빚도 800만 원이나 지게 됐습니다. 이때 그에게 용기를 준 사람이 학교 앞에서 '영철버거'를 운영하던 이영철 사장입니다. 이 사장은 "더 좋은 기회가 있을 테니 힘을 내라"는 격려와 함께 빚을 대신 갚아주고, 대학원 등록금까지 내주었습니다.

그는 "제 평생의 멘토를 얻은 거나 마찬가지였죠. 항상 돈을 좇지 말고 꿈을 좇으라는 말도 영철이 형이 해주신 말씀이에요"라고 말했습니다.

자신이 어려울 때 다른 사람의 도움으로 희망과 용기를 얻은 그는 '도움을 줄 때 가장 중요한 것은 타이밍'이라는 것을 체험을 통해 깨달았습니다. 그리고 이를 실천하고 있는 것입니다. 남들보다 특별히 많이 가진 것 없는 한 젊은이가 '아낌없이 주는 청년'이 된 이유입니다. 그가 남보다 더 가진 게 있다면 창의적인 생각과 나누려는 열정입니다.

철도차량 정비사로 일하는 35살 청년 김윤섭 씨는 점심밥을 먹은 후 항상 폐지를 모으러 다닙니다. 그가 황금 같은 점심시간에 이런 일을 하기 시작한 것은 2003년부터입니다.

김윤섭 씨는 상자와 신문지 등을 모아 근처 고물상에 팔아 그 돈으로 국내외 어린이들을 돕고 있습니다. 그가 폐지를 줍기로 결심한 것은 어려운 어린이들을 꼭 돕고 싶은데 자신의 월급이 많지 않기 때문입니다. 폐지를 모아 고물상에 파는 어르신들을 보고 김윤섭 씨도 이렇게 해서 적은 돈이라도 마련하기로 한 것입니다.

부지런히 폐지를 모아 그가 한 달에 버는 돈은 5만 원 남짓 됩니다. 여기에 용돈을 아껴 모은 돈을 보태서 매달 9만 원씩을 어린이 후원단체 네 곳에 나눠 기부하고 있습니다. 벌써 7년째입니다.

그가 낸 후원금은 우리나라 소년소녀 가장과 우간다, 몽골의 어린이들을 돕고, 북한에 밀가루를 보내는 데 쓰이고 있습니다. 김윤섭 씨는 <연합뉴스> 기자에게 "단돈 3만 원으로 우간다 아이는 돈 걱정 없이 학교에 다닐 수 있어 보람을 느낀다"고 말했습니다.

'기부는 돈을 많이 벌어야 할 수 있는 것'이라는 생각을 뒤집은 김윤섭 씨는 행동하는 따뜻한 마음을 가진 아름다운 청년입니다.

스타가 받은 사랑을 사회에 돌려주는 팬클럽들

연예인을 좋아하는 사람들이 모여 만든 팬클럽이나 인터넷 카페 하면 제일 먼저 어떤 이미지가 떠오르시나요? 좋게 생각하는 분도 많겠지만 나쁜 편견을 가진 분도 계실 것입니다.

그런데 요즘 팬클럽 중에는 특정 연예인을 좋아하는 데 그치지 않고, 사회에 사랑을 나누는 활동을 펼치는 곳들이 많습니다. 이들은 "자신들이 좋아하는 스타가 국민들에게 받은 사랑을 어려운 이웃들에게 되돌려주는 것은 당연하다"며 "팬클럽 이름으로 사회에 기부하는 것은 연예인에 대한 사랑을 표현하는 가장 좋은 방법"이라고 말합니다.

KBS 드라마 '꽃보다 남자'는 2009년 초에 방송돼 큰 인기를 끌었습니다. 이 드라마에 윤지후 역으로 출연한 김현중 씨를 좋아하는 사람들은 인터넷에 '지후앓이'라는 팬카페를 만들었습니다. 이들은 드라마 종영을 앞두고 김현중 씨에게 뜻있는 선물을 하기 위해 지혜를 모았습니다. 여러 회원의 마음을 모아 김현중 씨 이름으로 기부를 하기로 결정했습니다. 회원들의 작은 정성을 모아 성금을 마련했습니다.

2009년 3월 27일, '지후앓이' 회원들은 아름다운재단을 방문해 성금 350여 만 원을 전달했습니다. 재단은 이 돈을 기부자의 뜻에 따라 빈곤층의 자활을 돕는 사업에 쓰기로 했습니다. "평소 김현중 씨가 '꽃처럼 살자'고 했던 말도 있고, 극에서 잔디를 지키는 따뜻한 남자로 등장한다는 점을 감안해 기부를 결정했다"고 <한겨레> 신문이 한 회원의 말을 인용해 전했습니다.

이 드라마에서 구준표 역을 맡았던 이민호 씨의 팬클럽도 2009년 9

월에 성금을 모아 유니세프 한국위원회에 전달했습니다. 이민호 씨가 이 단체에서 진행하고 있는 '말라리아 퇴치 캠페인'에 참여하자 팬들도 동참한 것입니다. 디시인사이드의 '이민호갤러리'에서 활동하는 팬들은 이 씨의 생일인 6월 22일과 숫자가 같은 622만 원을 성금으로 모았습니다. 이 돈을 아프리카 어린이들에게 '러브넷'을 보내는 데 써 달라며 기부했습니다. 러브넷이란 말라리아 모기를 퇴치할 수 있게 살충 처리가 된 방충망을 가리키는 말입니다.

현재 아프리카 어린이들은 30초에 한 명 꼴로 말라리아에 걸려 죽고 있습니다. 이곳 어린이 사망 원인의 20퍼센트를 차지할 정도로 치명적이지만 방충망만 있으면 충분히 예방할 수 있습니다. 러브넷 하나를 만들어 아프리카 가정에 보내는 데까지 약 1만 원의 비용이 든다고 합니다. 1만 원으로 한 생명을 구할 수 있는 것입니다.

2009년 7월에는 원더걸스 팬카페 '신비 by Wonder Girls' 회원들이 생활 형편이 어려운 어린이와 청소년들에게 영화표를 후원했습니다. 원더걸스 멤버인 소희의 생일을 맞아 의미 있는 일을 하기로 하고 이같은 일을 한 것입니다.

이들은 뜻깊은 생일 선물을 찾던 중 사회복지법인인 '아이들과 미래'가 진행하고 있는 '스타♥기부♥ 스타사랑기부사랑' 프로젝트를 알게 됐습니다. 이 프로젝트는 팬클럽이 스타의 생일이나 앨범 출시, 드라마 시작 등을 기념해 스타 이름으로 소외된 아동과 청소년을 위해 기부를 하는 것입니다.

팬카페 '신비'는 회원들이 네이버에서 활동하며 모아둔 해피빈일명

콩, 기부를 할 수 있는 일종의 사이버 머니을 소희 이름으로 아이들과 미래에 기부한 것입니다.

2005년 동남아시아에 지진 해일 피해가 발생했을 때 배우 배용준 씨가 거액을 기부하자 한국과 일본의 그의 팬들도 성금을 모아 기부했습니다. 이후 배용준 씨의 팬들은 지속적으로 기부 활동을 이어왔습니다. 2009년 8월에는 배용준 씨의 생일을 맞아 한국과 일본 팬들이 성금을 모아 국제 구호단체인 월드비전의 양국 지부에 각각 기부하기도 했습니다.

'기부 선물' 역시 팬들이 자신이 좋아하는 연예인에게 주는 선물입니다. 그런데 그 혜택이 어려운 이웃들에게 돌아간다는 점에서 더욱 아름다운 '사회적 선물'이 되고 있습니다.

인기 그룹 슈퍼주니어의 팬클럽 '엘프'도 헌혈증과 현금 등을 모아 기부했습니다. 엘프는 2009년 7월에 열린 이 그룹의 아시아 투어 콘서트 현장에서 회원들을 대상으로 기부금품 모집 캠페인을 벌였습니다. 회원 800여 명이 참여해 현금 726,520원과 헌혈증 171장을 비롯해 라면 35상자, 쌀 160킬로그램을 모았습니다. 이들은 이것을 아름다운 재단에 기부했습니다. 재단은 기부받은 현금은 이른둥이엄마 뱃속에서 일찍 나온 미숙아 지원 사업에 쓰고, 라면과 쌀은 소년소녀가장들을 위해, 헌혈증은 '사랑의 리퀘스트'를 통해 필요한 이들에게 나눠줄 계획이라고 밝혔습니다.

이 팬클럽이 기부 활동을 하기로 한 것은 자신들이 좋아하는 슈퍼주니어처럼 나누는 일을 하고 싶어서라고 합니다. 아름다운재단이 공개한 자료에서 앨프 회원인 정혜란(14) 양은 "평소에 슈주 오빠들이 좋은 일에 많이 참여하는 걸 봤어요. 슈주 오빠들이 이른둥이들을 위해서 기부 참여하는 것도 봤고, 헌혈을 위해 공익광고에 나오는 것도 봤어요"고 말했습니다. 이 소녀의 말처럼 슈퍼주니어는 헌혈 홍보대사로 활동하고, 이른둥이 지원 사업에 기부하기도 했습니다. 연예인의 선행이 팬들의 기부로 이어진 것입니다. 나아가 기부가 팬클럽의 중요한 활동 중 하나로 자리를 잡아 가고 있습니다.

앞에서 소개드린 이야기의 주인공은 이미 언론에 보도되었거나 후원 기관의 홈페이지 등에 소개된 분들입니다. 시티즌 오블리주라는 개념을 쉽게 전달하기 위해 일부러 공개된 사례를 소재로 삼았습니다. 분명한 것은 이게 전부가 아니라는 점입니다.

언론에 한 번도 소개되지 않고, 세상에 전혀 알리지 않은 채 선행을 베푸는 이웃들이 훨씬 더 많습니다. 알려졌든 그렇지 않든 나눔을 실천하는 우리 이웃 모두가 시티즌 오블리주 시대의 진짜 주인공입니다.

2장 사회적 책임을 다하는 새로운 실천자

1. 하스브로, 벨, 윈프리 : 사회에 빚을 지다

만약 우리가 무언가 큰일을 이루어냈다면 그것은 누구 덕일까요? 개인의 노력 때문일까요, 아니면 사회적 환경 덕분일까요? 굳이 어느 한쪽에 무게를 둔다면 아마 더 많은 사람들이 개인적인 부분이 성취에 더 영향을 미친다고 생각할 것입니다. 이런 사고는 자연스럽게 '내가 큰돈을 벌거나 높은 지위를 얻으면 그것에 따른 혜택을 나와 내 가족이 누리는 게 당연하다'는 생각으로 이어집니다.

그런데 세상에는 조금 다르게 생각하며 살아가는 사람들이 있습니다.

"내가 만약 서아프리카에서 태어났다면 지금 누리고 있는 것들을 절대로 누리지 못했을 것이다."

워렌 버핏이 한 말입니다. 그는 버크셔 헤더웨이라는 투자회사의 회장으로 세계 1, 2위를 다투는 갑부입니다. 그런 워렌 버핏이 자신이 엄청난 재산을 모을 수 있었던 것은 본인의 능력보다는 미국에 태어났기 때문에 가능했다고 말한 것입니다. 나아가 그는 자기가 성공할 수 있도록 만들어준 미국과 국제사회를 위해 자신의 재산을 환원하겠다고 했습니다. 사회에 빚을 졌으니 돌려주는 게 당연하다는 것입니다. 그는 2006년 자신의 거의 모든 재산을 빌게이츠재단에 기부하겠다고 발표해 세상을 깜짝 놀라게 했습니다.

워렌 버핏뿐만이 아닙니다. 수많은 사람들이 "나는 사회에 큰 빚을 졌고, 이것을 갚기 위해 기부와 봉사를 한다"며 이를 실천하고 있습니다.

'하스브로'라는 장난감 회사가 있습니다. 영화 '트랜스포머'에 나온 로봇으로 변신하는 자동차 장난감으로 우리나라에도 잘 알려진 세계적인 완구 회사입니다. 1923년에 설립된 이 회사는 출시한 장난감들이 어린이들로부터 꾸준한 사랑을 받으며 계속 성장했습니다.

1983년, 회사는 이익을 사회에 환원하기 위해 하스브로 자선신탁을 만들었습니다. 기금을 조성해 매년 150만 달러 이상의 돈을 전 세계 어린이들을 위해 사용하고 있습니다. 또 해마다 100만 개가 넘는 장난감을 나눠주는 활동도 계속하고 있습니다.

1984년에는 하스브로 어린이재단을 설립하고, 이를 통해 최근까지 많은 단체에 4000만 달러가 넘는 돈을 지원해 오고 있습니다. 1994년에는 이 회사가 처음 설립된 미국 로드아일랜드주 프로비던스에 하스브로 어린이병원을 세웠습니다. 뿐만 아니라 1999년부터는 모든 직원들이 근무시간의 1%퍼센트를 사회봉사에 사용하도록 하고 있습니다. 직원들은 매월 4시간씩 봉사활동을 하고, 회사는 이를 근무시간으로 인정해 급여를 지급하는 것입니다.

이 밖에도 하스브로는 장애 어린이와 비장애 어린이가 함께 어울려 놀 수 있는 놀이터를 만들고, 지진 해일 피해를 입은 나라의 어린이들을 위해 학교와 병원을 건립하는 등 전 세계에서 어린이들을 위한 사업을 창조적으로 펼치고 있습니다.

그렇다면 왜 하스브로는 어린이와 지역사회를 위한 기부 활동을 이처럼 활발하게 진행하는 것일까요? 그 대답을 이 회사의 앨런 하센펠드Alan G. Hassenfeld 회장의 말에서 찾을 수 있습니다. 그는 "나와 우리 가족(회사)이 빚진 사람이 있다면 그들은 바로 지금의 우리를 만들어준 전 세계 어린이들이다"라고 말합니다. 또 "어린이와 그 가족들이 없었다면 우리의 성공은 불가능하다"고 단언합니다.

'내가 사회에 진 빚을 누군가에게 갚아야겠다'

세상에는 자기에게 아무런 이익도 주지 않은 사람들에게 자신이 가족과 사회로부터 받은 것을 나눠주는 이들도 많습니다. 미국 보스톤에서 처음 시작된 '벨BELL, Building Educated Leaders for Life'도 그들 중 하나입니다. 미국 명문대 로스쿨을 졸업한 얼 마틴 팰런Earl Martin Phalen은 1992년에 가정 형편이 어려운 아이들에게 무료로 과외를 해주는 벨을 설립했습니다. 그가 돈과 명예를 함께 얻을 수 있는 변호사를 마다하고 이 일을 하기로 한 것은 '내가 사회에 진 빚을 누군가에게 갚아야겠다'고 느꼈기 때문입니다.

로스쿨에 다니던 팰런은 학생들과 흑인들이 주로 모여 사는 빈민가에서 가난한 아이들의 공부를 도와주는 봉사활동을 했습니다. 이곳에서 많은 아이들이 글을 읽지도 쓰지도 못하는 것을 보고 큰 충격을 받았다고 합니다. 미국 역시 학력에 따른 사회적 불평등이 심각한 나라입니다. 글을 몰라 학교에서 뒤처지는 아이들은 어른이 돼서도 빈곤과 사회적 차별에서 벗어나기 어렵습니다. 팰런은 이미 이때부터 이 아이들의 미래와 미국의 장래를 걱정하며, 나누는 삶을 살겠다고 결심했는지도 모릅니다.

또 개인적인 이유도 그를 무료 과외 사업으로 이끄는 데 한몫했습니다. 그는 백인 부모에게 입양된 흑인 고아였습니다. 그를 낳은 부모는 갓난아기를 버렸고, 그는 보육시설에 맡겨진 후 두 살 때 백인 가정에 입양됐습니다. 팰런은 이 덕분에 비교적 좋은 환경에서 질 높은 교육을 받고 자랐습니다. 그가 다니던 고등학교에는 1000명이 넘는 학생이 있었는데 흑인은 단 두 명뿐이었다고 합니다. 다시 말하면 많은 흑인 아이들은 그처럼 좋은 교육 여건에서 공부할 수 없었다는 뜻입니다. 그는 자신이 명문대에 입학할 수 있었던 것도 이런 교육 환경을 누릴 수 있었기 때문이라고 생각합니다.

17년 전 학생 20명으로 출발한 그의 공부방 사업은 현재 뉴욕과 워싱턴 등으로 확대돼 스칼라라고 부르는 학생 수가 1만 명에 이를 만큼 성장했습니다. 질적인 면에서도 큰 성과를 거두고 있습니다. 이곳에서 공부한 아이들은 80% 이상이 성적이 크게 올랐고, 무엇보다 자기 존재에 대한 애정과 미래를 향한 희망을 갖게 됐습니다.

미국에서 가장 영향력 있는 여성으로 꼽히는 토크쇼 진행자 오프라 윈프리Oprah Gail Winfrey도 사회에 진 빚을 갚는 대열에 함께하고 있습니다. 윈프리는 '천사 네트워크'와 '윈프리 아카데미' 등을 만들어 가난한 이웃과 어려움에 처한 여학생들을 돕고 있습니다.

어린 시절 윈프리의 집은 아주 가난했습니다. 정부 보조금으로 생활하는 어려운 형편이라 크리스마스에 좋은 음식을 먹고 선물을 받는 것은 꿈도 꿀 수 없었습니다. 그런 그녀에게 어느 크리스마스에 수녀

님 세 분이 찾아와 장난감과 맛있는 음식을 주었습니다. 이날 윈프리는 자신이 누군가로부터 배려를 받는 매우 소중한 존재라고 느꼈습니다. 윈프리는 "다른 사람이 크리스마스에 선물로 무엇을 받았는지 물을 때 거짓말을 하지 않고 장난감을 받았다고 대답할 수 있게 된 것이 그분들이 준 최고의 선물이었다"고 말했습니다. 윈프리는 이때 자신의 가치는 무엇과도 바꿀 수 없을 만큼 크다는 것을 깨달았습니다. 이날 얻은 자신을 귀하게 여기는 마음은 훗날 윈프리가 큰 성취를 이루는 데 가장 귀한 밑거름이 됐습니다.

오프라 윈프리는 자신이 소중한 만큼 모든 사람이 가치 있는 존재가 되길 원합니다. 이를 위해 경제적 어려움이나 나쁜 환경 때문에 자신의 존엄을 자기 힘만으로는 지킬 수 없는 이웃들을 돕는 데 앞장서고 있습니다.

"내가 받았던 자신의 가치에 대한 깨달음을 되돌려 주고 싶다." 윈프리가 천사 네트워크와 윈프리 아카데미 등을 만든 이유입니다. 뿐만 아니라 윈프리는 학창 시절 선생님들로부터 받은 자상한 가르침도 아이들에게 돌려줘야 할 빚이라고 생각하며 이를 갚기 위해 노력하고 있습니다.

우리가 만약 서아프리카에 태어났다면

우리는 흔히 "이 사회가 나에게 해준 게 뭐가 있느냐"는 말을 하기도 하고, 들을 때도 있습니다. 이 말은 아주 틀린 말이 아닙니다. 대한민국 공동체는 지금까지 그 구성원들을 배려하고 보호하는 데 있어서 다른 선진복지국가에 비해 많이 부족했던 게 사실입니다. 이 때문에 우리나라는 자기 자신과 가족만 챙기는 이기적인 모습이 시간이 흐를수록 더 심해지는 면도 있습니다. 공동체가 취약하니까 개인들은 더 각자가 자기 살길을 찾는 일종의 악순환입니다.

공동체 정신이 사라지면 개인은 더 불행해집니다. 자신이 가진 것을 사회에 환원하지 않고, 사회로부터 받은 혜택을 되갚지 않으면 공동체는 점점 삭막해질 뿐입니다. 우리의 삶은 약육강식의 정글에서 대립하고 갈등하며 더욱 황폐해질 것입니다.

여기에서 다시 워렌 버핏의 말로 돌아가보겠습니다. 우리가 만약 서아프리카에 태어났다면 지금처럼 많은 것을 누리며 살 수 있을까요? 우리는 이 땅에 태어났다는 이유만으로 자신도 모르는 많은 혜택을 사회로부터 받고 있습니다.

그래도 '사회가 나에게 해주는 게 부족하다'고 느낀다면 그럴수록 먼저 나누려고 해야 하지 않을까요? 이타적인 삶을 강요하는 게 아니라 '현명한 이기주의'에 대해 이야기하는 것입니다. 아무리 돈이 많아도 자기가 가진 것만으로 생활을 윤택하게 만드는 데는 한계가 있습니다. 공동체를 위해 나누고 사회가 모두를 더 잘 보살필 수 있도록 돕는 게 자신에게도 더 이익입니다. 모두를 위한 이타적인 것이 결국 자기와 가족에게도 가장 이익이 됩니다.

이제 새로운 전환이 필요합니다. 공동체는 개인을 보호하고 배려하며, 개인은 사회를 위해 기여하는 나눔과 배려의 문화가 확산돼야 합니다. 사회로부터 혜택을 받은 사람은 그 빚을 다시 누군가에게 갚고, 그 사람이 또 다른 사람을 돕는 선순환 구조를 만들어야 합니다.

사회에 진 빚을 환원하는 것과 개인 간에 무언가를 빌렸다가 이를 갚는 것은 본질적으로 다릅니다. 어려운 수학 문제가 아니니까 한 번 생각해보세요. 만약 우리가 누군가에게 돈을 빌렸다가 그 빚을 그 사람에게 갚으면 그것으로 채권 채무 관계는 끝이 납니다. 당사자끼리 주고받고 되돌려주면 더 이상 확대되지 않습니다. 결국 '0'이 됩니다.

그런데 우리가 사회로부터 도움을 받고 언젠가 그 은혜를 갚는 순간 누군가는 또 다른 빚을 사회에 지게 됩니다. 그리고 이 사람은 언젠가 그 빚을 갚기 위해 새로운 사람에게 혜택을 줄 것입니다. 이런 과정이 계속 반복되고 확대되면 나눔은 '무한대'로 늘어날 것입니다. 사회는 그만큼 서로에게 베풀고 도우며 살아가는 따뜻한 공동체가 되는 것입니다.

이 이야기의 주인공인 하센펠드와 팰런, 윈프리만 사회로부터 혜택을 받으며 산 것은 아닐 것입니다. 정도의 차이는 있겠지만 우리 모두 사회에 빚을 지고 있습니다. 다만 이들이 특별한 것은 많은 사람들이 느끼지 못할 때 먼저 느꼈고, 느낀 만큼 실천에 앞장서고 있다는 점입니다.

이 주제에 맞는 사례를 모으다 보니 세 사람 모두 미국인입니다. 아마도 미국이 기부와 사회 환원 활동이 가장 왕성한 나라인 데다 우리나라에 상대적으로 미국 이야기가 많이 전해지기 때문일 것입니다.

5년이나 10년 후, 외국에서 이와 비슷한 주제로 책을 쓸 때 우리나라 사람들의 이야기가 모범 사례로 많이 소개될 수 있기를 소망하며 '사회에 빚을 지다'를 주제로 한 이야기를 여기에서 마치겠습니다.

2. 사회적 기업과 사회적 기업가들

1976년에 노벨 경제학상을 받은 미국의 경제학자 밀턴 프리드먼은 "사회에 대한 기업의 유일한 책임은 이윤을 극대화하는 것이며, 그 밖의 사회적 책임은 없다"고 잘라 말했습니다. 학교에서 '기업의 목적은 이윤을 추구하는 것'이라고 배운 우리들은 이런 주장을 당연한 것으로 받아들였습니다.

그런데 얼마 전부터 새로운 '기업'이 등장해 활약하고 있습니다. 이들은 이윤 추구를 넘어 인류와 지역사회 공동체를 위한 공익사업을 그 목적으로 하고 있습니다. 사회적 기업이라고 불리는 이들은 엄청난 속도로 숫자가 늘고 있고, 활동 영역도 하루가 다르게 다양해지고 있습니다. 또 세계적인 다국적기업보다 더 빠른 속도로 성장하는 사회적 기업도 있을 정도입니다.

지금부터 사회적 기업과 이를 이끌고 있는 사회적 기업가에 대해 함께 이야기 나누겠습니다. 이들은 현대사회가 안고 있는 여러 가지 문제들을 해결하며 공동체를 위한 사회적 책임을 다하는 데 앞장서고 있습니다. 나아가 더 많은 사람들이 여기에 동참할 수 있도록 새롭고 창의적인 사회적 환경과 시스템을 만들어내고 있습니다. 시티즌 오블리주 시대를 제창하는 필자가 사회적 기업에 주목하는 이유입니다.

그렇다면 어떤 기업을 사회적 기업이라고 할까요? 간단히 설명하면 다른 기업과 마찬가지로 '영리 활동을 통해 수익을 추구하면서, 동시에 공동체의 이익을 실현하기 위한 사회적 활동을 주목적으로 하는 기업'이라고 할 수 있습니다. 영리 활동을 벌인다는 점에서 시민단체나 공공기관과 구별되며, 사회적 활동을 주목적으로 하는 것은 일반 기업과 다릅니다.

너무 간단히 설명을 드렸는데, 사실 사회적 기업을 한 마디로 정의하는 것은 쉽지 않습니다. 이들에 대한 연구가 부족한 면도 있지만 무엇보다 사회적 기업이 지금도 매우 빠른 속도로 진화하고 있기 때문일 것입니다. 사회적 기업의 정의 등에 대한 좀 더 자세한 설명은 이미 출간된 여러 책과 앞으로 나올 다양한 책들에게 맡기기로 하겠습니다.

현대사회는 놀라운 속도로 발전하고 있습니다. 사람들의 삶은 과거보다 훨씬 더 풍요로워졌습니다. 의료와 정보통신 등 첨단 과학기술의 발달은 인류 생활을 더욱 건강하고 편리하게 만들고 있습니다. 하지만 모든 사람들이 이런 혜택을 누리며 살고 있는 것은 아닙니다. 전 세계에서 수십 억 명에 달하는 사람들이 가난과 굶주림, 질병과 무관심으로 인해 고통받고 있습니다. 배우지 못해서 사회에서 소외받는 이들노 그 수를 헤아릴 수 없을 만큼 많습니다.

사회적 기업은 이런 사회적 약자들에 대한 관심과 배려에서부터 탄생한 것입니다. 사회적 기업의 출발은 대부분 작고 소박합니다. 거창한 사업계획서나 막대한 자본금도 필요 없습니다. 소외된 사람들에게 도움이 되는 새로운 생각과 이를 실천할 수 있는 열정만 있으면 충분합니다.

키바 : 사회적 투자의 주체는 시민

1991년 미국의 데이비드 슈와이든버그는 쓰지 않는 자전거를 기부 받아 아프리카나 남미 등으로 보내는 사업을 시작했습니다. 가난한 사람들에게 좀 더 편리한 교통수단을 제공하자는 뜻에서 페달스포프 로그레스 Pedals for Progress라는 회사를 설립한 그는 지금까지 30여 국가에 10만 대가 넘는 자전거를 보냈습니다. 1999년에는 아내가 쓰던 재봉 틀도 함께 보냈는데 이것을 받은 도미니카공화국 여성이 창업해 경제 적 자립에 성공했습니다. 이 일을 계기로 그는 중고 재봉틀을 모아 2006년까지 700여 대를 여러 나라의 가난한 여성들에게 보냈습니다.

영국 사람 존 버드는 노숙자들이 자신의 힘으로 노숙 상태에서 벗 어나 자립할 수 있도록 돕고 있습니다. 그가 생각해낸 방법은 읽을거 리와 볼거리가 풍부한 잡지를 만들어 노숙자들이 이를 판매하도록 하 는 것입니다. 그가 만든 잡지 〈빅 이슈 Big Issue〉는 큰 호응을 얻었습니 다. 현재 세계 50여 나라에서 이런 취지에 공감하는 잡지가 발행돼 노 숙자들에게 새로운 삶을 살 수 있는 기회를 제공하고 있습니다.

가난한 사람들에게 담보 없이 소액을 빌려주는 마이크로 그레딧 사 업은 사회적 기업의 고전이 됐습니다. 무하마드 유누스 Muhammad Yunus가 방글라데시에서 시작한 그라민은행 Grameen Bank이 큰 성공을 거두자 이 에 대한 관심이 전 세계적으로 높아졌습니다. 그와 이 은행에 대한 이 야기는 뒤에 좀 더 자세히 하겠습니다.

이런 사업 모델 중 새롭게 주목받는 게 있습니다. 바로 돈을 빌리려 는 사람과 '사회적 투자자'를 연결해주는 키바 www.kiva.org 입니다. 2005

년부터 서비스를 시작한 키바는 아프리카와 동남아시아, 남미 등에 사는 가난한 사람들에게 주로 도움을 주고 있습니다. 돈을 빌려주는 사람들은 대부분 이들과 다른 나라에 살고 있습니다. 위에서 사회적 투자자라고 좀 거창하게 표현했지만 사실 이 사이트를 통해 돈을 빌려주는 사람들은 평균 100달러 정도를 투자한 평범한 시민들입니다. 키바를 통해 돈을 빌린 사람들의 평균 대출액은 우리 돈으로 수백 만 원에서 1000만 원 정도입니다. 그러니까 수십 명 또는 100명이 모여 한 사람이 자립할 수 있는 사업 자금을 빌려주는 셈입니다.

많은 사람들이 가난한 나라 사람들을 돕거나 제 3세계에 투자하는 일은 정부나 다국적 기업만이 할 수 있다고 생각했습니다. 키바를 주목해야 하는 이유는 이런 일을 누구나 쉽게 할 수 있게 만든 것입니다. 개인이나 몇몇 사람이 당장 거액을 마련해 국제 원조 활동을 펼치는 것은 쉽지 않습니다. 하지만 키바에 참여하거나 이와 같은 방법으로 전 세계의 가난한 이웃을 돕는 일은 지금 바로 할 수 있습니다.

앞의 몇 가지 사례를 보면 '대단하다'는 느낌보다 '참 재미있다'는 생각이 먼저 듭니다. 또 한 가지 공통점을 발견할 수 있습니다. 부자나 기업이 큰돈을 기부해 자선을 베푸는 게 아니라 개인들의 작은 참여를 모아 많은 이들에게 큰 혜택을 주고 있다는 점입니다. 이들 사회적 기업은 사회적 기업가의 열정이 인류 사회를 어떻게 혁신하고 있는지 잘 보여주고 있습니다. 나아가 인류애를 실천하는 기부와 선행, 사회적 투자의 주체가 이제 함께 나누는 시민임을 증명하고 있습니다.

책이나 인터넷을 통해 우리에게 소개되는 외국의 유명한 사회적 기업들은 저마다 소중한 교훈을 담고 있습니다. 이들 중 특히 생각해볼 대목이 많은 세 곳에 대해 좀 더 자세히 이야기 나눠보겠습니다.

아라빈드 병원과 오로렙 : 이상이 현실이 되다

먼저 아라빈드 안과병원과 오로렙입니다. 이들 두 곳의 이야기는 따로 떼어놓고 할 수 없습니다. 아라빈드 안과병원은 일명 '닥터 브이'로 불리는 안과 의사 고빈다파 벤카타스와미Govindappa Venkataswamy가 인도에 세운 병원입니다. 이 병원은 독특한 방식을 표방하며 설립됐습니다. 바로 '치료비를 지불할 경제적 능력이 있는 환자들이 돈이 없어 치료를 받을 수 없는 가난한 환자들을 지원한다'는 것입니다. 좀 더 쉽게 설명하면, 돈이 있는 사람들은 정상적인 진료비를 내고 치료를 받습니다. 이들의 숫자는 전체 환자의 35퍼센트입니다. 형편이 어느 정도 되는 18퍼센트의 환자들은 약간의 병원비만 냅니다. 병원은 이 돈으로 모든 환자들의 진료비를 충당하고 병원을 운영합니다. 즉 나머지 47퍼센트의 가난한 환자들은 자기가 돈을 내지 않고, 35퍼센트의 사람들이 낸 돈으로 치료를 받는 셈입니다. 허황된 이야기처럼 들리겠지만 아라빈드 병원은 이런 방법을 통해 지난 30여 년 동안 수많은 사람들을 치료하며 수익을 냈고, 지속적으로 성장하고 있습니다.

1992년 데이비드 그린David Green이 설립한 오로렙은 인공수정체와 보청기 등 의료용품을 생산하는 회사입니다. 그린은 아라빈드 병원에 인공수청체 등을 지원해주던 시바Seva 재단에서 일했습니다. 그런데 이 병원에서 백내장 수술을 받는 환자들이 크게 증가함에 따라 필요한 인공수정체 수도 급격하게 늘었습니다. 이렇게 되자 더 이상 인공수정체를 무상으로 지원해주는 업체를 구할 수 없게 됐습니다. 당시 인공수정체의 값은 300달러에 달했습니다. 가난한 인도의 환자들은 물론 아라빈드 병원도 감당할 수 없는 비싼 가격이었습니다.

그는 인공수정체를 직접 만들기로 결심했습니다. 안과 의사와 은퇴한 과학자, 이 분야 전문가들을 모아 오로렙을 설립하고 연구와 개발에 몰두했습니다. 마침내 인공수정체를 만드는 데 성공했습니다. 생산 원가도 획기적으로 낮췄습니다. 인공수정체를 10달러에 공급할 수 있게 됐습니다. 오로렙은 현재 한 해 70만 개 이상의 인공수정체를 생산하며 이 분야에서 세계 3위에 올라 있습니다. 물론 품질도 인정받고 있습니다.

2003년에는 디지털 보청기를 개발해 출시했습니다. 보청기를 만든 동기도 인공수정체와 마찬가지로 '돈이 없는 사람도 치료받을 수 있게 하기 위해서'입니다. 그린은 이런 이유에서 보청기의 가격을 특이하게 정했습니다. 당시 비슷한 성능을 가진 다른 회사 제품의 가격은 1500달러 정도였습니다. 그는 생산 원가가 50달러인 자사 제품을 0달러에서 200달러에 팔기로 했습니다. 제품을 구입하는 사람은 자신의 형편에 따라 돈을 내면 됩니다. 돈이 없으면 무료로 받을 수도 있고, 여유가 있는 사람은 200달러를 내고 사는 것입니다.

아라빈드 병원과 오로렙 이야기는 마치 한 편의 동화처럼 느껴질 수도 있습니다. 하지만 우리가 살고 있는 지구에서 이루어지고 있는 분명한 현실입니다. 많은 사람들이 생각하지 못했거나 생각은 했지만 이를 실현하기 위해 도전하지 않았기 때문에 아직 이런 사례가 널리 퍼지지 못했을 뿐입니다.

우리는 주변에서 "이상은 좋지만 현실은 그렇지 않다"는 말을 종종 듣곤 합니다. 아라빈드 병원과 오로렙은 '이상은 우리가 함께 꿈을 꾸고 실천하면 반드시 현실이 된다'는 것을 보여주고 있습니다. 많은 사회적 기업과 사회적 기업가들이 이상을 품고 이를 현실로 만들어내고 있습니다.

존 우드의 룸투리드 : 스타벅스와 벌이는 유쾌한 경쟁

우리나라에서 도서관을 하나 세우려면 돈이 얼마나 필요할까요? 아주 작은 도서관도 수천만 원은 있어야 만들 수 있고, 좀 번듯하게 지으려면 몇 억 원 또는 몇십 억 원이 들 것입니다. 이 때문에 아무리 뜻이 있어도 지역사회에 도서관을 기증하는 것은 대기업이나 큰 부자가 아니면 쉽게 할 수 없는 일입니다.

그러면 경제 상황이 1960년대 우리나라와 비슷한 가난한 나라에 도서관을 짓는다면 어떨까요? 엄청난 돈이 들 것 같지만 그렇지 않습니다. 존 우드John Wood에 따르면 약 2000달러, 우리나라 돈으로 200~300만 원이면 도서관 하나를 만들 수 있다고 합니다. 그는 전 세계 빈민촌에 도서관을 건립하는 사업을 펼치는 '룸투리드Room to Read'를 설립한 사람입니다.

존 우드는 마이크로소프트에서 아시아 지역 마케팅 책임자로 일했습니다. 1998년에 히말라야에 있는 한 학교를 방문한 그는 그곳 아이들이 책 한 권 없이 수업을 받는 모습을 목격했습니다. 또 자물쇠가 채워진 낡은 책장 안에는 관광객들이 놓고 간 것으로 보이는 몇 권의 책이 고이 모셔져 있었습니다. 크게 충격을 받은 그는 회사를 그만두고 가난한 나라 아이들에게 책을 보내고 도서관을 만들어주는 활동을 시작했습니다.

이렇게 출발한 룸투리드는 지금까지 비약적으로 성장하고 있습니다. 이 사회적 기업의 성장을 사람들은 세계적인 커피전문점 스타벅스의 확산과 비교하기도 합니다. 룸투리드가 스타벅스를 상대로 유쾌한 경쟁을 벌이고 있다는 것입니다. 이 커피숍이 매장 500개를 늘릴 때 같은 기간 동안 룸투리드는 전 세계에 1000개의 도서관을 만들어 냈습니다.

존 우드는 스스로 "철강왕 카네기보다 더 많은 도서관을 짓겠다"고 말합니다. 앤드류 카네기는 2500개가 넘는 도서관을 세워서 기증했습니다. 존 우드의 꿈은 머지않아 이루어질 것입니다. 그가 카네기보다 더 돈이 많기 때문이 아닙니다. 개인 재산만 놓고 보면 카네기에 비할 수 없을 것입니다. 그래도 존 우드가 카네기보다 더 많은 도서관을 지을 수 있다고 믿습니다. 그것은 그가 시티즌 오블리주 시대에 살고 있기 때문입니다. 또 그는 시민들의 참여를 어떻게 모아낼 수 있는지 잘 알고 있는 사회적 기업가입니다. 룸투리드를 후원하고 존 우드와 함께하는 수많은 사람들이 지금도 세계 곳곳에 도서관을 짓고 있습니다.

사실 카네기나 스타벅스는 룸투리드의 경쟁자가 아닙니다. 존 우드가 맞서 싸우는 것은 가난과 이로 인해 책 한 권 읽을 수 없는 고통일 것입니다. 지금도 세계 곳곳에서는 '가난해서 공부할 수 없고, 무지하기 때문에 가난에서 벗어나지 못하는 악순환'이 반복되고 있습니다. 이 문제에 누군가는 무관심했고, 또 누군가는 외면했을 때 존 우드는 먼저 실천했습니다. 그가 택한 방식은 매우 혁신적이었고, 벌써 이만큼 이루었습니다.

그라민은행 : 가난은 믿음과 나눔으로 구제할 수 있다

"빈곤은 가난한 사람들이 능력이 부족해서가 아니라 지성의 실패 때문에 존재하는 것입니다."

무하마드 유누스는 노벨상 수상 연설에서 이렇게 말했습니다. 그는 그라민은행을 설립해 빈곤 퇴치에 앞장선 공로로 2006년에 노벨평화상을 받았습니다. 전 세계 많은 사람들이 유누스에게 찬사를 보냅니다. 그가 큰 상을 받고, 이런 멋진 말을 해서가 아닙니다. 그의 삶 자체가 '지성의 실패'를 극복하기 위한 창조적이고 열정적인 실천으로 가득 차 있기 때문입니다.

유누스는 오늘날 방글라데시의 한 도시인 치타공에서 태어나 장학생으로 미국 유학을 하고 그곳에서 대학교수가 됐습니다. 1971년 고국에 돌아온 그는 치타공대학에서 경제학과 교수로 학생들을 가르치기 시작했습니다. 당시 그의 조국 방글라데시는 인도에서 파키스탄으로 분리된 후 여기에서 다시 독립한 세계에서 가장 가난한 나라였습니다.

1974년에는 이곳에서 10만 명 이상이 굶어 죽었습니다. 그는 자신이 강의실에서 가르치는 경제학 이론이 이런 참혹한 현실에 어떤 해답도 주지 못하는 것에 환멸을 느꼈습니다. 그래서 가난한 사람들을 위해 무엇이라도 해야겠다고 결심했습니다. 먼저 저수지를 만들어 수확량을 늘리는 일을 했습니다. 하지만 그 혜택은 지주들에게 돌아갈 뿐 가난한 농민들의 삶은 달라지지 않았습니다. 극빈자들에게 가장 필요한 것에 초점을 맞춰야 한다고 생각한 그는 1976년 '조브라'라는 마을로 들어갔습니다. 27달러로 42명을 사채업자의 손아귀에서 구해낸 일화는 이곳에서 나온 것입니다. 이 이야기를 자세히 서술하지 않는 것은 유누스와 그라민은행에 대한 책을 꼭 별도로 읽어보실 것을 권하기 위해서입니다.

이 일을 계기로 그는 가난한 사람들에게 돈을 빌려줘 자립할 수 있도록 돕는 게 얼마나 소중한 일인지 다시 한 번 깨달았습니다. 그라민은행은 1983년에 정식으로 설립됐지만 이때 이미 그의 은행이 시작됐다고 할 수 있습니다.

이후 그라민은행은 지속적으로 성장했습니다. 지금까지 가난한 사람들에게 빌려준 돈을 모두 더하면 60억 달러가 넘습니다. 또 3년을 제외하고 모두 흑자를 기록했습니다. 무엇보다 가장 큰 성과는 대출자의 58퍼센트가 빈곤 상태에서 벗어난 것입니다. 대출금의 상환 비율도 99퍼센트에 이릅니다. 세계적인 초우량 은행보다 높은 수치입니다. 이 은행의 성공으로 마이크로 크레딧 모델이 전 세계로 확산되고 있습니다. 방글라데시와 처지가 비슷한 가난한 나라에서는 물론 미국과 유럽의 여러 나라에서도 수많은 사회적 기업가들이 이 새로운 금융 시스템을 도입해 실천하고 있습니다.

하지만 그라민과 같은 '착한 은행'이 전체 금융 시장에서 차지하는 비중은 아직 미약합니다. 그라민은행을 설립하기 전 유누스는 여러 은행을 방문해 가난한 사람들에게 대출을 해달라고 설득했습니다. 하지만 모든 은행이 "담보를 제공할 능력이 없는 빈민들에게 돈을 빌려줄 수 없다"고 했습니다.

이때 유누스는 은행 사람들을 향해 이렇게 말했습니다.

"결국 당신들의 이야기는 돈이 있어서 별로 돈이 필요 없는 사람에게만 돈을 빌려주고, 정말 돈이 필요한 돈이 없는 사람들에겐 돈을 빌려주지 않겠다는 것입니다."

30년 전 유누스의 비판으로부터 오늘날의 은행들은 자유로울 수 있을까요? 돈이 많은 사람에게는 더 낮은 이자로 더 많은 돈을 빌려주고, 돈이 없는 사람에게는 돈을 빌려주지 않거나 더 높은 금리로 최소한만 빌려주는 게 지금도 엄연한 현실입니다.

'신용도'가 높은 사람을 우대하는 것은 은행 입장에서 보면 매우 합리적인 선택입니다. 하지만 거꾸로 생각해보면 더 현명한 해답이 있지 않을까요?

은행은 경제적으로 여유가 있는 사람에게는 좀 더 높은 이자를 받아 이렇게 얻은 수익으로 형편이 어려운 사람에게 더 낮은 금리로 돈을 빌려줍니다. 부자들도 '우리가 함께 잘살기 위해서는 당연히 이렇게 해야 한다'며 흔쾌히 동의합니다. 가난한 사람들은 자신을 믿고 돈을 빌려준 은행과 예금주 즉 우리 사회에 보답하기 위해 열심히 노력해 빚을 갚습니다.

이런 세상을 만들기 위해 시중은행과 다국적 은행이 먼저 생각을 바꾸고 앞장서서 실천하는 것은 불가능한 일일까요?

은행에게 자선을 강요하는 게 아닙니다. 유누스는 자신이 하고 있는 일에 대해 "이건 자선활동이 아니라 사업입니다. 사람들이 가난에서 벗어나도록 돕는다는 사회적인 목적을 지닌 사업입니다"라고 말합니다. 그리고 그는 이 사업에서 수익을 내며 계속 성장하고 있습니다.

그와 다른 은행가들의 차이는 아주 간단했습니다. 유누스는 가난한 사람들이 반드시 돈을 갚을 것이라고 믿었습니다. 다른 이들은 그렇지 않았습니다. 그의 믿음이 가난한 이들이 돈을 갚을 수 있게 만들었고, 그의 사업도 성공시킨 게 아닐까요?

우리 속담에 '가난은 나라님도 구제 못한다'는 말이 있습니다. 이 말에는 가난의 원인은 게으르고 나태한 개인 때문이라는 인식이 깔려 있습니다. 유누스는 아니라고 말합니다. 사회가 가난한 사람들을 믿지 않고, 기회를 주지 않았기 때문에 빈곤이 사라지지 않는다는 것입니다. 그는 지구상의 모든 사람이 가난에서 벗어날 수 있다고 믿습니다. "언젠가 우리 후손들은 가난이 어떠했는지를 박물관에 가서 보게 될 것입니다." 수많은 사람들이 서로 믿고 함께 나누면 그의 이런 바람은 그만큼 빨리 이루어질 것입니다.

소개할 만한 사회적 기업은 외국에만 있는 게 아닙니다. 우리나라에도 제법 규모가 크고, 유명한 사회적 기업이 적지 않습니다. 그런데 이 글에서는 '아름다운집'이라는 작은 곳에 대해 말씀드리겠습니다.

아름다운집 : 자립을 넘어 '사회 환원'에 앞장서다

아름다운집은 공동체를 향해 꿈꾸고 이를 실천하면, 평범한 시민도 훌륭한 사회적 기업가가 될 수 있다는 것을 보여주고 있습니다. 또 회사 운영과 기부 활동 등 모든 면에서 우리 사회에 새로운 희망을 제시하고 있습니다. 자립을 넘어 사회 환원에 앞장서고 있는 아름다운집은 시티즌 오블리주를 실천하는 사회적 기업의 소중한 모델입니다.

경기도 시흥시에 있는 아름다운집은 집수리를 주업으로 하는 사회적 기업입니다. 이 회사는 가난한 사람들이 경제적으로 자립하기 위해 만든 자활공동체에서 출발했습니다. 여성 가장으로서 기초생활수급자였던 임현주 씨는 정부의 도움으로 집수리 기술을 익혔습니다. 이후 현장 경험과 사업 감각을 익힌 그녀는 사정이 비슷한 두 사람과 함께 2005년 9월에 아름다운집을 만들었습니다.

정부에서 비용을 받고 저소득층의 집을 고쳐주는 '현물 주거 급여 사업'과 노인과 장애인 가구의 환경 개선 위탁 사업 등에 참여해 꾸준히 매출을 늘려왔습니다. 사회복지공동모금회와 대한주택공사 등이 진행하는 저소득층 주택 개보수 사업에도 공사 업체로 선정됐습니다. 그동안의 성장을 토대로 2008년 11월 법인으로 전환했고, 12월에는 사회적 기업으로 인증을 받았습니다.

아름다운집은 사업 자체가 저소득층에게 주거 복지 서비스를 제공하는 것이고, 또 일자리를 창출하고 있습니다. 이것만으로도 사회적 기업으로서의 몫을 다하고 있습니다.

그런데 더 주목할 부분이 있습니다. 바로 수익의 10퍼센트 이상을 가난한 이웃들에게 기부하고 있는 것입니다. 아름다운집은 사업을 시작한 2005년부터 매년 '시흥시 1% 복지재단' 등을 통해 나눔을 실천하고 있습니다. 가정 형편이 어려운 중고등학생들에게 장학금과 교복을 제공하고, 노숙인 쉼터 등 복지시설을 무료로 고쳐주는 활동을 하고 있습니다. 정부의 지원으로 생활하던 사람들이 경제적 자립에 성공하고, 나아가 나눔을 실천하고 있는 것입니다.

또 아름다운집은 공동체를 위해 꿈을 꾸고 이를 실천하는 사람은 누구나 사회를 혁신하는 사회적 기업가가 될 수 있다는 것을 보여주고 있습니다. 많은 시민이 사회적 기업을 통해 시티즌 오블리주를 실천할 수 있는 길을 제시하는 소중한 사례입니다.

이뿐만이 아닙니다. 직원들은 모두 이 회사의 주주입니다. 기업을 함께 소유하며 경영에 참여하고, 그 결실을 같이 나누어 갖습니다. 이들의 이런 경영 방식은 새로운 기업 공동체의 가능성을 보여주고 있습니다. 세상을 바꾸기 위해서는 거창한 이상보다 소박한 실천이 더 중요하다는 것을 아름다운집을 통해 배울 수 있습니다.

시민들의 사랑과 참여로 빠르게 성장하며 우리 사회에 새로운 희망을 만들고 있는 사회적 기업 두 곳을 짧게 소개드리겠습니다. 우리나라의 대표적인 사회적 기업으로 꼽히는 '노리단'과 '아름다운가게'입니다.

노리단은 이름에서 알 수 있듯이 '놀이'를 사업화한 독특한 사회적 기업입니다. '사회적 활력과 지속가능한 즐거움을 디자인하는 공공적 문화예술기업'을 추구하고 있습니다. 고철과 플라스틱 통, 파이프 등 재활용품을 이용해 손수 만든 악기는 이들의 상징이 되었습니다.

노리단은 인간과 환경이 어우러지는 생태주의 공연을 펼치며 국내외에서 큰 사랑을 받고 있습니다. 이를 통해 많은 사람들에게 환경의 소중함을 쉽고 즐겁게 일깨우고 있습니다.

뿐만 아니라 놀이터와 공원 등 공공 공간을 디자인하는 사업과 교육 활동도 진행해 수익도 얻고 있습니다. 나아가 사회 구성원들이 서로의 차이를 인정하고 더 잘 소통할 수 있도록 도우며 공동체에 희망을 불어넣고 있습니다.

아름다운가게는 우리 사회를 친환경적으로 바꾸고, 소외계층을 후원하고 각종 공익활동을 지원하는 비영리단체입니다. 우리나라의 대표적인 사회적 기업가인 박원순 '소셜 디자이너'의 제안으로 시작됐습니다. 2002년 첫 매장을 연 후 우리 사회에 재사용과 기부를 크게 확대하며 '문화적 상징'으로 자리 잡고 있습니다. 2007년에는 노동부로부터 사회적 기업으로 인증받았습니다. 아름다운가게는 전국적으로 확산되고 있고, 2009년 6월에는 100번째 매장을 열었습니다. 2008년에는 매출액이 120억 원에 이르렀고, 기증받은 물품도 790만 점에 달합니다. 또 4500여 명의 자원봉사자가 활동하고 있습니다. 아름다운

가게가 2002년부터 소외계층에게 지원한 돈이 2009년 말에는 100억 원을 넘어설 전망입니다.

'물건의 재사용과 재순환을 활성화해 우리 사회가 친환경적이고 생태적으로 변화하는 데 기여'하는 게 아름다운가게의 설립 목적입니다. 이들은 이를 실천하고 있고, 우리 사회는 아름다운가게와 함께 변화하고 있습니다.

앞에서 다룬 외국과 우리나라의 사회적 기업과 사회적 기업가에 대한 이야기는 아주 일부분일 뿐입니다. 전해드릴 말씀이 많지만 이 책의 문제의식에 맞게 몇 가지 사례를 간단히 소개하는 데 그쳤습니다. 이렇다 보니 관련 책에는 거의 빠짐없이 소개되는 아쇼카 재단Ashoka Foundation과 이를 설립한 빌 드레이튼Bill Drayton의 이야기도 담지 못했습니다. 사회적 기업에 관심이 있거나 이 책을 통해 관심을 갖게 된 독자라면 '사회적 기업가의 아버지'로 불리는 빌 드레이튼의 생각과 실천을 담은 책을 꼭 읽어보시길 바랍니다.

기업에게 사회적 책임이 '있다', '없다' 하는 논쟁은 어쩌면 이미 무의미해졌는지도 모릅니다. 지금 우리는 사회적 목적을 실현하기 위해 기업을 설립하고 경영하는 시대에 살고 있습니다. 뿐만 아니라 수많은 일반 기업들이 사회공헌 활동에 참여하고, '사회 책임 경영'을 중시하게 됐습니다. 이런 변화가 더욱 빨라진 것은 열정적인 사회적 기업가들이 기업의 사회적 책임을 일깨웠기 때문입니다.

이제 우리는 모든 시민의 사회적 책임을 생각할 때입니다. 사회적 기업의 등장과 기업의 사회 공헌 활동이 활발해지면서 시민들이 기부와 봉사에 더 쉽고 다양하게 참여할 수 있게 됐습니다. 수익금의 일부를 기부하는 제품을 구입하면 어려운 이웃과 사랑을 나눌 수 있습니다. 공정무역 커피를 마시는 것만으로도 커피 농장에서 일하는 가난한 사람들을 도울 수 있습니다. 공정무역이란 제3세계 국가에서 물건을 수입할 때, 생산자들에게 정당한 대가를 지급해, 노동으로 창출된 이윤을 공정하게 나누어 갖는 거래를 말합니다. 이처럼 소비를 통해 나눔에 동참하는 것은 더욱 확대돼야 합니다.

　나아가 기존 기업을 변화시키고 새로운 사회적 기업의 설립을 주도하는 시민의 능동적인 참여가 필요합니다. 수많은 시민이 사회적 기업의 소비자로, 주주로, 일꾼으로, 설립자로 나서면 서로 돕고 함께 나누는 사회를 더 빨리 만들 수 있을 것입니다.

3장 사회공헌 활동에 앞장서는 '기업 시민'들

이번 장은 기업의 사회공헌 활동에 대한 이야기입니다. 우리는 기업의 기부 활동을 언론 보도와 책 등을 통해 많이 접하고 있습니다. 소식은 자주 듣고 있지만 이런 뉴스 중에 국민들의 기억에 오랫동안 감동으로 남아 있는 사례는 많지 않은 것 같습니다.

그 이유는 기업의 선행 활동을 '재벌 기업에 대한 사회적 비난을 피하기 위한 수단' 또는 '더 큰 이익을 얻기 위한 고도의 마케팅 전략'으로 생각하는 선입견 때문이 아닐까요?

물론 우리 기업의 공익 활동에 이런 측면이 없는 것은 아닙니다. 또 대기업이 현대사회에서 시장과 여론을 지배하고 있기 때문에 이들의 활동에 대해 비판적인 시각을 유지하는 게 필요합니다.

다만 그 의도가 때론 의심스러울 수 있지만 기업이 펼치고 있는 사회공헌 활동이 우리 이웃들에게 적지 않은 도움이 되고 있는 것은 분명합니다. 나아가 점점 더 많은 기업들이 부를 늘리기 위한 탐욕에서가 아니라 '기업 시민 Corporate Citizenship'의 사회적 책무를 다하기 위해 기부와 선행 활동에 나서고 있는 것도 현실입니다. 기업이 시티즌 오블리주를 실천하는 또 하나의 주체가 된 것입니다.

기업 시민 또는 기업 시민정신은 2000년대 초에 우리나라에 전해진 개념입니다. 이 말은 초기에 '기업도 시민이며 따라서 시민으로서의 사회적 책임을 다해야 한다'는 의미로 쓰였습니다. 즉 기업들에게 사회적 책임을 요구하거나 강제하기 위해 주로 사용됐습니다.

그런데 요즘에는 기업 스스로 '시민으로서의 사회적 책임을 다한다'는 의지를 담아 기업 시민이라는 표현을 쓰는 경우가 늘고 있습니다. 우리나라 기업 중에도 '기업 시민위원회'를 구성해 시민으로서의 역할을 수행하기 위해 노력하는 곳이 등장했습니다.

외국에서는 이미 오래전부터 '기업 시민 보고서'를 발행하는 회사가 있고, '기업 시민 상'을 제정해 수여하는 단체도 활동하고 있습니다.

기부와 봉사 활동을 펼치고 있는 기업들에 대해 두 가지 시각에서 볼 수 있습니다. 하나는 엄청난 자본과 거대한 조직력을 갖춘 비인격적 집단으로 보는 것입니다. 또 다른 시선은 기업도 사회 구성원으로 어떤 의지를 가진 시민으로 보는 것입니다.

어떤 눈으로 이번 이야기를 읽어 갈지는 여러분의 몫입니다. 그리고 어떻게 보느냐에 따라 마음에 남는 느낌은 크게 다를 것입니다.

1.기업 시민의 사회적 역할 : 봉사와 후원, 그리고 공익 추구

기업이 해야 할 가장 기본적인 역할은 좋은 제품을 만들고 편리한 서비스를 제공하는 것입니다. 그런데 요즘에는 이런 것 외에도 기업의 새로운 역할에 대한 관심이 높아지고 있습니다. 바로 기업이 얼마나 열심히 봉사와 후원에 나서고, 공익 추구 활동에 기여하느냐 하는 것입니다.

같은 조건이라면 사회공헌 활동에 적극적으로 나서는 기업의 제품을 사겠다는 소비자가 크게 늘고 있습니다. 심지어 값이 더 비싸도 좋은 일을 많이 하는 회사 제품을 구입하겠다는 사람도 많습니다. 젊은이들이 취업하고 싶은 기업을 고를 때도 근무 조건 못지않게 '사회적 책임'을 얼마나 성실히 수행하느냐가 중요한 선택 기준이 되고 있습니다.

기업도 시대의 요구에 맞게 변하고 있습니다. 많은 기업들이 고객과 직원들에게 봉사 활동에 참여할 수 있는 기회를 제공하고, 기업이 가진 재능을 기부해 소외된 이웃을 돕고 있습니다. 사회적으로 의미 있는 활동을 펼치는 개인과 단체들을 후원하고, 공익을 추구하는 각종 캠페인과 활동에 나서는 기업이 계속 늘고 있습니다.

KT, 교보생명, SK텔레콤 : '나눔의 기회'를 함께 나누다

기업의 사회공헌 활동이 달라지고 있습니다. 많은 기업이 자기 회사 직원은 물론 일반 시민들도 쉽게 이웃 돕기에 나설 수 있도록 지원하고 있습니다. 이제 더 이상 직원은 생산자로, 시민은 소비자로만 머물지 않습니다. 고객과 직원이 힘을 모아 도움의 손길이 필요한 곳을 찾아 함께 나눔을 실천하고 있습니다.

2007년, KT 임직원들은 'IT 서포터즈'를 결성했습니다. 컴퓨터를 사용하는 데 어려움을 겪는 사람들에게 IT 활용 교육 등을 지원하기 위해서입니다. 2009년 6월까지 이들의 도움으로 컴퓨터 등 정보 기기를 더 잘 활용할 수 있게 된 사람이 70만 명을 넘는다고 합니다. 2009년 7월 무렵에는 디도스DDoS^{분산서비스공격}로 세상이 떠들썩했습니다. 이때 IT 서포터즈는 사용자가 고장 신고를 하면, 가입한 초고속 인터넷 업체를 가리지 않고, 손상된 개인용 컴퓨터를 모두 수리해주었습니다.

2008년부터는 'IT 서포터즈 대학생 봉사단'을 선발해 컴퓨터 교육 등이 필요한 더 많은 사람들에게 도움을 주고 있습니다. 직원들만 참여하는 사회봉사를 넘어 대학생이면 누구나 이 활동에 동참할 수 있도록 기회를 확대한 것입니다.

KT는 2009년 여름 방학을 맞아 대학생 봉사단을 400명 모집했는데 2800명이 넘게 지원했습니다. 최종 선발된 400명은 10일 동안 전국 각지에서 노인과 장애인, 청소년들이 인터넷과 문서작성, 이메일 등을 잘 사용할 수 있도록 가르쳐주는 봉사 활동을 펼쳤습니다. 특히 이번 봉사단에는 중국에서 유학 중인 학생과 어렸을 때 컴퓨터 게임에 중독된 경험이 있거나 수화를 할 수 있는 등 다양한 특기와 경험을 가진 학생들도 참여했습니다. 이들은 자신들의 특기를 살려 좀 더 다양한 사람들에게 'IT 나눔'을 실천했습니다.

KT의 IT 서포터즈는 대학생들로부터 큰 호응을 얻으며 기업과 서민이 함께하는 우리나라의 대표적인 자원봉사 활동으로 자리를 잡아가고 있습니다. 2008년 한 취업정보업체가 대학생들을 대상으로 실시한 여론조사에서 "30대 그룹사의 사회공헌 프로그램 중 가장 기억에 남는 프로그램"으로 IT 서포터즈가 선정되기도 했습니다.

세상은 장애인과 더불어 살아가는 곳이라는 것을 우리 청소년들이 깨달을 수 있도록 도와주는 것은 소중한 일입니다. 어렸을 때부터 몸이 불편한 친구들과 함께 어울려 생활하면 자연스럽게 장애인을 배려할 줄 아는 삶을 살아가게 될 것입니다.

교보생명과 교보생명교육문화재단은 청소년들이 장애인과 함께 생활할 수 있는 프로그램을 해마다 진행하고 있습니다. 지난 2005년부터 청소년 자원봉사캠프 '더불어 행복하기'를 개최하고 있습니다. 이 활동은 '숲&하나되기'와 '아름다운 홈스테이' 등 두 가지 주제로 진행됩니다.

숲&하나되기는 중고등학생들이 비슷한 또래의 시각장애 청소년과 1대 1로 짝을 이뤄 2박 3일 동안 숲속에서 함께 생활하는 프로그램입니다. 자원봉사에 참가한 청소년들은 시각과 청각, 후각, 촉각, 미각 등 모든 감각을 이용해 숲과 생명을 느낄 수 있습니다. 또 시각장애 청소년들은 짝의 도움을 받아 나무와 열매, 흙과 벌레 등을 만져보고 냄새 맡으며 숲을 체험할 수 있습니다.

아름다운 홈스테이는 청소년들이 장애인 시설에 입소해 3일 동안 그곳에서 먹고 자고 함께 생활하는 프로그램입니다. 교보생명은 이를 통해 청소년들에게 '나눔의 기회'를 제공하고 있습니다. 참가한 학생들은 봉사 활동 체험뿐만 아니라 장애인과 더불어 살아가는 깨달음을 얻고 있습니다. 활동에 참가한 학생들은 한결같이 "자신이 나눠준 것보다 더 많은 것을 얻었다"고 말합니다.

2009년에는 이 두 가지 활동에 1000명이 넘는 청소년과 장애인이 참여했습니다. 교보생명의 이런 사회공헌 활동은 '우리 사회가 장애인과 비장애인이 더불어 살아가는 곳'이라는 인식을 넓히는 데 크게 기여하고 있습니다.

SK텔레콤은 자신들의 사회공헌 활동이 "구성원과 고객의 적극적인 참여를 바탕으로 한다는 데 그 특징이 있다"고 설명합니다.

이런 특징을 가장 잘 보여주는 게 바로 이 회사의 대학생 자원봉사단 '써니Sunny'입니다. 2003년 출범한 써니는 2008년 3월, 회원이 5만 명이 넘는 국내 최대의 대학생 자원봉사단으로 성장했습니다. 써니는 저소득층 아동들에게 1대 1로 교육 봉사 활동을 하는 '하이티처'와 공연, 도서관 리모델링 등 자신들의 재능을 나누는 '날아라 슈퍼 Sunny' 프로그램 등 다양한 활동을 펼치고 있습니다.

써니의 대표 프로그램으로 자리 잡은 하이티처는 대학생들이 결연을 맺은 보육원과 지역아동센터 어린이들을 찾아가 공부를 도와주는 봉사 활동입니다. 학생들은 자신의 전공과 특기를 살려 학습과 IT, 예체능 중 하나를 선택해 지식이나 재능을 기부할 수 있습니다. 평균 5-6대 1의 경쟁을 뚫고 '선생님'이 된 대학생들은 16주 동안 매주 한 번씩 저소득층 아동에게 맞춤 교육을 합니다. SK텔레콤은 1년에 두

번씩 하이티처를 선발하고, 이들이 '소외 계층 아동들에게 공부뿐 아니라 꿈과 희망을 가르쳐줄 수 있는 진정한 선생님'이 될 수 있도록 돕기 위해 워크숍을 실시하고 있습니다.

또 써니 회원들에게 해외 자원봉사 기회도 제공하고 있습니다. 지난 2005년부터 베트남, 중국, 몽골 등을 방문해 봉사활동을 진행하고 있습니다. 특히 베트남에서는 2007년부터 호치민시 청년동맹과 공식적인 협력 관계를 맺고 두 나라의 청년들이 함께 봉사 활동을 하고 있습니다.

삼성생명, 현대카드, 포도재무설계 : 기업이 가진 재능을 기부하다

오늘날의 기부는 금전적인 후원뿐만 아니라 지식과 재능을 나누는 것으로 확대되고 있습니다. 기업들도 자신이 가진 재능을 소외된 이웃들에게 나눠주는 활동에 적극 나서고 있습니다. 기업은 현대사회에서 가장 많은 재능을 가지고 있는 집단이라고 할 수 있습니다. 뛰어난 인재와 혁신적인 기술, 풍부한 자금이 우수한 기업에 몰리고 있기 때문입니다. 이제 많은 기업들이 자신의 재능을 이윤 창출에만 쓰지 않고, 우리 사회를 좀 더 따뜻하게 만드는 데 사용하고 있습니다.

삼성생명은 고객만족 경영 능력을 시민단체와 공공기관 등에 전수하고 있습니다. 이 회사는 고객만족도 평가에서 5년 연속 최우수 기업으로 선정될 만큼 이 분야에서 풍부한 경험과 전문성을 가지고 있습니다. 삼성생명은 이것을 자신들만의 노하우로 독점하지 않고, 필요한 단체와 기관에 나눠주는 길을 선택했습니다. 비용이나 인력이 부족해 독자적으로 고객만족 체계를 갖추기 어려운 시민단체나 공공기관에 자신들의 재능을 기부하고 있는 것입니다. 2008년부터 이 활동을 시작한 삼성생명은 2009년 7월까지 643개 단체, 약 4만 2000명을 대상으로 고객만족 교육을 실시했습니다. 특히 아름다운가게와 해양경찰청 등과는 정기적인 교육을 진행하기로 제휴를 맺었습니다.

삼성생명으로부터 교육을 받은 단체와 기관은 고객 중심으로 경영을 혁신할 수 있습니다. 나아가 이들을 접촉하고 이용하는 시민들은 더 좋은 서비스를 누릴 수 있어 모두에게 이익이 되고 있습니다.

서울역 앞 시내버스 환승센터에는 조금 특별한 버스 쉘터가 설치돼 있습니다. 버스 쉘터란 비나 햇빛, 먼지 등으로부터 이용자를 보호하기 위해 정류장에 설치하는 구조물입니다. 텔레비전 광고에도 등장하는 이 버스 쉘터는 현대카드가 디자인을 해서 2009년 7월 서울시에 기부한 것입니다.

첨단 기능과 조화를 이루는 독특한 디자인을 가진 이 시설은 많은 사람들에게 주목을 받고 있습니다. 투명한 두 장의 유리벽 사이에 전류가 흐르는 얇은 막이 있고, 여기에 빛을 내는 LED가 들어 있어 다양한 화면을 표현할 수 있습니다. 버스 쉘터가 투명한 영상 스크린이 돼 날씨나 시간을 안내하기도 합니다. 또 버스가 들어오는 모습을 투영해 빛으로 보여주는 등 다양한 동영상을 표현할 수 있습니다. 그래서 현대카드는 이것을 디지털 미디어 예술을 구현하는 '아트 쉘터'라고 부릅니다.

현대카드는 자신들이 가진 디자인 재능을 시민들을 위해 쓰고 싶다는 생각으로 이 시설을 제작해 기부했다고 밝혔습니다. 제일모직이 의류 매장을 운영하며 쌓은 인테리어 노하우를 '아름다운가게' 등에 기부하는 사례도 같은 의미를 갖고 있습니다.

　재능을 나누는 기업들에 대해 이야기할 때 빼놓을 수 없는 회사가 포도재무설계옛 포도에셋 입니다. 재무설계 전문 기업인 이 회사는 자신 들의 재능을 사회에 나누기 위해 회사를 설립했다고 할 수 있을 정도 입니다.

　포도재무설계는 개인에게 재무 컨설팅을 제공하는 기업 중 우리나 라에서 가장 오래된 곳입니다. 특히 이 회사는 주요 고객을 중서민층 으로 설정하고 창업했습니다. 돈이 많은 사람보다 경제적으로 어려움 을 겪는 사람들에게 재무설계가 더 절실하다고 생각했기 때문입니다. 포도재무설계는 "우리가 할 수 있는 것, 우리가 나눌 수 있는 것은 재 무설계"라는 믿음으로 '일과 나눔이 일치하는 회사'를 추구하고 있습 니다.

　이런 생각에 걸맞게 실천에도 앞장서고 있습니다. 2006년부터 〈경 향신문〉, 네이버, 〈동아일보〉 등과 함께 각종 캠페인을 전개해왔습니 다. 이를 통해 과도한 빚 때문에 어려움에 처한 가정에 해결책을 제시 하고, 평범한 이웃들이 경제적 위기에 빠지는 것을 예방하는 효과를 거두고 있습니다.

　또 서울복지재단이 진행하고 있는 '희망통장사업' 참가자들에게 개 인의 상황에 맞게 맞춤형 재무 컨설팅을 지원하고 있습니다. 이 사업 은 저소득층이 재산을 모아 빈곤에서 탈출할 수 있도록 돕는 것으로

2008년부터 3년간 진행됩니다. 포도재무설계는 이 기간 동안 각 개인을 대상으로 수입과 부채 등을 진단하고, 미래의 자산 흐름과 위험 관리 방안 등 해결책을 지속적으로 제공하게 됩니다.

포도재무설계는 보건복지가족부가 주관하는 사회 서비스 선도 사업에 선정돼 2008년 10월부터 '부채클리닉 재무컨설팅'을 제공하고 있습니다. 보건복지부가 정한 소득 기준에 해당하는 사람은 누구나 이 회사 홈페이지를 통해 상담을 신청하면 무료로 재무설계를 받을 수 있습니다.

농심은 식품 전문 기업답게 음식과 관련된 재능을 발휘해 사회공헌 활동에 나서고 있습니다. 생활 형편이 어려운 사람들에게 식료품을 나눠주는 푸드뱅크에 제품을 기부하고, 사회복지 시설 등을 찾아가 음식을 제공하는 '홍대리맛차' 사업도 진행하고 있습니다. 홍대리맛차는 이 회사 제품을 차에 싣고 가서 직접 음식을 만들어 제공하는 활동입니다.

2000년부터는 해마다 '사랑나눔콘서트'를 열고 있습니다. 이 콘서트는 입장객들이 라면 등 식품을 가져와 기부도 하고 공연도 즐기는 행사입니다. 농심은 관람객들이 기부한 것과 회사에서 기증한 것을 모아 대한적십자사를 통해 불우이웃과 소년소녀가장, 결식아동 등에게 전달하고 있습니다.

식품 기부뿐만 아니라 음식 문화를 선진화하기 위한 활동도 벌이고 있습니다. 농심은 2008년 10월에 '농심음식문화원'을 설립했습니다. 이 문화원은 우리 전통 음식과 세계 여러 나라의 건강식, 바른 식생활

등을 연구해서 식품 산업 발전과 한국 음식의 세계화에 기여하는 것을 목표로 하고 있습니다. 또 2009년 4월에는 음식 관련 서적 7000여 권을 갖춘 '음식문화전문도서관'을 서울 신대방동에 개관해 누구나 이용할 수 있게 했습니다.

2009년 4월, 한솔인티큐브는 자신들이 제작한 귀로 듣는 책, 일명 오디오북 2310편을 사회복지공동모금회를 통해 전국 30개 점자도서관에 기증했습니다. 시각장애인들이 지식을 얻고 교양을 쌓기 위해서는 점자 도서와 오디오북을 쉽게 접할 수 있어야 합니다. 하지만 이를 이용할 수 있는 점자도서관이 많지 않을 뿐만 아니라 시각장애인이 읽고 들을 수 있는 책이 턱없이 부족한 실정입니다. 점자 도서와 오디오북을 충분히 갖추려면 상당한 비용이 들기 때문입니다. 한솔인티큐브는 오디오북 사업을 진행하며 이런 사정을 누구보다 잘 알게 됐습니다. 그래서 장애인의 날을 맞아 자신들의 재능을 모아 제작한 오디오북을 기부한 것입니다. 이날 전달된 책은 베스트셀러 소설과 최신 자기계발서 등으로 구성된 최고 수준의 녹음도서입니다.

'e-편한세상'이라는 브랜드로 아파트를 공급하고 있는 대림산업은 집짓는 재능을 기부하고 있습니다. 2005년부터 임직원들이 집이 없는 서민들에게 집을 지어주는 봉사 활동에 직접 참여하고 있습니다. 최근까지 대구와 파주 등에서 집을 새로 짓거나 낡은 집을 수리해 어려운 이웃들에게 따뜻한 보금자리를 마련해주었습니다.

KT&G, G마켓, 우리은행 : 이웃을 돕는 시민들의 든든한 후원자

시간과 노력만 있으면 할 수 있는 자원봉사도 많지만 꼭 필요한 사회공헌 활동 중에는 상당한 비용이 들어가는 경우도 많습니다. 이런 사업은 개인과 시민단체, 기업이 협력할 때 더 큰 효과를 내며 지속할 수 있습니다. 시민들의 소액 기부가 늘고, 자원봉사 참여가 증가할수록 기업의 후원도 더 많이 필요하게 됩니다. 소외된 이웃을 돕는 개인과 시민단체들에게 좋은 기업은 언제나 든든한 후원자입니다.

KT&G는 복지단체 지원은 물론 일반 시민들의 기부를 후원하는 활동을 적극 펼치고 있습니다. 2002년 민영화된 이 회사는 다음해 KT&G 복지재단을 설립했습니다. 복지재단은 2004년부터 매년 사회복지기관 100곳을 선정해 경차를 기증하고 있습니다.

일선에서 복지 서비스를 담당하는 사람들을 대상으로 가장 필요한 것이 무엇인지 조사했더니 경차라는 응답이 제일 많았기 때문입니다. 소외된 이웃들이 상대적으로 골목이 좁은 주택가에 많이 살고 있어 KT&G가 지원한 경차가 이들에게 복지 서비스를 전달하는 발 노릇을 톡톡히 하고 있습니다.

2003년 9월에는 기부 후원 사이트인 '1004KT&G'www.1004ktng.com를 개설하고, 네티즌들이 사이버 모금과 후원에 쉽게 참여할 수 있도록 돕고 있습니다. KT&G 복지재단은 이 사이트에서 시민들이 낸 후원금만큼 지원금을 보태는 '기쁨 두 배 후원'을 진행하고 있습니다.

KT&G는 2010년에 매출액의 2퍼센트를 사회공헌 활동에 지출하겠다는 계획을 가지고, 매년 기부금을 확대하고 있습니다. 저소득층이 많이 사는 지역에 노인복지센터 여섯 곳을 설립해 운영하고 있고,

치매 노인을 치료하는 전문 인력을 양성하는 사업도 지원하고 있습니다. KT&G는 '든든한 후원자' 하면 떠오르는 대표적인 기업으로 성장하고 있습니다.

온라인 쇼핑 업체 G마켓은 대학 동아리를 후원하는 사업을 몇 년째 이어오고 있습니다. 2009년에는 동아리방과 학생회실에 탁자와 의자를 제공하는 후원 사업을 진행하고 있습니다.

이 회사는 2006년부터 총 38개 동아리들이 나눔콘서트와 각종 사회봉사 활동 등을 진행할 수 있도록 지원했습니다. 대학생들이 우리 사회에 꼭 필요하다고 생각하는 봉사 프로그램을 기획해 신청하면 이를 심사해 후원하는 방식입니다. 이 프로그램은 학생들에게 자신의 재능과 끼를 발휘해 사회에 기여할 수 있는 기회를 제공하고, 소외된 이웃들에게는 창조적인 봉사 활동 프로그램을 접할 수 있는 혜택을 주어 좋은 반응을 얻었습니다.

G마켓은 '개그프랜즈'도 후원하고 있습니다. 개그프랜즈는 개그맨과 마술사들이 문화 공연을 접하기 어려운 소외 지역을 찾아가 어린이들에게 공연을 선물하는 것입니다. 이 프로그램은 어린이재단이 주최하고, 문화관광체육부와 G마켓이 후원합니다. 이 공연은 어린이들에게 웃음을 선물하는 것뿐만 아니라 개그맨들에게 고정적으로 활동할 수 있는 무대를 제공하는 의미도 있습니다.

이 회사가 진행하고 있는 왕성한 후원 활동은 '후원 쇼핑 서비스'가 그 출발점이라고 할 수 있습니다. 2005년부터 시작된 이 서비스는 후원 상품 1개가 팔릴 때마다 100원씩 후원 적립금을 모으는 것입니다.

G마켓은 상품을 후원 상품으로 설정한 판매자에게 다양한 판촉 혜택을 제공하고, 소비자가 후원 상품을 구매할 때마다 자동으로 후원금을 적립하고 있습니다. 구매자가 따로 비용을 부담할 필요는 없습니다. 후원 쇼핑은 소비자와 판매자 모두 쉽게 '후원자가 될 수 있도록 후원하는 시스템'이라고 할 수 있습니다.

우리은행은 저소득층 아동들을 지원하기 위해 사회복지공동모금회와 어린이재단, 대한적십자사 등을 후원하고 있습니다.

2009년, 우리은행은 사회복지공동모금회가 선정한 전국 지역아동센터 열 곳에 매월 100만 원씩 지원하는 '사랑의 일촌 맺기' 사업을 진행하고 있습니다. 지역아동센터는 저소득 가정 아동들을 대상으로 방과 후 교육을 실시하는 복지시설입니다. 우리은행은 2008년에도 이 단체의 '한사랑 나눔 캠페인'을 통해 지역아동센터를 지원했습니다.

우리은행은 2005년부터 어린이재단을 통해 결식아동들에게 매월 3000만 원씩 지원하고 있습니다. 또 아이들이 부모 없이 할머니나 할아버지와 생활하는 가정^{조손가정}에 밑반찬을 배달하는 사업을 펼치고 있는 대한적십자사를 2006년부터 후원하고 있습니다.

2009년 8월에는 전국 사회복지시설을 대상으로 '우리 사랑 나눔 터'를 선정해 후원하는 사업을 시작했습니다. 우리은행은 선정된 복지시설을 지속적으로 후원하고, 직원들이 정기적으로 방문해 자원봉사 활동을 펼칠 계획이라고 밝혔습니다.

이 밖에도 우리은행은 2005년 5월부터 모든 임직원들이 매월 급여에서 만 원 단위 미만을 기부해 '우리어린이사랑기금'을 적립하고, 이 돈으로 소외된 어린이들을 위한 공익 활동을 벌이고 있습니다.

보일러를 생산하는 경동나비엔은 집이 없는 서민들에게 무료로 집을 지어주는 '해비타트 운동'을 후원하고 있습니다.

경동은 1994년 한국 해비타트가 경기도 의정부에 주택 3채를 처음 지을 때 보일러를 기증하면서 이 단체와 인연을 맺었습니다. 그 후 지금까지 해비타트 이름으로 짓는 모든 주택에 보일러를 지원하고 있습니다.

해비타트 운동과 같은 사업은 기업의 후원이 없으면 지속적으로 확대하기 어렵습니다. 경동나비엔은 한국 해비타트가 정식으로 창립된 1995년부터 지금까지 지원을 계속하고 있는 최장수 후원 기업입니다.

한전, 안철수연구소, 아모레퍼시픽 : 공익 실현에 나서다

기업은 본질적으로 영리를 추구하는 조직입니다. 그런데 이익에는 기업에만 이로운 것이 있고, 모두에게 유익한 것도 있습니다. 사회에 유익한 공익을 실현하는 것은 더 이상 정부와 시민단체만의 몫이 아닙니다. 오늘날 많은 기업들이 공익을 실현하기 위한 노력에도 적극적으로 나서고 있습니다.

한국전력은 2004년부터 미아 예방 캠페인을 전개하고 있습니다. 2009년 어린이날에는 이 회사 사회봉사단원 1000여 명이 전국의 놀이공원과 행사장에서 어린이들에게 이름표를 달아주는 행사를 가졌습니다. 이날 하루에 달아준 이름표가 15만 개에 달합니다. 1999년부터는 전기요금 청구서에 모두 350여 명의 미아 사진을 게재했습니다. 이를 통해 2009년 4월까지 106명을 부모 품으로 돌려보내는 성과를 거두었습니다.

2006년에는 공연단을 창단해 미아 예방 인형극 '빨간모자 꼭꼭이'를 공연하고 있습니다. 2009년 6월까지 전국에 걸쳐 120여 회 공연을 개최했고, 이 공연을 관람한 어린이가 2만 5천 명에 달합니다. 인형극은 실종과 유괴를 예방하는 내용으로 이루어져 있습니다. 아직 초등학교에 입학하지 않은 아이들에게 길을 잃거나 유괴됐을 때 어떻게 해야 하는지를 연극을 통해 가르쳐주고 있습니다. 이 인형극은 어린이들이 자연스럽게 '멈추기', '생각하기', '도와주세요라고 말하기'를 익힐 수 있도록 돕는 데 효과적입니다.

안철수연구소는 'V3'라는 컴퓨터 백신 프로그램으로 잘 알려진 우리나라의 대표적인 정보보안 전문 기업입니다. 이 회사는 설립 과정 자체가 공익에 기여하는 것과 떼어놓고 생각할 수 없습니다.

이 회사를 설립한 안철수 박사는 1988년 의대 교수로 재직하며 세계 최초로 컴퓨터 바이러스를 치료하는 백신 프로그램을 개발했습니다. 이후 7년 동안 백신이 필요한 모든 컴퓨터 사용자에게 이를 무료로 제공했습니다.

안 박사는 이런 활동이 지속되기 위해서는 비영리 공익법인이 필요하다고 느꼈습니다. 끊임없이 등장하는 신종 바이러스로부터 컴퓨터와 사용자를 보호하는 일은 사회 전체를 위해 꼭 필요한 공익적인 활동입니다. 그런데 이를 한 개인이 감당하는 것은 더 이상 불가능하다고 생각했습니다. 그래서 자신이 개발한 제품과 기술을 무상으로 내놓기로 하고 공익법인을 설립할 상대를 찾았지만 허사였습니다. 결국 새로운 바이러스에 맞는 백신을 개발하고 서비스를 계속하기 위해서 '기업'을 만들었습니다. 바로 안철수연구소입니다.

이 회사는 지금까지 설립 정신에 맞게 개인 사용자에게 무료로 컴퓨터 백신을 제공하는 공익 활동을 이어오고 있습니다. 뿐만 아니라 2005년부터 한국정보문화진흥원과 함께 국내외에서 정보 격차 해소를 위한 사업을 펼치고 있고, 정보화 소외 계층에게 개인용 컴퓨터를 무료로 나눠주는 활동을 계속하고 있습니다. 2006년부터는 보안 전문가가 되고 싶어 하는 중고등학생을 대상으로 해마다 'V스쿨'을 개최해 강연과 체험 기회를 제공하고 있습니다. 또 정보보호 올림피아드와 대학 해킹·보안 동아리 연합 행사인 파도콘 등을 후원하고 있습니다.

안철수연구소 홈페이지에는 기업에 대한 정의를 다음과 같이 내린 글이 있습니다. '회사란 혼자서 할 수 없는 의미 있는 일을 여러 사람이 모여서 이뤄내는 장'이라는 것입니다. 의미 있는 일이란 공익에 기여하는 것을 가리키는 말일 것입니다.

아모레퍼시픽은 유방암 예방 등 모성 보호를 위해 앞장서고 있습니다. 2000년 한국유방건강재단을 설립해 유방 질환 조기 검진 사업과 치료비 지원 활동 등을 벌이고 있습니다. 2001년부터는 해마다 '핑크리본 사랑 마라톤 대회'를 열어 여성의 건강을 지키기 위해 우리 사회가 해야 할 역할을 널리 알리고 있습니다.

이 마라톤 대회는 다른 마라톤과 달리 빨리 달리는 게 목적이 아닙니다. 모든 참가자들이 분홍색 옷을 입고 대회에 참가해 유방암 예방 등 모성 보호의 필요성을 많은 국민들에게 홍보하는 게 우선입니다. 2001년에는 서울에서만 열려 1000명이 참가했는데, 2005년부터는 부산, 광주, 대구, 대전 등을 거쳐 서울로 오는 전국적인 행사로 확대됐고, 참가 인원도 2~3만 명에 달합니다. 아모레퍼시픽은 대회 참가자들에게 티셔츠 등 기념품을 제공하고, 참가자들은 참가비 1만 원을 냅니다. 이 돈은 전액 한국유방건강재단에 기부됩니다.

아름다운재단이 펼치고 있는 마이크로 크레디트 사업인 '아름다운 세상 기금'이 탄생한 것도 아모레퍼시픽과 인연이 있습니다. 2003년 이 회사 창업주인 고 서성환 회장의 뜻에 따라 유족들이 고인의 유산 중 약 50억 원을 아름다운재단에 기부해 이 기금을 조성한 것입니다. 아름다운 세상 기금은 저소득층 여성 가장들에게 담보 없이 창업 자금을 빌려줘 이들의 경제적 자립을 돕고 있습니다. 이 기금에서 대출을 받아 '희망가게'를 창업해 경제적 안정을 이룬 모자 가정이 해마다 늘고 있습니다.

한국토지공사는 지역아동센터 리모델링 사업을 진행하고 있습니다. 이 사업은 가정 형편이 어려운 아이들이 학교가 끝난 후에 많은 시간을 보내고 있는 아동센터의 환경을 개선하기 위한 것입니다. 토지공사는 2008년에 센터 15곳을 새롭게 단장했고, 2009년에는 20곳을 선정해 내부 수리와 인테리어를 진행하고 있습니다. 특히 시공 과정에 센터를 이용하는 어린이와 학부모, 교사, 지역 주민 등이 참여할 수 있도록 하고 있습니다. 이런 '참여 시공'을 통해 센터에 대한 애착과 관심을 높이는 효과를 거두고 있습니다.

동시에 리모델링 공사를 해당 지역 자활센터 집수리사업단에 맡겨 일자리 창출에도 도움을 주고 있습니다. 또 센터를 새롭게 고친 후에는 문화교실 프로그램 등을 추가로 운영해 문화예술인들에게도 일자리를 제공하게 됩니다.

대한주택보증은 2007년부터 저소득층이 사는 낡은 집을 고쳐주고 있습니다. 대한주택보증은 공사에 들어가는 비용을 모두 지원하는 것은 물론 임직원들이 직접 집 고치기에 자원봉사자로 참여하고 있습니다. 또 정부의 지원을 받지 못하는 사회복지 시설들을 대상으로 생활환경을 개선해주는 사업을 지속적으로 펼치고 있습니다.

한국관광공사는 다문화가정, 조손가정, 장애인 등 소외 계층에게 여행 기회를 제공하고 있습니다. 2009년 9월부터 G마켓, 한국슬로시티본부와 함께 '구석구석 희망여행' 캠페인을 벌이고 있는 것입니다. 무료 여행을 하고 싶은 사람은 한국관광공사와 G마켓 홈페이지에 직접 사연을 올리면 됩니다. 관광공사는 이들 중 대상자를 선정해 한국슬로시티본부가 기획한 여행 프로그램을 체험할 기회를 제공합니다. G마켓은 이번 희망여행 캠페인에 1억 원을 기부했습니다.

한국관광공사는 또 2007년부터 매년 4월에 '수요 주먹밥 콘서트'를 개최하고 있습니다. 관광공사는 콘서트 관람객들에게 공연과 주먹밥

을 무료로 제공하고, 참가자들은 아낀 점심값을 끼니를 거르는 이웃
들에게 기부하는 행사입니다.

2. 건강한 사회가 가장 소중한 자본이다

기업이 존재하기 위해서 1차적으로 필요한 게 바로 자본입니다. 기업을 설립하려면 '자본금'이 있어야 하고, 유지하려면 운영 자금도 필요합니다.

그런데 자본이라고 하면 이런 돈만 의미하는 게 아닙니다. 기업이 보유한 인재와 기술, 사회적 평판 같은 것도 모두 자본이라고 할 수 있습니다. 여기에서 더 나아가 그 사회가 축적하고 있는 원칙과 신뢰, 규범과 제도, 네트워크 등을 '사회적 자본'으로 규정하기도 합니다. 기업이 속해 있는 사회가 어떤 자산을 가지고 있느냐 하는 것도 넓은 의미의 자본에 포함되는 것입니다.

건강한 사회는 기업에게 가장 소중한 자본입니다. 사회가 건강해야 기업도 건전하게 성장할 수 있기 때문입니다. 서로 불신하고 갈등하는 사회에서는 기업이 제대로 생존하는 것조차 어렵습니다.

오늘날 많은 기업들이 건강한 사회 만들기에 앞장서고 있습니다. 기업이 지속적으로 발전하기 위해서는 사회를 건강하게 만들어야 합니다. 건강한 사회는 저절로 주어지거나 그냥 선택할 수 있는 게 아닙니다. 함께 만들고 가꾸어야 하는 것입니다. 여기 건강한 사회 만들기에 적극적으로 참여하는 기업들을 소개합니다.

삼성화재, 현대기아차, 금호아시아나 : 장애인과 이주 노동자 지원

장애인과 이주 노동자 등 사회적 약자를 가리키는 말은 종종 '문제'라는 단어와 함께 쓰이는 경우가 많습니다. 장애인 문제, 이주 노동자

문제, 결식아동 문제 같은 식입니다.

하지만 이들은 우리 사회의 약자일 뿐 문제를 일으키는 집단이 아닙니다. 소수자에 대한 사회적 배려는 문제를 해결하기 위해 어쩔 수 없이 해야 하는 것이 아닙니다. 장애인과 이주 노동자를 돕는 것은 우리 사회 전체에 이익이 되는 새로운 기회를 창출하는 것입니다.

"장애인에게 좋은 것은 모두에게 좋은 것이다"라는 말이 있습니다. 장애인이 쓰기 편리한 물건은 모든 사람이 사용하기에 편리합니다. 이주 노동자를 돕는 일은 이들과 그 가족을 배려하는 것에 그치지 않습니다. 이들을 고용하는 중소기업과 자영업자는 물론 이런 기업과 업체가 생산한 제품과 서비스를 소비하는 국민 모두에게 이익이 됩니다.

장애인과 이주 노동자, 중증 질환자 등 사회적 약자를 돌보며 우리 사회에 더 큰 기회를 만들어내는 기업이 늘고 있습니다.

삼성화재가 지속하고 있는 '시각장애인 안내견 무료 분양'은 우리 기업이 펼치는 장애인 후원 사업 중 대표적인 것으로 꼽을 만합니다. 삼성화재는 1993년 안내견 양성 학교를 설립해 다음해 첫 안내견을 배출했습니다. 1999년에는 세계 안내견 협회로부터 정회원 학교 자격을 획득했습니다. 삼성화재는 2009까지 총 125마리의 안내견을 양성했습니다. 은퇴하거나 죽은 개들을 제외하고 현재 56마리가 장애인들 곁에서 그들의 눈과 귀가 돼주고 있습니다.

2009년 6월에도 시각장애인 6명에게 안내견을 무상으로 분양했습니다. 삼성화재는 매년 12마리 정도를 새로 기증하고 있습니다.

2009년 8월에는 미국 유학을 떠나는 시각장애 피아니스트 김예지 씨에게 안내견 '찬미'가 동행할 수 있도록 지원했습니다. 김예지 씨는 예전에도 삼성화재가 분양한 안내견 '창조'의 도움을 받았습니다. 그런데 2007년에 창조가 은퇴했고, 이후 홀로 유학 생활을 하다 이번에 새롭게 찬미를 만나게 된 것입니다. 삼성화재는 안내견이 미국 교통 환경에 적응할 수 있도록 훈련사도 함께 파견하고, 예지 씨와 찬미가 현지 안내견 양성 기관으로부터 지속적인 도움을 받을 수 있도록 준비했습니다.

삼성화재는 안내견 기증뿐만 아니라 이에 대한 우리 사회의 인식과 제도를 바꾸는 데도 노력해왔습니다. 2000년에는 장애인 보조견의 공공장소 출입과 대중교통 탑승 권리를 보장하는 내용으로 장애인복지법을 개정하는 데 크게 기여했습니다. 또 드라마와 공익광고 등을 후원해 안내견에 대한 인식을 넓히는 데 앞장서 왔습니다.

삼성전자는 1997년에 디딤돌 장학회를 만들어 장애인 대학생과 저소득 장애인 가정의 대학생들에게 장학금을 지급하고 있습니다. 이 장학금은 삼성전자 임직원들이 월급의 일부를 모아 조성한 기금으로 마련한 것입니다. 2009년 8월 장학생 18명을 새롭게 선발해 3000여 만 원을 지급했습니다. 지금까지 학생 총 142명에게 약 4억 원의 장학금을 주었습니다.

현대기아자동차그룹은 2004년부터 사회복지공동모금회를 통해 이주 노동자와 그 가정에 의료비와 자녀 보육비 등을 지원하고 있습니다. 모금회에 따르면 현대기아차그룹이 2008년 말까지 지원한 금액이 35억 원에 달합니다.

이주 노동자와 그 가족들은 몸이 아파도 의료기관을 이용하기 어렵습니다. 건강보험에 가입돼 있지 않아 비싼 의료비를 내야 하거나 때론 불법 체류 등으로 신분을 노출할 수 없기 때문입니다. 한국이주노동자건강협회와 희년의료공제회는 이런 이주 노동자들에게 긴급 의료 서비스와 무료 진료를 지원하고 있습니다. 현대기아차는 2008년 11월에 '외국인 노동자 의료비 지원 사업'에 써달라며 모금회를 통해 두 기관에 모두 5억 원을 전달했습니다.

또 같은 날 보육시설이나 학교에 다니지 못하고 방치돼 있는 이주 노동자의 자녀들을 위해 2억 2000만 원을 기부했습니다. 현대기아차는 외국인 노동자 자녀들이 안정된 환경에서 식사와 교육, 치료 등 보살핌을 받을 수 있도록 남양주외국인근로자복지센터와 베들레헴어린이집, 안산이주민센터, 오산이주노동자센터 등을 후원했습니다.

대우인터내셔널은 2008년 이주 노동자들이 많이 살고 있는 안산시 원곡동 국경 없는 마을에 '이주민 통역지원센터'를 설립했습니다. 이주 노동자들을 대상으로 한 전문 통역센터로는 이곳이 국내 최초입니다. 센터는 중국어, 몽골어, 베트남어 등 12개 언어를 통역할 수 있는 능력을 갖추고 외국인 노동자와 결혼 이민자들에게 무료로 통역과 번역을 해주고 있습니다.

대우인터내셔널은 또 2009년 7월 사회복지공동모금회에 '다문화가정 미취학 아동을 위한 보육센터 설립 및 운영 지원금'으로 1억 원을 기부했습니다. 이 보육센터는 다문화가정이 많은 서울시 구로구에 있는 화원사회복지관에 설립됐습니다.

'아름다운 기업'을 추구하는 금호아시아나그룹은 이를 실현하기 위해 장애인 등 소외 계층 돕기를 7대 과제 중 하나로 선정해 실천하고 있습니다.

2009년 4월 금호아시아나는 장애아동 보육시설에 승합차 10대를 전달했습니다. 전국장애아동보육시설협의회가 진행한 '장애아동보육서비스 차량지원사업'에 1억 8000만 원을 기탁해 이 돈으로 12인승 승합차 10대를 마련한 것입니다. 이 차량은 보육시설 10곳에 기증돼 장애아동들의 재활과 특수교육에 쓰이고 있습니다.

금호렌터카는 2008년 12월부터 매월 서울에 있는 장애아동 시설 승가원을 찾아 봉사 활동을 펼치고 있습니다. 2009년 장애인의 날에는 이곳에 장애아동용 특수 의자 2개를 기증했습니다. 금호석유화학도 장애인의 날을 맞아 서울에 있는 영락애니아의 집을 방문해 휠체어 12대를 기증했습니다. 이 휠체어는 사용할 어린이의 장애 정도와 특성을 고려해 맞춤 설계로 제작한 것입니다. 특히 금호석유화학에서 생산한 원료를 사용해 그 의미를 더했습니다.

한국가스공사는 2008년 11월에 저소득층에게 안과 질환 수술비를 지원하는 'KOGAS 건강 나눔 프로젝트'를 통해 1억 8000만 원을 기부했습니다. 한국가스공사 본사와 사업소 주변 지역에 거주하는 저소득층 주민들을 대상으로 백내장 수술과 각막이식, 의안 수술 등에 필요한 수술비를 1인당 150만 원까지 지원한 것입니다.

LG, CJ, 한화, 국민은행 : 어린이와 청소년에게 희망을 선물하다

그 사회가 얼마나 건강한가를 판단하는 기준은 여러 가지가 있습니다. 어린이와 청소년들의 꿈이 얼마나 소중하게 보호받고 있느냐도 그중 하나입니다. 만약 집안 형편이 어려워 꿈을 꿀 수도 없고, 품은 꿈마저 접어야 하는 청소년들이 많다면 건강한 사회라고 할 수 없을 것입니다. 부모에게서 충분한 보살핌과 기회를 제공받지 못하는 어린 이들에게는 누군가 이를 대신해줘야 합니다. 아동과 청소년들이 어려운 환경 속에서도 꿈을 잃지 않도록 희망을 선물하는 기업들이 있습니다.

LG그룹은 사회공헌의 초점을 청소년에 맞추기로 하고, 활동 슬로건도 '젊은 꿈을 키우는 사랑'으로 정했습니다.

LG는 2009년 3월부터 가난한 가정의 음악 영재들을 발굴해 지원하는 활동을 펼치고 있습니다. 20명을 선발해, 세계적인 음악 교육기관인 미국 링컨센터와 국내 교수진이 공동으로 개발한, 체계적인 교육 프로그램을 진행하고 있습니다. 또 1988년 개관한 LG사이언스홀을 통해 청소년들이 과학을 더 좋아하고 과학자의 꿈을 키울 수 있도록 돕고 있습니다.

다문화가정 청소년들을 지원하는 활동도 계획하고 있습니다. 다문화가정 청소년들은 두 가지 언어와 두 가지 문화를 모두 수용할 수 있는 장점을 가지고 있습니다. LG는 이들 중에서 언어와 과학 분야에 관심이 높은 약 70명을 해마다 선발해 한국외대와 카이스트 교수진으로부터 2년 동안 무료로 직접 교육을 받을 수 있도록 지원할 예정입니다.

뿐만 아니라 LG그룹은 계열사별로 청소년을 지원하는 사업도 활발하게 벌이고 있습니다. 특히 LG디스플레이는 2008년부터 보육원 등에 'IT룸'을 만들어주는 사업을 벌이고 있습니다. 소외된 어린이들이 디지털 정보에서 뒤처지지 않도록 돕는 것입니다.

CJ그룹은 2009년 8월에 초중학생 100명을 초청해 아이들에게 직업 체험 기회를 제공하고, 진로 지도를 해주었습니다. CJ나눔재단이 매년 여름에 열고 있는 '도너스캠프'에서 이번에 새롭게 마련한 프로그램입니다.

전국 10곳의 지역아동센터를 통해 이 행사에 참가한 아이들은 2박 3일 동안 진로 적성검사도 받고, CJ의 여러 계열사를 방문해 직원들이 구체적으로 어떤 일을 하는지 체험했습니다. 또 임직원들과 대화하며 이런 직업을 갖기 위해서는 무엇을 공부해야 하는지 들을 수 있었습니다.

캠프 첫날, 아이들은 전문 강사와 함께 진로 적성검사와 자기에게 적합한 직업 찾기 게임, 학습 계획 세우기 등의 프로그램을 진행하며 자신의 직업에 대해 생각하는 기회를 가졌습니다. 둘째 날에는 식품 회사인 CJ제일제당과 홈쇼핑 업체 CJ오쇼핑, 영화를 제작하는 CJ엔터테인먼트 등을 방문했습니다. 이곳에서 다양한 직업에 종사하는 이 회사 임직원들과 만났습니다.

식품 연구원이나 쇼호스트, 방송엔지니어, 영화 마케팅 담당자, 패밀리 레스토랑 요리사는 무슨 일을 하고, 그런 직업을 갖기 위해서는 어떤 노력이 필요한지에 대해 생생하게 진로 지도를 받을 수 있었습니다.

또 CJ그룹과 CJ나눔재단은 2007년 신입사원 연수부터 새내기 사원들이 소외 계층 아동들에게 지식을 나누어주는 프로그램을 진행하고 있습니다. 아이들은 평소에 접하기 어려운 언니 오빠들과의 만남을 통해 새로운 것을 경험하고, 신입사원들은 아이들에게 자기가 가진 경험과 지식을 나누며 자신의 사회적 책임을 생각하는 기회가 되고 있습니다.

한화그룹은 저소득층 청소년들이 경제적으로 자립할 수 있도록 이들의 자격증 취득을 지원하고 있습니다. 한화는 2009년 8월부터 어린이재단과 함께 고등학교 졸업을 앞둔 저소득층 청소년들이 IT와 미용 분야 등의 자격증을 취득할 수 있도록 교육비를 지원하고 있습니다. 2008년부터는 청소년 경제 교육 전문 비영리 단체인 JA코리아와 함께 공부방 어린이, 지방 초등학교 학생 등을 대상으로 경제 교육 프로그램을 운영하고 있습니다.

한화는 이 밖에도 한국메세나협의회와 함께 소외 계층 아동이 참가하는 문화예술 교육 프로그램을 운영하고 있습니다. 2009년 3월부터 전국의 복지기관 아동 650여 명이 '한화 예술더하기' 프로그램에 참여했습니다. 또 이 어린이들은 여름방학을 맞아 1박 2일 동안 한화리조트에서 열린 '나도 예술가' 캠프에 참가했습니다. 여기에서 국악과 서양 음악을 감상하고, 미술 시간에는 공동 작품을 창작하고 물놀이도 했습니다.

한화그룹은 또 2008년부터 희귀·난치성 질환으로 오랫동안 치료를 받고 있는 아동들을 돕는 '꿈꾸는 희망지기' 프로그램을 운영하고 있습니다. 대상자를 선정해 수술비와 재활 치료비, 의료용품 구입 등을 포함해 1인당 최대 500만 원까지 지원합니다.

KB국민은행은 2008년부터 'KB행복한 밥상' 사업을 통해 전국 1850 명의 초중학생에게 학교 급식비를 지원하고 있습니다. 국민은행은 행복한 밥상이 "가정 형편이 어려운 학생들이 건강하게 생활하며 건전한 사회 구성원으로 성장할 수 있도록 돕는 일"이라고 설명합니다.

또 방학 때는 행복한 밥상 세트를 보내 학생들이 끼니를 거르지 않도록 배려하고 있습니다. 밥상 세트에는 쌀밥과 미숫가루, 장조림, 카레 등 모두 14가지 식품과 줄넘기 줄 등을 넣었습니다. 국민은행 임직원과 '기아대책' 관계자들은 이 밥상 꾸러미를 만드는 일에 손수 참여해 정성껏 음식 선물을 담았습니다.

청정원이라는 브랜드로 더 알려진 대상그룹은 1971년부터 대학생과 중고등학생들에게 장학금을 지급하고 있습니다. 대상문화재단은 2009년까지 5000명이 넘는 학생들에게 100억 원이 넘게 장학금을 전달해 청소년들이 꿈을 이룰 수 있도록 후원하고 있습니다. 또 다문화가정 어린이들이 우리 문화를 더 잘 이해하고, 우리 사회에서 올바르게 성장할 수 있도록 돕고 있습니다. 대상 FNF 종가집은 2009년 4월부터 매월 다문화가정 어린이와 가족들을 횡성에 있는 김치 공장에 초대해 김치 담그기와 도자기 빚기 등을 직접 해볼 수 있는 기회를 제공하고 있습니다.

교보생명은 보육시설 출신이거나 소년소녀가장 대학생들에게 장학금을 지급하고 있습니다. 2003년 25명을 대상으로 시작된 '교보생명 희망장학금' 사업은 이후 계속 이어지고 있습니다. 장학생으로 선정되면 4년간 대학 등록금을 지원받을 수 있어 부모의 도움을 받지 못하는 대학생들에게 큰 힘이 되고 있습니다.

2009년까지 모두 150명에게 장학금 약 20억 원이 지급됐습니다. 교보생명은 학비 지원뿐만 아니라 '희망과 다솜'이라는 장학생 커뮤니티를 만들어 학생들이 학업과 진로에 관한 정보를 교류할 수 있도록 돕고 있습니다. 또 캠프를 열어 다양한 체험 프로그램과 봉사 활동에 참여할 수 있는 기회를 제공하고 있습니다.

엘리트 학생복을 생산하는 에리트베이직은 2009년 2월 사회복지공동모금회에 1억 원 상당의 교복을 기증했습니다. 모금회는 이 학생복을 소년소녀가장 등 형편이 어려운 청소년 400여 명에게 전달했습니다.

이 회사는 2004년부터 어려운 가정과 청소년들에게 연탄과 학생복 등을 기부해왔습니다. 또 매년 보육원에서 생활하는 아이들을 초청해 역사와 문화를 체험하는 '엘리트 나라사랑캠프'를 진행하고 있습니다.

SK, 현대기아차, 교보생명 : 사회적 기업을 돕는 대기업

사회를 건강하게 만들기 위해 꼭 필요한 것 중 하나가 사회적 기업을 육성하는 것입니다. 사회적 기업은 취약 계층에게 사회적 서비스를 제공하고, 또 일자리를 마련해주는 소중한 일을 하고 있습니다.

그런데 사회적 기업이 튼튼하게 뿌리를 내리려면 여러 면에서 보살핌이 필요합니다. 일정한 수익을 낼 때까지 사업을 지속할 수 있는 자금이 있어야 하고, 경영 지원과 자문도 필요합니다. 또 생산한 제품과 서비스를 공급할 안정적인 거래처도 확보해야 합니다.

사회적 기업에 대한 국민과 정부의 관심이 높아지고 있지만 많은 사회적 기업이 자금 마련과 경영 능력 향상, 판로 확보에 어려움을 겪고 있습니다. 대기업의 도움이 필요한 이유입니다. 사회적 기업을 육성하고 지원하는 대기업을 소개합니다.

SK는 2009년 8월 그룹 차원에서 '사회적 기업 추진계획'을 세워 이를 시행하고 있습니다. 추진계획은 국내 사회적 기업이 더 큰 사회적 가치를 창출할 수 있도록 돕는 것을 주요 목표로 하고 있습니다. SK는 사회적 기업의 경영 능력을 높이고, 국민들이 참여할 수 있는 기반을 확대하는 방향으로 지원을 집중하고 있습니다.

9월에는 사회적 기업 전문 자원봉사단인 'SK 프로보노'를 만들었습니다. 프로보노는 원래 '무료로 변호를 해준다'는 뜻의 라틴어입니다. 요즘에는 전문 지식이나 재능을 기부하는 것을 통틀어 일컫는 말로 쓰입니다. SK 프로보노는 2008년 11월부터 SK텔레콤이 시범 운영해 온 '사회적 기업 컨설팅 봉사단'을 확대 개편한 것입니다.

국내 대기업이 사내 전문가들로 사회적 기업을 돕는 봉사단을 꾸린 것은 SK가 처음입니다. SK 프로보노에는 변호사와 회계사, MBA^{경영학}^{석사}출신 등 임직원 200여 명이 참여하고 있습니다. 이들은 사회적 기업과 NGO에 법률 자문과 세무 상담, 경영 컨설팅 등을 지원하는 활동을 합니다.

SK는 또 사회적 기업에 대중이 폭넓게 참여할 수 있는 기반을 구축하기 위해 2009년 11월 '세상世-想. www.se-sang.com'를 개설했습니다. 이 사이트는 참여와 개방, 공유라는 '웹2.0' 정신을 살려 집단 지성을 모으는 방식을 추구하고 있습니다. SK는 이 사이트를 통해 사회적 기업과 관련한 다양한 캠페인을 전개하고, 아이디어 발굴과 사업화 등을 추진할 것이라고 밝혔습니다. 뿐만 아니라 일반인들이 자신의 재능을 기부하고 사회적 기업에 투자할 수 있는 기회도 제공할 계획입니다.

2009년 8월, 현대기아차그룹은 '사회적 기업을 통한 일자리 창출' 지원, '사회적 기업 육성 기금' 조성, '1사 1사회적 기업' 운동 등을 통해 사회적 기업의 설립과 운영을 돕는 종합지원계획을 발표했습니다.

현대기아차는 2012년까지 기존의 사회적 기업을 지원하고, 새로운 사회적 기업을 설립해 취약 계층을 위한 일자리를 1000개 만들겠다고 밝혔습니다.

현대자동차는 2006년 '안심생활'이라는 사회적 기업의 설립을 지원했습니다. 이 회사는 노인과 장애인 등 거동이 불편한 사람들에게 차량이동과 방문간호, 목욕 등의 복지 서비스를 제공하는 사회적 기업입니다. 2008년에 지점 3곳을 추가로 개설하는 등 꾸준히 성장하고 있습니다. 현대자동차는 안심생활이 전국에 신규 지점 20곳을 개설할 수 있도록 도와 모두 800개의 일자리를 새로 만들 계획입니다. 또 장애인 보조 기구를 개발하는 사회적 기업 등 2곳을 새로 설립해 사회적 서비스의 질을 높이고, 일자리도 창출할 구상입니다.

현대기아차는 사회적 기업의 창업과 안정적인 성장을 돕는 데 쓰일

'사회적 기업 육성기금'을 연 20억 원 규모로 조성합니다. 매년 공모를 거쳐 10개 내외의 사회적 기업을 선정해 창업 자금과 시설 현대화 비용, 고용 확대 자금 등을 지원합니다. 뿐만 아니라 선정된 기업에게는 홍보, 마케팅, 회계 등 각 분야 전문가들로 구성된 경영 자문단이 지속적으로 도움을 줄 계획입니다.

현대기아차그룹은 18개 계열사가 사회적 기업과 결연을 맺어 이들을 지원하는 '1사 1사회적 기업' 운동도 진행하고 있습니다. 각 계열사들은 자사의 사업 방향과 지역 등을 고려해 여기에 맞는 사회적 기업과 결연을 맺고, 이들이 지속적으로 성장할 수 있도록 돕는 것입니다.

교보생명은 2003년 '교보다솜이 간병봉사단'을 출범했습니다. 실업극복국민재단^{현 함께일하는재단}과 함께 간병인 활동을 희망하는 저소득층 여성가장 20명을 선발해 시작했습니다. 이 사업은 돈이 없어 간병인을 둘 수 없는 환자에게 무료로 간병 서비스를 제공하고, 동시에 여성 가구주에게는 안정적인 일자리를 마련해주기 위한 것입니다.

교보생명은 2009년까지 매년 10억 원이 넘는 돈을 간병인 교육비와 인건비 등으로 지원하고 있습니다. 봉사단은 2007년에 다솜이재단으로 발전해 독립했습니다. 또 같은 해 사회적 기업으로 인증 받았습니다. 사회적 기업에 걸맞게 이름도 간병봉사단에서 '교보다솜이 케어 서비스'로 바꿨습니다.

2006년에는 정부로부터 사회적 일자리 사업으로 선정됐고, 2008년에는 사회적 기업을 육성한 공훈을 인정받아 대통령 표창을 받기도 했습니다.

출범 후 꾸준히 성장을 거듭해 다솜이에게 간병 서비스를 받은 환자가 2009년 말 1만 5000명에 달합니다. 또 전문 간병인으로 활동하는 사람은 280명이 넘습니다.

사회적 기업으로 전환한 후에는 저소득층 환자를 위한 무료 간병과 함께 일반 환자에게 일정한 비용을 받고 간병 서비스를 제공해 수익을 얻고 있습니다. 머지않아 이런 수입만으로도 무료 간병 서비스를 제공할 수 있을 것으로 기대됩니다. 하지만 교보생명은 다솜이재단이 간병인을 1000명까지 확대해 간병 서비스 전문 사회적 기업으로 확고하게 자리 잡을 때까지 지원을 계속할 계획입니다.

3. 공동체를 위해 투자하는 기업 시민

기업의 경영 활동에서 매우 중요한 것 중 하나가 바로 투자입니다. 언제 어디에 얼마를 투자하느냐에 따라 기업의 미래가 달라질 수 있습니다. 과거 대부분의 기업들은 단기간에 더 많은 이익을 얻을 수 있는 것에 투자를 집중했습니다. 자기 회사에 당장 이익이 되지 않는 일에는 별로 관심을 보이지 않았습니다.

그런데 '지속 가능한 경영', '기업 시민의 사회적 책임' 등에 대한 관심이 높아지며 기업의 투자도 달라지고 있습니다.

오늘날 많은 기업들이 미래 사회를 풍요롭게 하고, 지구촌의 가난한 이웃을 보살피는 일에 적극 나서고 있습니다. 또 문화를 지키고 널리 알리는 것은 물론 지역사회의 발전을 위해 앞장서고 있습니다. 공동체를 위한 기업의 사회적 투자가 늘고 있는 것입니다.

유한킴벌리, 롯데쇼핑, 풀무원 : 미래에 투자하다

유한킴벌리는 국내 기업 중에서 미래를 위한 투자 활동에 가장 적극적인 곳으로 꼽히고 있습니다. 이 회사는 1984년부터 '우리강산 푸르게 푸르게' 캠페인을 통해 나무를 심고 숲을 가꾸는 활동을 계속하고 있습니다. 우리 땅에서 민둥산과 황무지가 사라지고, 미래에 울창한 숲을 기대할 수 있게 된 데는 유한킴벌리의 공이 적지 않습니다.

1995년부터는 사단법인 '생명의 숲'과 함께 전국 학교에 숲을 조성하는 '학교 숲' 운동을 진행하고 있습니다. 지금까지 700개가 넘는 학교에 나무를 지원해 숲을 만들었습니다. 그동안 이 회사가 조성한 학교 숲의 경제적 가치가 6조 원이 넘는다는 연구 결과도 있습니다.

숲 가꾸기는 산과 학교뿐만 아니라 도시 곳곳으로 이어지고 있습니다. 유한킴벌리와 생명의 숲은 시민들이 쉽게 접할 수 있도록 숲을 생활 주변에 조성하는 데 노력하고 있습니다. '서울 숲'을 만들고 운영하는 데 참가하고, 인천국제공항이 있는 영종도 공항신도시에 '세계 평화의 숲'을 조성하는 데 참여했습니다. 또 동네에 숲을 만드는 사업도 펼치고 있습니다. 2007년에 서울 성북구 석관2동과 강서구 개화동에 각각 '우리 동네 숲' 1·2호를 조성했습니다.

나무를 심는 데 그치지 않고 잘 가꾸고 보존하는 데도 앞장서고 있습니다.

건강하고 아름다운 숲을 찾아 많은 사람들에게 알리기 위해 2000년부터 아름다운 숲 전국대회를 열고 있습니다. 또 한국내셔널트러스트와 자연문화유산 보전 대상지를 선정해 보호하고 있습니다.

이에 앞서 1988년부터 전국의 여고생을 대상으로 '자연환경 체험 학교'를 열고 있습니다. 2007년에만 134개 학교 학생들이 3박 4일 동안 진행된 행사에 참여해 숲을 느끼고 배웠습니다. 또 서울 숲에서 진행되는 생태 환경 교육과 숲 해설 자원봉사 활동도 후원하고 있습니다.

유한킴벌리의 실천은 기업이 공동체의 미래를 위해 어떤 역할을 해야 하는지를 잘 보여주고 있습니다.

롯데백화점은 미래 사회의 경쟁력 확보를 위해 출산 장려 운동에 앞장서고 있습니다.

2009년 9월 롯데백화점은 보건복지가족부와 함께 '아이 낳기 좋은 세상' 만들기에 나서기로 협약했습니다.

우리나라의 출산율은 세계 최저 수준입니다. 이대로 한 세대 이상 지속되면 인구가 급격히 감소하게 됩니다. 이렇게 되면 사회가 지속 가능성을 잃고 국가 경쟁력도 크게 떨어질 것으로 우려됩니다.

많은 사람들이 우리 사회의 저출산 현상이 심각하다는 데 인식을 함께하고 있습니다. 하지만 이런 상황은 크게 개선되지 않고 있습니다. 출산과 육아에 따른 부담이 여성과 가정에 집중되기 때문입니다. 또 여성이 임신을 하거나 아이를 낳으면 직장 생활 등에서 불이익을 받는다는 생각이 여전한 것도 출산을 기피하게 하는 원인 중 하나입니다.

롯데백화점은 2009년 4월, 사내에 '출산 장려 전담 부서'를 설치했습니다. 이 부서는 임직원들의 출산율을 조사하고, 육아에 도움을 주는 것은 물론 고객을 대상으로 출산 장려 캠페인을 벌이는 등의 업무를 담당하고 있습니다.

또 복지부와의 협약에 따라 앞으로 3년 동안 150억 원을 투자해 아이 낳기 좋은 제도를 강화하고, 출산과 양육에 필요한 시설과 서비스를 확충할 계획입니다. 이를 위해 유아, 아동 상품 매출액의 0.3퍼센트를 출산 장려 기금으로 조성합니다. 직원과 선정된 고객을 대상으로 출산 장려금도 지급하게 됩니다.

롯데백화점은 가정과 일을 모두 존중하는 출산 친화적인 제도와 문화를 우리 사회에 확산시켜 미래의 경쟁력을 확보하는 데 앞장서고 있습니다.

풀무원은 1993년부터 제품에 '지구사랑 마크'를 부착하고, 이 마크를 단 제품이 팔릴 때마다 판매액의 0.1퍼센트를 적립하고 있습니다. 이 돈을 환경을 보호하고 인간과 사회를 건강하게 만드는 활동에 사용하고 있습니다. 풀무원의 공익 투자 활동은 '자연이 건강해야 인간도 건강해진다'는 믿음을 바탕으로 인간과 자연을 함께 건강하게 만드는 일에 집중되고 있습니다.

이 회사는 대도시에 있는 초등학교를 중심으로 학생들과 함께 '생명의 텃밭'을 일구고 있습니다. 어린이들이 손수 채소를 기르며 땅과 생명의 소중함을 깨달을 수 있도록 지원하고 있습니다.

또 풀무원은 2007년부터 여성환경연대와 함께 아토피 없애기 캠페인을 펼치고 있습니다. '굿바이 아토피!' 마크가 부착된 두부와 나물류 매출액의 0.1퍼센트를 아토피 예방과 퇴치 사업에 쓰고 있습니다. 서울 면동초등학교 등에 '아토피 통합 관리 시스템'을 도입해 식품 알레르기 검사를 실시하고, 맞춤 식단을 제공합니다.

여름방학에는 캠프를 열고 어린이들을 환경 농업 마을로 초청해 자연 속에서 친환경 생활습관을 익힐 수 있도록 돕고 있습니다. 이 캠프에서 어린이들은 식품 첨가물이 없는 유기농 음식을 먹고, 몸에 해로운 화학물질이 들어가지 않은 생활용품을 사용합니다. 천연 황토로 옷을 염색하는 등 다양한 체험 활동을 통해 아토피도 치료하고 건강한 생활 습관을 익힐 수 있습니다. 어린이를 건강하게 키우는 것은 우리의 미래를 건강하게 만드는 일입니다.

다음, 유진크레베스, 웅진 : 지구촌 이웃에게 투자한다

우리나라는 해방 이후 몇 년 동안 다른 나라와 선진국 시민들로부터 국제 원조를 받는 처지였습니다. 지금은 눈부신 경제 성장을 이뤄가난한 나라 사람들을 돕는 입장이 됐습니다. 그런데 국제사회에서 수혜국에서 후원국이 된 나라는 대한민국 외에는 찾아볼 수 없습니다. 그만큼 우리의 어깨가 무겁다고 할 수 있습니다. 아쉽게도 우리나라의 해외 원조 규모는 경제력에 비해 아직 작습니다.

이런 가운데 많은 기업들이 국경을 넘어 사회공헌 활동을 펼치고 있습니다. 지구촌 이웃들에게 투자하고 있는 우리 기업들을 소개합니다.

인터넷 포털 서비스 기업 다음커뮤니케이션은 2006년부터 제 3세계 국가에 '다음 지구촌 희망학교'를 건립하고 있습니다. 제대로 된 학교가 턱없이 모자란 가난한 나라들을 찾아 이곳에 아이들이 배우고 뛰놀 수 있는 학교를 세우고 있는 것입니다.

제 1호 다음 지구촌 희망학교는 2006년 캄보디아 캄퐁참 지역에 들어섰습니다. 2007년에는 네팔 간지 지역에 2호 학교를, 2009년 1월에는 방글라데시 라즈바리 지역에 세 번째 학교를 건립했습니다. 현재는 베트남 하라우 지역에 네 번째 희망학교를 짓고 있습니다.

다음이 학교를 세운 지역은 이들 나라에서도 대표적으로 교육 환경이 열악한 곳으로 꼽힙니다. 방글라데시 라즈바리의 경우 홍등가가 밀집해 있어 이 지역 어린이들은 학교 입학을 거부당할 정도라고 합니다.

다음이 펼치고 있는 지구촌 희망학교 사업은 건물만 지어주는 게 아닙니다. 다음은 직원들이 여름 휴가 때 학교를 방문해 자원봉사를 하는 프로그램을 운영하고 있습니다. 참여 열기도 높아 여름 휴가를 지구촌 봉사활동으로 대신하려는 직원들이 해마다 늘고 있습니다. 2009년에는 10명 선발에 60여 명이 지원했습니다. 이렇다 보니 이 회사는 평소 사회공헌 활동에 열심인 사원에게 우선권을 주고 있습니다.

선발된 직원 10명은 2009년 7월에 방글라데시에 있는 학교를 찾았습니다. 이곳에서 학생들과 어울려 학교에 벽화도 그리고, 영화도 보고, 체육대회와 전통 춤 배우기 등을 함께했습니다.

다음은 방문 봉사활동 기회를 마련하는 것뿐만 아니라 더 많은 직원들이 지구촌 희망학교 학생들을 위해 지속적으로 지원 활동을 할 수 있도록 하고 있습니다. 직원과 현지 학생을 1대 1로 연결해 서로 편지를 주고받고 직접 후원도 할 수 있도록 돕고 있습니다.

한편, 지구촌 희망학교 건립 비용은 다음 임직원들이 낸 성금과 사내 카페와 바자회 수익금으로 마련하고 있습니다. 다음은 앞으로도 가난한 나라 어린이들을 위해 희망학교를 세우는 일을 지속할 계획입니다.

유진크레베스는 베트남 현지에 공장을 두고 스푼과 나이프, 포크 등 양식기를 생산하는 업체입니다. 이 회사는 제품을 하나 만들 때마다 1원씩 적립해 그 돈으로 선천성 심장병을 앓는 어린이들을 무료로 수술해주고 있습니다.

유진크레베스의 도움으로 2001년부터 2009년까지 우리나라에 와서 심장병 수술을 받은 베트남 어린이가 100명이 넘습니다. 2007년부터는 라오스와 중국, 필리핀의 어린이도 초청해 무료로 심장병 수술을 해주고 있습니다. 이 무료 수술 사업에는 부천세종병원과 여의도 순복음교회, 한국심장재단, 한국선의복지재단 등이 함께하고 있습니다. 이 회사는 나아가 수술 받은 어린이들이 건강하게 생활할 수 있도록 성인이 될 때까지 지속적으로 후원하고 있습니다.

유진크레베스는 또 선의복지재단과 함께 베트남에 병원을 설립해 환자들을 무료로 진료하고 있습니다. 하노이 적십자사와 합작으로 하노이에 병원을 건립한 것입니다. 선의복지재단은 이 회사의 창업자인 여주기 회장이 설립해 20년 넘게 국내외에서 왕성하게 활동하고 있는 복지재단입니다.

유진크레베스는 의료 지원뿐만 아니라 교육문화 사업도 펼치고 있습니다. 2005년 베트남 다낭 지역에 태권도 전용 체육관을 세우고 한국인 태권도 사범을 파견했습니다. 2006년부터 매년 '선의코리아컵' 태권도 대회를 개최하고 있습니다. 2007년에는 중국 송산구 직업기술학교에 한국어과를 개설해 중국 학생들이 한국어를 배울 수 있도록 돕고 있습니다.

유진크레베스는 국경을 넘은 사회공헌 활동을 펼쳐 베트남 정부로부터 '복지훈장'과 '체육훈장'을 받기도 했습니다.

웅진그룹은 먹고 쓸 물이 부족해 고통받고 있는 캄보디아에 우물을 파주는 사업을 펼치고 있습니다. 2006년부터 최근까지 이 회사와 임직원들이 기부한 우물이 500개에 달합니다.

이곳 주민들은 대부분 빗물을 받아서 쓰거나 몇 시간씩 걸어가서 강물을 길어다 생활하는 경우가 많습니다. 오염된 물 때문에 각종 전염병이 끊이지 않고, 영아 사망률도 높습니다.

펌프로 물을 끌어올리는 우물을 하나 파는 데 50만 원 정도가 든다고 합니다. 웅진그룹은 앞으로 10년간 이 나라에 매년 100개씩 총 1000여 개의 우물을 파서 주민들이 이용할 수 있도록 도울 예정이라고 밝혔습니다.

롯데백화점은 2009년 9월 베트남 쾅아이주 손키코뮨에 '롯데스쿨'을 새롭게 개교했습니다. 이 학교는 손키중학교를 새롭게 단장한 것으로, 비용은 이 백화점 명품관 고객 1000여 명이 참여한 자선 행사를 통해 마련했습니다. 이 학교 학생 중에는 학교까지 걸어서 등교하는 데만 2시간이 넘게 걸리는 아이들이 많다고 합니다. 특히 비가 많이 오는 우기 때는 불어난 강물 때문에 학교에 오지 못하는 학생도 적지 않았습니다. 그래서 롯데스쿨에는 460여 명이 생활할 수 있는 기숙사를 새로 지었습니다.

포스코는 2008년 5월 중국 쓰촨성에 대지진이 발생하자 긴급하게 성금을 전달하고, 이곳에 고아원과 학교를 건립하는 등 복구 사업을 펼쳤습니다. 또 대학생 봉사단을 선발해 국내는 물론 베트남과 인도 등에서 사랑의 집짓기를 포함한 여러 봉사 활동을 펼치고 있습니다. 제철소를 세울 예정인 인도 오리사주에서는 구순구개열 환자들이 무료로 성형수술을 받을 수 있도록 돕고 있습니다.

현대기아차그룹도 매년 '글로벌 청년봉사단'을 선발해 중국과 인도, 체코 등에서 자원봉사 활동을 벌이고 있습니다. 2008년부터는 중국 정부와 함께 네이멍구 차깐노르 지역이 사막화되는 것을 막는 사업을 벌이고 있습니다. 이 사업은 2012년까지 여의도 넓이의 15배에 이르는 땅에 초지를 조성하는 것입니다.

신한은행, 대한항공, 한국가스공사 : 문화에 투자하다

문화 확산과 문화재 보호 등이 기업 시민의 새로운 역할로 떠오르고 있습니다. 문화재를 보호하고 우리 문화를 세계에 알리는 것은 물론 소외 계층에게 문화를 체험할 수 있는 기회를 제공하는 것이 기업의 중요한 사회공헌 활동이 된 것입니다.

예술 작품을 감상하고 문화를 느끼는 사람들이 많아질수록 사회는 더욱 풍요롭고 따뜻해집니다. 선조들이 창조한 문화재를 후손들에게 고이 전달하는 것은 이 시기에 살고 있는 우리 모두의 몫입니다. 우리가 먼저 전통 문화를 제대로 알고 이를 세계에 알리는 것도 매우 중요합니다.

21세기는 문화 강국이 진정한 선진국이 되는 시대입니다. 이번은 자신의 전문 역량과 글로벌 네트워크를 활용해 문화에 투자하는 기업들에 대한 이야기입니다.

신한은행은 2005년 7월, 문화재청과 '1문화재 1지킴이' 협약을 맺고 문화재 보존 활동을 펼치고 있습니다. 이 은행은 매월 둘째, 넷째 토요일을 문화재 지킴이 날로 정해 직원들이 돌아가며 전국 60여 개 문화재를 보호하고 있습니다.

2009년 1월부터는 문화재 지킴이 활동을 무형문화재로 확대했습니다. 고장마다 전해 내려오는 춤과 노래, 기능 등의 명맥이 끊기지 않도록 이를 널리 알리기 위해서입니다. 신한은행은 '찾아가는 무형문화재'를 통해 지역 주민들이 탈춤과 민요, 가면극 등을 관람하는 자리를 마련하고 있습니다. 동시에 예능 보유자와 인간문화재 등을 후원하는 의미도 있습니다.

신한은행은 또 청계천 복원 사업 때 '정조대왕 능행 반차도'를 백자 타일 벽화로 제작해 서울시에 기증했습니다. 이 그림은 단원 김홍도가 그린 기록화입니다. 정조가 어머니인 혜경궁 홍씨를 모시고 아버지 사도세자의 능이 있는 화성으로 행차하는 모습을 담고 있습니다. 이 그림을 확대해 제작한 벽화는 타일 5000여 장을 이어 붙인 것으로 높이 2.4미터에 길이가 186미터에 달하는 세계 최대 규모입니다. 신한은행 직원들은 2008년에 이 벽화를 대청소하는 봉사 활동을 펼치기도 했습니다.

신한은행은 이 밖에도 학생들이 우리 전통 문화 유산을 체험할 수 있도록 하기 위해 '신나는 문화유산답사'와 '어린이 궁궐 탐험대' 등의 행사를 지속적으로 개최하고 있습니다.

프랑스 파리에 있는 루브르박물관이 관람객들에게 제공하는 작품 해설 서비스에 2008년부터 한국어가 포함됐습니다.

루브르가 한국어 안내를 시작한 데는 대한항공의 역할이 결정적이었습니다. 대한항공이 박물관의 작품 해설 장비 현대화 사업을 후원하는 조건으로 한국어 서비스를 새로 포함해줄 것을 요구해 성사시킨 것입니다. 이로써 한국어는 프랑스어, 영어, 독일어, 스페인어, 이탈리아어, 일어에 이어 작품 안내가 제공되는 일곱 번째 언어가 됐습니다.

세계 3대 박물관으로 꼽히는 루브르에서 한국어 서비스가 제공되는 것은 상당한 의미가 있습니다. 우리 문화의 결정체라고 할 수 있는 한국어를 세계에 알리는 것은 물론, 우리나라의 위상을 높이는 계기가 되기 때문입니다.

한국어로 안내되는 작품 수는 레오나르도 다빈치의 모나리자를 비롯해 600여 점에 달합니다. 박물관을 찾는 우리나라 여행객과 해외 동포들이 루브르가 소장한 세계적인 문화유산을 더 잘 이해할 수 있게 됐습니다. 또 이곳을 찾을 우리 관람객들이 느낄 자긍심도 빼놓을 수 없는 효과입니다.

루브르의 한국어 안내 서비스 개시는 기업의 문화 후원 활동이 국가의 위상 제고와 문화 확산에 어떤 영향을 미칠 수 있는지를 잘 보여주는 좋은 사례입니다. 대한항공은 2013년까지 이 박물관에 작품 해설 콘텐츠 확대를 후원하는 등 글로벌 문화 후원 활동을 지속적으로 펼칠 계획입니다.

한국가스공사는 전국에 있는 지사별로 해당 지역에 있는 문화재를 화재로부터 보호하는 활동을 펼치고 있습니다.

우리나라 문화재 중에는 목조 건축물이 많습니다. 그래서 한 번 불에 타면 다시는 원래 모습을 볼 수 없게 되는 경우가 많습니다. 숭례문이나 낙산사 등 소중한 문화재를 화재로 송두리째 잃은 아픔 경험도 있습니다.

가스공사는 정기적으로 문화재 주변의 가스시설에 대한 안전점검을 실시하고, 소각 시설을 별도로 설치해 화재를 예방하기 위해 노력하고 있습니다. 경북지사는 안동 하회마을과 불국사를 살피고 있고, 호남지사는 송광사를 방문해 화재로부터 문화재를 지키는 활동을 펼치고 있습니다.

가스공사의 문화재 지킴이 활동은 고유 업무와 문화재 보호를 결합한 사회공헌 활동으로 평가받고 있습니다.

포스코, GS칼텍스, 메디슨, LG화학 : 지역사회에 투자하다

사회 전반에 걸쳐 기업의 역할이 날로 커지고 있습니다. 특히 중소도시에서는 특정 기업이 고용과 조세, 기부 등에서 차지하는 비중이 상당한 경우가 많습니다. 기업의 지역사회에 대한 책임과 역할이 강조되는 이유입니다.

기업의 사회공헌 활동은 장기적이고 지속적으로 진행되는 것이 바람직합니다. 다만 그 효과가 즉각적이고 구체적으로 나타나면 도움을 받는 사람은 물론 봉사 활동에 참여하는 이들도 더 보람을 느낄 것입니다. 이런 점에서 지역사회를 중심으로 한 사회공헌 활동이 주목받고 있습니다. 기업 시민이 어떤 역할을 하느냐에 따라 지역 주민들의 삶의 질이 크게 달라질 수 있기 때문입니다.

포스코는 1991년부터 제철소가 있는 포항과 광양 지역의 224개 마을, 학교, 단체와 자매결연을 맺고 이들을 후원하는 활동을 계속해오고 있습니다.

이 회사는 포항에 '사랑의 공부방' 5곳을 설치했습니다. 생활 형편이 어려운 가정의 아이들 130여 명이 학교가 끝난 후에 이곳을 찾아 함께 놀고 공부도 합니다. 포스코는 또 지역 내 노후 주택을 고쳐주는 '사랑의 집 고쳐주기' 활동도 펼치고 있습니다. 집이 낡아 생활하기에 불편하지만 돈이 없어 집을 고칠 엄두를 내지 못하는 이웃들을 위해 무료로 집을 수리해주는 것입니다.

포스코는 회사 내 과별로 마을을 정해 자매결연을 맺고 그곳에 가장 필요한 도움을 주기 위해 노력하고 있습니다. 벼농사를 많이 짓는 마을에는 농번기에 모내기를 돕고 가을에는 쌀을 팔아주는 활동을 합니다. 과일이나 벌꿀 등 특산품을 생산하는 마을에는 생산품 판매를 돕습니다. 또 마을 모든 가구를 대상으로 전기 시설물 안전 점검을 실시해 화재를 예방하는 활동을 펼치기도 합니다.

포스코는 스스로 "소외 계층 및 지역사회와 함께하는 기업 시민으로서의 역할을 확대해 나가겠다고" 밝히고 있습니다.

GS칼텍스는 이 회사 공장이 있는 여수를 중심으로 발전하는 지역 공동체 건설과 나눔 문화 확산을 위해 노력하고 있습니다.

GS칼텍스는 1996년부터 여수 지역 중고등학생과 대학생 5000여 명에게 장학금을 지급하고 있습니다. 또 섬에 있는 학교와 분교 10곳과 자매결연을 맺어 학습 기자재 등을 지원하고 있습니다. 2007년부터 '도서학교 원어민 영어교실 사업'을 실시해 섬 마을 학교 아이들도 원어민 선생님에게 영어를 배울 수 있도록 지원하고 있습니다.

이 회사는 2006년 8월에 사회공헌 활동을 체계적으로 추진하기 위해 GS칼텍스재단을 설립했습니다. GS칼텍스는 2015년까지 10년간 매년 100억 원씩 재단에 출연해 공익사업을 지속적으로 펼칠 계획이라고 밝혔습니다.

초음파 진단기 전문 기업 메디슨은 1995년부터 회사 공장이 있는 홍천 지역의 고등학생들에게 장학금을 지급해오고 있습니다.

메디슨의 장학금은 이곳 학생들에게 더 큰 의미가 있습니다. '홍천에 뿌리를 둔 메디슨이 세계적인 기업으로 성장한 것처럼 이 지역에서 공부해 세계적인 인재가 되라'는 뜻을 담고 있기 때문입니다. 또 장학금을 전달하는 데만 그치지 않습니다. 학생들을 회사로 초청해 '장학금 데이' 행사를 열어 진로 상담을 해주고 있습니다. 이런 활동을 통해 학생들에게 지역 기업에 대한 친밀감을 심어주고 있습니다.

이 회사 홍천 공장의 여직원들이 만든 한우리회는 지역 주민들을 위한 봉사 활동에 적극 나서고 있습니다. 1년에 5~6번씩 '사랑의 포장마차&바자회' 행사를 열어 이 수익금으로 불우이웃과 혼자 사는 어르신 등을 돕고 있습니다. 또 무의탁 노인 시설을 찾아 청소와 목욕 봉사도 하고, 농번기에는 농촌 일손 돕기에도 나서고 있습니다.

LG화학은 지방 사업장이 있는 지역을 중심으로 장학금 지급과 도서 기증, 공부방 지원 등 다양한 사회공헌 활동을 펼치고 있습니다. 또 사업장별로 '1산 1하천 정화운동'을 진행하며 환경보호에도 나서고 있습니다.

LG화학 기술연구원 소속 연구원들은 2004년부터 대전 지역 초등학생과 복지시설에서 생활하는 아동들을 대상으로 '주니어공학교실'을 열고 있습니다. 공학교실은 연구원들이 어린이들과 함께 다양한 과학 실험을 하며 과학의 원리를 이해할 수 있도록 돕는 방과 후 수업입니다.

이 회사 청주공장과 여수공장은 각각 지역 내 소년소녀가장들에게 매달 장학금을 지급하고 진로 상담도 해주고 있습니다. 울산공장 'LG 봉사단'은 매주 지역에 있는 사회복지단체를 방문해 보일러와 전기시설을 점검하고 수리해주고 있습니다.

지금까지 기업의 사회공헌 활동 사례를 살펴봤습니다. 솔직히 고백하면 처음에 기업을 소개하기로 했을 때는 이렇게 많은 이야기를 담을 생각이 아니었습니다.

그런데 자료를 조사하고 사례를 찾아보니 사정이 달라졌습니다. 예상보다 훨씬 많은 기업들이 매우 다양한 분야에서 기업 시민의 사회적 역할을 수행하고 있습니다. 앞에서 소개해드린 것들은 수많은 사례 중에서 주제에 맞는 것들만 고른 것입니다. 그런데도 처음 기획했던 것보다 양이 크게 늘어났습니다.

기업의 공익 활동이 예전에 비해 크게 확대된 것은 분명합니다. 그리고 이런 활동이 우리 사회의 소외된 이웃들에게 큰 도움을 주고 있습니다. 물론 기업에게 찬사를 보내기에는 아직 이릅니다. 다만 잘하고 있는 것은 '인정'하고, 더 잘할 수 있도록 '격려'하는 게 필요한 때입니다.

우리 기업의 사회공헌 활동은 박수를 받을 만한 면도 있지만 한계도 뚜렷합니다. 지금 이 정도로 충분하다고 할 수는 없습니다. 우리 사회에는 여전히 공동체로부터 보살핌을 받지 못하는 '기부의 그늘'이 많습니다.

2009년 7월로 문을 연 지 5년이 된 구로구 이주노동자병원이 '기업 후원이 끊겨 문을 닫을 처지가 됐다'는 뉴스가 언론에 보도됐습니다. 이 병원은 국내에서 최초로 설립된 이주노동자들을 위한 병원으로 그동안 17만 명이 넘는 환자들을 무료로 진료해왔습니다.

이 병원뿐만 아니라 전국에서 사회적 약자들에게 도움을 주는 수많은 개인과 단체가 재정적 어려움을 겪고 있습니다. 모두 기업의 기부금에 의존해서는 안 되겠지만 더 많은 기업이 더 많이 후원에 나서면 그늘은 그만큼 줄어들 것입니다.

또 일부 기업 중에는 기부와 봉사 같은 것만 사회책임 경영 요소로 생각하는 곳도 있는 것 같습니다. 겉으로 드러나는 이런 활동에는 열심이지만 정작 그 내부에서 비정규직을 양산하고, 하도급 업체에 부담을 떠넘기는 경우가 여전합니다.

기업이 비용 절감을 위해 비정규직 노동자를 채용하고 낮은 단가로 하청을 주는 일은 합리적인 것처럼 보입니다. 그러나 결코 합리적이지 않습니다. 비정규직 노동자와 그 가족 중에는 가계의 소득으로 주거와 의료, 교육 등에 필요한 생활비를 충당하지 못하는 가정이 많습니다. 또 하청 업체는 납품 단가를 맞추기 위해 고용을 최소화하는 것은 물론 직원들에 대한 복리 후생을 외면하고 저임금을 강요하게 됩니다. 일자리를 찾지 못하는 사람들이 많고, 직장에 다닌다고 해도 '일하는 빈곤층'에서 벗어나지 못하는 경우가 적지 않습니다.

이들에게 사회적 서비스를 제공하기 위해서는 정부나 시민사회, 기업 등 누군가가 비용을 지불해야 합니다. 결국 사회 전체적으로 보면 더 많은 사회적 비용이 들게 됩니다.

고용을 확대하고, 고용의 질을 높이는 것은 기업 시민의 사회적 역할 중 가장 기본적인 것이라고 할 수 있습니다.

제 3부

노블레스 오블리주에서
시티즌 오블리주로

1장 우리에게 책임이 있다

노블레스 오블리주 Noblesse Oblige

노블레스 오블리주라는 말은 프랑스어로 19세기 초 프랑스의 작가이자 정치인이었던 가스통 피에르 마르크가 최초로 사용했다고 알려져 있습니다. 온갖 혜택과 권리를 누리면서도 마땅히 해야 할 '사회적 책무'를 소홀히 하는 당시 지배층을 비판하면서 노블레스 오블리주라는 말을 썼다고 합니다.

최근 몇 년 사이에 노블레스 오블리주에 대한 관심이 커진 데에는 여러 가지 이유가 있는 것 같습니다. 나라 경제가 어렵고 가정 살림이 팍팍한 마당에, 부익부빈익빈 현상은 갈수록 심해지다 보니 계층 간 위화감이 커졌습니다. 그래서 부의 재분배 차원에서 노블레스 오블리주가 필요하다고 생각하는 사람들이 많아졌습니다. 그러나 이런 점잖은 이유보다는 아무래도 우리나라 사회 지도층 인사들이 자신의 사회적 지위에 맞지 않게 존경을 받지 못하고 있는 것이 가장 큰 이유가 아닐까 생각합니다.

한쪽에서는 열심히 땀 흘려 일해도 살림살이가 나아지지 않는데, 다른 한쪽에서는 물려받은 재산이나 권력을 밑천으로 손쉽게 재산을 늘려나가니 존경은커녕 원한이나 사지 않으면 다행이지요. 우리말에 '잘 버는 자랑 말고, 잘 쓰는 자랑하라'는 말이 있습니다. 돈 벌기도 어렵지만, 돈 잘 쓰는 건 더 어렵다는 뜻입니다. 또 '개처럼 벌어 정승처럼 쓴다'는 속담도 있습니다. 수단 방법을 가리지 말고 무조건 돈을 벌라는 뜻이 아니라, 피땀 흘려 벌어서 고귀한 일에 쓰라는 의미입니다.

이런 속담들을 곰곰이 생각해보면, 그 옛날에도 오늘처럼 어렵고 힘들게 사는 사람들을 돕는 것이 참 가치 있는 일이라고 생각한 것 같습니다. 어렵고 힘들게 살아가는 사람들과 함께 나누고 짐을 서로 지는 것이 불평등한 사회를 살아가는 지혜로는 제일이라는 거죠.

요즘에는 고위 공직자가 되기 참 어렵습니다. 후보자마다 청문회를 통과하느라 땀을 뻘뻘 흘립니다. 어렵기는 국민들도 마찬가지입니다. 텔레비전 앞에 앉아 보니, 묻는 분이나 답하는 분이나 주고받는 사연들이 어지간한 인내심 아니고는 듣고 있기 힘듭니다.

반면에 물려받은 것이라고는 가난뿐이어서 배우지도 못하고 그저 검소함을 보배삼아 살아오셨다는 풀빵장사 할머니 얘기는 어떻습니까. 평생 모은 재산을 장학금으로 내놓았다고 하니, 이런 얘기를 들을 때마다 가슴이 뭉클하고 고개가 숙여지곤 합니다.

그런데 어떤 분은 노블레스 오블리주라는 말 때문에 가슴이 답답하다고 합니다. 광에서 인심 난다고 했는데, 당장 먹고살기 힘든 형편에 누굴 돕느냐는 겁니다. 있는 사람들보고 좀 나누는 미덕을 발휘해 보라고 곱지 않은 시선을 보냅니다. 부자들은 부자들대로 내놓을 만큼 내놓았는데 자꾸 더 내놓으라고 한다고 분통을 터뜨립니다. 서로 돕고 살자는데 없는 사람은 없어서 안 되고, 있는 사람은 자꾸 더 내놓으란다고 화를 내는 형편이니 이렇게 해서는 서로 주지도 받지도 말고 남남으로 살자는 말보다 못합니다.

이것은 돕는다는 의미를 잘못 이해한 것입니다. 누구나 자신의 처지보다 더 불우한 사람을 도울 수 있기 때문입니다. 부자는 가난한 사람보다 더 도울 것이 많은 사람이라고 생각하면 됩니다.

지금 우리 시대가 원하는 노블레스 오블리주는 일부 사회 지도층 인사들에게 국한되지 않습니다. 실제로 방송이나 신문에 나오는 기부 선행 봉사의 사례에서 알 수 있듯이 누구나 할 수 있는 일입니다. 많은 것을 내놓는 것이 중요한 게 아니라, 정성껏 기부하고 선행하고 봉사하는 것이 중요한 것입니다.

우리는 그런 사회적 책무에 충실한 사람을 고귀하다고 말할 수 있습니다. 타인의 삶에 책임이 있다고 느끼는 것, 그것이 노블레스 오블리주의 근본 정신입니다. 노블레스 오블리주에서 우리가 생각해야 할 것은 어떻게 사는 것이 가치 있고 고귀한 삶인지, 우리의 사회적 책임과 의무가 무엇인지 하는 것입니다. 나머지는 양심의 명령에 따라 행동하고 실천할 뿐입니다.

책임과 의무

책임이라는 말에 대해서 사람들은 대부분 좋게 말해서 사명감이고 나쁘게 말하면 부담감이라고 생각할 것입니다.

책임(責任 Responsibility)은 행위의 결과가 그 자신에게 돌아가는 것입니다. 반면에 무책임이라는 말은 자신이 한 행위지만 행위의 원인이 자기 아닌 다른 사람에게 있다고 떠넘기는 것입니다. 맡은 일을 잘 해내면 보상이 따르고, 잘 못하면 심한 경우 처벌을 받습니다. 책임을 다해서 받는 보상 중에 가장 큰 보상이 바로 '신뢰'입니다. 신뢰는 사명감 있게 일한 대가입니다. 한번 쌓은 신뢰는 더 큰 신뢰를 낳습니다. 이렇게 생각해보니 사실 나라의 지도자란 온 국민의 신뢰를 한 몸에 받고 있는 큰 일꾼이라는 뜻이 됩니다. 진정한 지도자는 평소 책임에 충실했던 사람으로, 오랫동안 국민의 신뢰를 얻어온 사람입니다. 신뢰를 얻는다는 것은 사회적 존재인 사람에게 매우 가치있고 소중한 일입니다.

의무義務 Duty라는 말도 책임이라는 말과 같은 범주의 말입니다. 옳다는 뜻의 의義라는 글자는 양羊과 나我를 합친 것인데, 이 말에는 '양같이 순하고 착한 본성으로 돌아간다'는 뜻이 내포되어 있습니다. 본성에 맞는 일일 때 '옳다', '마땅하다'고 할 수 있다는 것이고 옳은 일이기 때문에 하지 않으면 안 되는 당위의 것이 됩니다.

이렇듯 책임과 의무는 사회적 존재인 사람이 자신에게 부여된 일을, 사명감을 가지고 성심껏 행하는 것입니다. 그런 행동의 결과가 자신의 이익보다 공공 선善을 위한 것일 때 그의 행동은 믿음을 주고 의로운 것이 됩니다. 책임과 의무를 합해 책무라 하고, 이는 서로에게 사람된 도리를 다하는 것이라 정의할 수 있습니다.

'당연하다'는 말은 당연하지 않다

노블레스 오블리주는 그것을 행하는 사람의 책임과 의무만 강조하지 않습니다. 노블레스 오블리주의 진정한 가치가 실현되는 것은 받는 사람이 고마워하는 마음을 가질 때입니다. 어떤 사람이 그것을 자신의 책임과 의무로 느껴 열심히 하고, 그런 수고 덕택에 도움을 받았다면 그건 참 고마운 일입니다. 도움을 받아본 사람은 자신도 누군가에게 도움을 주고 싶다고 느끼게 될 것입니다. 도움을 주고받음으로써 책임과 의무가 강제와 처벌에 의하지 않고, 고마운 마음을 통해 다시 사회에 되돌려지는 선순환을 하게 됩니다.

'부모님의 은덕을 고마워해야 한다'거나 '스승의 은혜가 하늘 같다'고 말하면, 이렇게 생각하는 분들도 있을 것입니다. '고맙긴 뭐가 고마워. 당연한 거지.' 부모가 자식을 낳았으면 잘 키워야 하는 의무가 있는 것이고, 선생도 제자들을 잘 가르칠 책임이 있는 것 아니냐는 것입니다. 그러나 그런 얘기가 당연한 듯 보여도, 우리 사회에서 그것이 당연하지 않다는 데 문제가 있습니다.

물이 위에서 아래로 흐르는 것이 당연하고, 겨울이 깊으면 봄이 오는 게 당연합니다. 물이 거꾸로 흐르거나 봄 뒤에 겨울이 오는 법은 없습니다. 반면에 우리가 사는 세상에서는 당연해야 하지만 당연하지 않은 게 얼마나 많습니까. 사람이 사람답게 사는 게 당연하지만 사람답게 산다는 게 쉽지 않습니다. 실수투성이에다 툭하면 잘못을 저지르고, 후회하면서 똑같은 잘못을 반복하기도 합니다. 사람 사는 세상은 자연의 법칙이 지배하는 곳이 아니라 사회의 법칙이 지배하는 곳이며, 사회의 법칙은 공동체 구성원들의 약속과 합의에 의한 것입니다. 문제는 우리가 살다 보면, 약속과 합의를 지키기가 참 어렵다는 것입니다. 그것이 당연하기 위해서 사람들은 모두 열심히 노력해야 하고 또 사람이기 때문에 결함이 있다는 것을 서로 인정해주어야 합니다.

자식에 대한 부모의 사랑이나 제자에 대한 스승의 가르침을 당연하다고 말한다면, 자식이나 제자로서 당연히 해야 할 책임과 의무가 있다는 것도 알아야 합니다. 사회는 상호적인 것이고, 그런 상호 간의 책임과 의무로 결속된 것이 사회이기 때문입니다.

책임과 의무를 이행하는 사람은 거의 대부분 '마땅히 해야 할 일을 했다'고 겸손해합니다. 그러나 도움을 받은 사람이 주위 사람들에게 자신을 돕는 게 당연하다고 주장할 수는 없습니다. 그것은 자신을 위한 다른 사람의 호의나 배려이지 당연한 것이 아닙니다.

'나는 돈이 많으니까 내 마음대로 쓰는 것이 당연하다.'

'나는 권력이 있으니까 사람들을 부리는 것이 당연하다.'

'나는 가난하니까 누군가 나를 도와주는 것이 당연하다.'

이런 것들은 당연한 것이 아닙니다. 기업을 잘 운영해서 이윤을 얻는 것이 사장 혼자 힘으로 가능한 일입니까? 국민 주권 시대에 함부로 권력을 휘두르고 국민 위에 군림하는 것이 당연합니까? 노력 없이 그저 빌어먹는 것은 당연합니까?

다른 사람의 호의나 배려는 당연한 것이 아니라 고마운 것이며, 누군가가 대가없이 내게 준 것입니다. 누군가 도와주지 않았다면 내가 얻을 수 없는 것이고, 내 노력에 누군가의 노력이 더해져 얻은 것들입니다.

우리는 언제 고마운 감정을 느낄까요? 고마움이란 누군가가 베푼 호의와 배려로 자신이 노력한 것보다 더 큰 것을 얻었을 때, 자기 능력으로는 얻을 수 없는 것을 얻을 때 생기는 감정입니다. 그 고마움 가운데 가장 큰 고마움을 꼽으라면, 생명을 주신 부모님에 대한 고마움이 일 것입니다. 군사부일체君師父一體라고 했듯이, 어렵고 힘든 세상을 지혜롭게 살아갈 수 있는 길을 일러주신 스승의 고마움은 아무리 강조해도 지나치지 않습니다. 또한 생사고락을 같이하며 인생이라는 긴 여정을 함께 하는 벗들은 또 얼마나 고마운 사람들입니까.

하루하루 일상에서 주변의 호의와 배려 아닌 것이 없습니다. 이 와중에 그래도 굳이 당연한 것이 있다고 말한다면, '사람은 서로 도와가며 살아간다'는 평범한 진리 하나뿐입니다. 이것이 우리 인류의 유적

본성類的 本性이며, 이 사실을 외면하고서는 어느 누구라도 사람된 도리를 말할 수 없습니다.

나눔과 봉사

사람이 동물과 다른 특징은 여러 가지가 있습니다. 종족을 보존하고 발전시키기 위해 모든 생명체들은 자신의 약점을 보완하고 장점을 살리는 방식으로 진화와 혁신을 거듭해왔습니다. 사람도 마찬가지인데 차이가 있다면, 사람은 사회를 구성해 그 안에서 서로 돕고 도움을 받으며 살아가도록 발전해왔다는 것입니다. 사람은 사회를 떠나서 살아가지 못합니다. 가정과 사회 속에서 언어를 배우고, 생존 방식을 습득하며 오늘보다 더 나은 내일을 추구합니다.

사회는 그 자체가 진화의 산물이며, 법과 도덕이라는 공동의 규율과 가치관으로 유지됩니다. 도덕은 구성원들 각자에게 내면화된 규율이자 사회를 유지하는 기본 질서입니다. 종교마다 차이가 있지만, 사람을 죽이지 말라는 계율만큼은 어느 종교나 똑같습니다. 굶주린 사람에게 먹을 것을 나눠주고 추위에 떠는 사람에게는 온정을 베풀라고 가르칩니다.

요즘에는 너 나 없이 봉사한다는 말을 많이 하는데, 말 따로 행동 따로인 경우가 많다 보니 원래 뜻이 참 무색해졌습니다. 사인여천事人如天이라고 한 것처럼 봉사는 자신을 낮추고 사람을 하늘처럼 받든다는 것인데, 정말 다들 그렇게 생각하고 말하는 것인지 궁금합니다.

참다운 봉사는 대가를 바라지 않는 헌신이며 사람에 대한 깊은 이해와 사랑에서 나오는 것입니다. 봉사하는 삶이 가장 숭고하고 아름다운 삶이라고 모든 종교가 가르치고 있습니다. 봉사하는 삶은 가장 낮은 곳에 임해 가장 숭고한 것을 추구하는 것입니다.

우리 시대 노블레스 오블리주를 한 마디로 정의한다면, 그것은 바로 봉사하는 삶을 사는 것입니다. 봉사는 신분의 차이를 뛰어넘은 인류애이며, 사람이 만들어낸 불평등을 해소하고 평등한 세상으로 나아가는 지름길입니다.

봉사는 이웃으로부터 받은 혜택과 배려 온정을 다른 이웃에게 돌려주는 것에서 시작됩니다. 인내천人乃天이라 했으니 사람이 곧 하늘일진대, 사람을 위해 헌신하는 것이야말로 가장 소중하고도 고귀한 일일 것입니다.

어떤 사람이 고귀한가

어떤 사람들은 노블레스 오블리주를 '가진 자, 권력 있는 자가 베푸는 시혜施惠' 쯤으로 생각합니다. 은혜를 베푸는 것이니까 하면 좋은 것이고 안 한다고 비난받을 일은 아니라는 겁니다.

또 어떤 사람들은 생각하기를, '나 살기도 힘든데 남을 어떻게 돕느냐'고 합니다. 우선 내가 좀 살아야 남을 도울 수 있다는 것입니다. 그러다 보니 사람들은 "있는 사람들이 좀 내놓아야 하는 것 아니냐"면서 노블레스 오블리주를 '가진 자의 책무'로만 생각하는 경향이 있습니다.

이런 생각은 이제 바뀌어야 합니다. '사회 안에서 서로 도우며 살아간다'는 인류의 보편적 가치에서 볼 때 돕는 행위가 특정 계층의 것이 될 수는 없습니다. 부자이건 가난한 사람이건, 사회 지도층이건 서민이건 가릴 것 없이 누구나 사회 안에서 다른 사람의 도움을 이미 받고 살아왔기 때문에 그것을 다시 사회에 돌려주는 것은 모두에게 공통된 책임과 의무라고 할 수 있습니다. 그렇기 때문에 노블레스 오블리주가 가진 자, 권력 있는 자만의 책임과 의무라고 할 수 없습니다.

또한 남을 도울 여력이 없다는 생각도 옳지 않습니다. 다른 사람을 도울 수 있는 방법은 많습니다. 돈이 있는 사람은 돈으로 도울 수 있고, 재능이 있는 사람은 재능으로 도울 수 있습니다. 좋은 일을 하는 모임에 참가해 활동하는 것이나, 훗날 자신의 장기臟器를 사회에 기증하겠다는 '약속'으로도 충분한 도움이 됩니다. 꼭 돈이 있어야 남을 도울 수 있는 것은 아닙니다.

노블레스 오블리주는 특정 시대에 유행했던 과거의 산물이 아니며, 사회복지가 잘 갖춰져 있다고 해서 그 가치가 줄어드는 것도 아닙니다. 어떤 시대, 어떤 사회이건 더불어 살아가는 이웃들의 가난과 질병, 소외에 책임이 있다고 느낀다면 노블레스 오블리주는 분명 가치 있는 일입니다.

어떤 사람들은 오늘날에도 사회 곳곳에서 신분 차별이 만연하고, 부와 권력이 대물림되는 현상을 들어 소수의 특권 계층이 존재한다고 주장합니다. 이미 우리 사회에는 고귀한 신분을 가진 사람은 없고, 사회적 책임을 다하는 사람은 더더욱 없다는 자조 섞인 한탄을 하는 분들도 많습니다. 그들은 호화 주택에서 살면서 고급 옷으로 치장하고 보통 사람들과 다른 특별한 인생을 살고 있다는 것인데, 그게 사실인지 편견인지는 논외로 하더라도 잘사는 것이 비난받을 일은 아닙니다.

문제는 그들이 재산을 어떻게 모았느냐 하는 데 있습니다. 사람들은 남의 불행을 이용해 모은 재산은 도덕적이지 않다고 생각합니다. 더구나 요새는 착한 기업이니 윤리적 소비니 하는 말들이 있지 않습니까. 기업이 이윤을 창출하거나 부자들이 소비를 할 때 자기 마음대로 할 수 있는 게 아니라는 것입니다. 소수의 특권 계층에 속한 사람들에게는 거기에 부합하는 더 큰 도덕적 기준을 적용해야 한다는 것이 사회적 요구이니까요.

현재 노블레스 오블리주라는 이름으로 하는 각종 기부 선행 봉사는 유명 인사나 대기업이 대부분 주도하고 있는 것처럼 보입니다. 그러나 보이는 것과 진실에는 차이가 있습니다. 우리 사회에서 벌어지고 있는 기부 선행 봉사는 사회 지도층이 주도하는 것처럼 보이지만 실제는 평범한 보통 사람들, 어린 학생들과 청소년들 그리고 평생을 가난과 질병, 소외로 고통을 받아온 사람들이 더 많이 하고 있습니다. 다만 그들이 행한 기부 선행 봉사 활동이 덜 알려져 있을 뿐입니다.

노블레스 오블리주의 정신을 계승하고 생활 철학으로 승화시켜 온 분들은 '사회 지도층 인사'에 국한된 것이 아닙니다. 가난하고 병들고 소외된 우리 이웃들의 미덕은 사회 지도층의 노블레스 오블리주와 견주어보더라도 전혀 손색이 없으며, 그 선한 동기로 보면 더 큰 감동과 진실함을 느끼게 됩니다. 오히려 동병상련同病相憐이라고 했듯이 같은 처지에 있는 사람들이 서로 돕는 상호부조야말로 노블레스 오블리주 정신에 더 잘 부합한다고 할 수 있습니다.

이 분들이야말로 생활 속에서 노블레스 오블리주를 실천하고, 아름다운 사회를 만들기 위해 노력하는 우리 시대의 진정한 '고귀한 신분'

입니다. 이 분들에 의해 노블레스 오블리주는 '고귀한 사람이 하는 사회적 책무'가 아니라, '사회적 책임과 의무를 다하는 사람이 진정 고귀한 사람'이라는 뜻으로 그 의미가 확대되었습니다.

우리 시대의 노블레스 오블리주는 이렇게 열심히 서로 돕고 살아가는 사람들의 고귀한 행동에 힘입어 시티즌 오블리주로 발전해가고 있습니다. 지금 우리는 '모두가 모두를 돕는' 시티즌 오블리주 시대에 살고 있습니다.

우리에게 책임이 있다

시민의 사회적 책무는 대립하고 갈등하고 차별이 있는 사회에서 짓밟는 경쟁과 개인 이기주의 집단 이기주의를 극복하고 서로 돕는 사회를 추구하는 것입니다. 시티즌 오블리주는 우리 시대의 노블레스 오블리주입니다.

우리가 추구하는 아름다운 사회는 '더 많이 가진 것을 지키기 위한 조금의 부담'으로 생색을 내거나 '나를 불행에 빠뜨린 가진 자의 보따리를 풀게 하자'는 식의 적대적 감정으로는 이뤄질 수 없습니다. 시티즌 오블리주는 나를 키워준 이웃과 사회, 나라에 은혜를 갚는 것이고 받은 혜택과 배려 온정을, 더 큰 은혜로 갚는 데에 진정한 의미가 있습니다. 지금의 '나'를 있게 한 수많은 은혜가 있었다면 그 은혜를 갚아야 할 '책무'는 바로 우리 모두에게 있다는 것입니다.

누군가 우리 곁에서 가난과 질병, 소외로 고통받는 사람이 있다면, 지금이 바로 우리가 나서야 할 때입니다. 그것이 우리의 책무입니다.

2장 우리 역사와 문화에 담긴 노블레스 오블리주 전통

1. 널리 세상을 이롭게 하라

왕조의 흥망성쇠와 지도층의 책무

오랜 역사와 전통을 가진 사회에는 거기에 걸 맞는 사회적 가치와 시대정신이 있습니다. 한 사회가 얼마나 오래 지속되느냐 하는 것도 이 같은 가치관이 얼마나 많은 구성원들의 삶 속에 깊이 뿌리내리고 있느냐에 달려 있습니다.

흔히 노블레스 오블리주라 하면 서구인의 전유물이나 서구인들의 좋은 덕목으로만 여기는 경향이 많은데, 이것은 우리 역사에 대한 이해가 부족하기 때문입니다.

사실 우리 사회에서 노블레스 오블리주라는 말이 자주 쓰이게 된 것은 불과 20여 년 전의 일입니다. 최근까지 이 말은 본래의 뜻과 다르게, 권력층이나 잘사는 사람들의 한낱 허영심의 발로라며 색안경을 쓰고 평가 절하했던 것도 사실입니다.

고위층의 부도덕을 꾸짖을 때마다 종종 거론되어 왔던 노블레스 오블리주가 기부 선행 봉사의 전범典範으로, 고귀한 신분의 사회적 책무라는 의미로 본격적인 관심을 끈 것은 극히 최근의 일이 아닐까 합니다.

일부에서는 노블레스 오블리주가 우리의 것이 아니라고 하면서, 우리 역사에서 노블레스 오블리주에 상응하는 사례를 찾기 힘들다고 합니다. 그래서 그런지 우리나라에서 노블레스 오블리주 역사를 연구하는 분들은 거의 대부분 서구의 문물이 본격적으로 들어온 구한말 시대 이후의 사례에 주목하고 있는 형편입니다.

그러나 이것은 터무니없는 오해입니다. 오히려 우리 역사를 파고들면 들수록 서구의 노블레스 오블리주보다 훨씬 내용이 풍부하고 감동적인 사례를 무수히 만날 수 있습니다. 우리 조상들의 숭고했던 삶과 전통은 지금 우리 사회 곳곳에서 '보이지 않는 손'들에 의해 발전적으로 계승되고 있습니다.

우리 식의 노블레스 오블리주 전통을 제대로 알려면 저 멀리 고조선 사회까지 거슬러 올라가야 합니다. 《삼국유사》에 기록된 홍익인간의 건국이념이 바로 그것입니다. 고조선이 어떤 나라입니까. 널리 세상을 이롭게 할 목적으로 세운 나라 입니다. 널리 세상을 이롭게 한다는 것은 결국 모두가 서로 도우며 사는 평화로운 사회 공동체를 세운다는 것입니다. 참으로 대단하지 않습니까. 세상 어디를 가도 대한민국 사람으로 자부심을 가지고 살기에 충분한 말입니다.

조선시대 선비정신에서 나타나는 사회 지도층의 도덕적 책임의식과 지행합일 정신은 또 다른 의미의 노블레스 오블리주 정신이라고 할 수 있습니다. 서로의 삶을 하나로 이어준 두레, 향약, 품앗이 같은 사례는 노블레스 오블리주를 넘어 시티즌 오블리주의 전형으로 전혀 손색이 없습니다. 뿐만니라 오히려 오늘날에 더욱 그 뜻을 살려 발전시켜야 하는 훌륭한 문화유산입니다.

수년 전부터 세인의 관심을 끌어온 시오노 나나미의 《로마인 이야기》를 보면, 로마 역사에서 노블레스 오블리주가 차지하는 비중과 의미를 알 수 있습니다. 시오노 나나미는 로마가 천 년의 역사를 지속해 올 수 있었던 것은 바로 지배계층의 노블레스 오블리주 때문이라고 말합니다.

초기 로마 사회에서는 사회 고위층의 공공 봉사와 기부·헌납 등의 전통이 강하였고, 이러한 행위는 의무인 동시에 명예로 인식되면서 자발적이고 경쟁적으로 이루어졌다. 특히 귀족 등의 고위층이 전쟁에 참여하는 전통은 더욱 확고했는데, 한 예로 한니발의 카르타고와 벌인 16년간의 제2차 포에니전쟁 중 최고 지도자인 콘술(집정관)의 전사자 수만 해도 13명에 이르렀다고 한다.

로마 건국 이후 500년 동안 원로원에서 귀족이 차지하는 비중이 15분의 1로 급격히 줄어든 것도 계속되는 전투 속에서 귀족들이 많이 희생되었기 때문인 것으로 알려져 있다. 이러한 귀족층의 솔선수범과 희생에 힘입어 로마는 고대 세계의 맹주로 자리할 수 있었으나, 제정(帝政) 이후 권력이 개인에게 집중되고 도덕적으로 해이해지면서 발전의 역동성이 급속히 쇠퇴한 것으로 역사학자들은 평가하고 있다.

유수한 왕조의 쇠락 이면에는 어김없이 지배층의 도덕적 해이가 등장하는 것을 보면 이 같은 견해는 충분히 공감할 만한 것입니다. 세계 어느 나라 역사를 보아도 멸망의 원인은 사회마다 각각 다르지만 그 계기만큼은 바로 지배층의 도덕적 해이에서 나온 것입니다.

나라가 망하는 데에는 반드시 원인이 있습니다. 동양의 관점에서 보자면 민심이 떠날 때 나라가 망합니다. 하늘의 뜻에 따르는 자는 흥하고 거역하는 자는 망한다고 했고, 민심은 천심이라 했으니 민심을 거스르는 자는 망하는 것이 당연한 것입니다. 이것이 우리나라를 비롯한 동양의 전통적인 관점입니다.

마찬가지로 새로운 세상을 여는 주역들에게는 무엇보다 민심을 잘 알고 이를 하늘의 뜻으로 받들 줄 아는 지혜와 도덕적 정당성이 있어야 합니다.

결국 왕조의 교체란 새 시대에 맞는 새로운 노블레스 오블리주 전통을 세우는 과정이라고 해도 지나친 말이 아닐 것 같습니다. 누가 새 시대의 주역으로 '노블'한 집단이 되는가 하는 문제는 새로운 시대에 부응해 누가 더 '오블리주'에 충실한가 하는 것과 같은 차원의 문제입니다.

노블레스 오블리주에서 말하는 '고귀한 신분'이란 시대에 따라 차이가 있습니다. 신분사회에서는 왕족과 귀족, 사대부가 이에 해당하고, 신분사회가 해체된 요즘 관점에서 보자면 덕망을 갖춘 사회 지도층 인사 정도로 이해하면 큰 무리가 없을 듯합니다.

신분사회는 가문이나 혈통과 같이 태어나면서부터 개인의 사회적 존재가 엄격히 구별되는 사회로서 신분 간 이동이 어렵고 위계질서가 분명합니다. 그렇다 보니 신분사회에서는 각각의 차이가 차별로 전화되어 분열, 대립, 갈등의 골이 깊어지면 사회 통합 능력을 급격히 상실하고 공동체는 해체되고 맙니다. 여기에 더해 '고귀한 신분'이 사회적 책임을 외면하고 부정부패를 일삼으면 공동체의 명을 단축하는 일이 되는 것입니다. 사회 지도층의 노블레스 오블리주는 사회를 유지하고 발전을 담보하는 중요한 덕목이 됩니다.

사회 지도층의 솔선수범과 헌신, 희생은 비록 그것이 자신들의 지배를 합리화하기 위한 수단이라 해도, 동 시대와 미래를 위해 더없이 가치 있는 일이 아닐 수 없습니다.

천년 왕국, 로마와 신라

세계 여러 나라의 역사와 비교해볼 때 우리나라 역사에는 매우 특징적인 사실이 있습니다. 바로 하나같이 왕조의 역사가 길다는 것입니다. 로마제국을 천년 왕국이라고도 부르는데 역사가 천 년을 넘는 왕조는 전 세계적으로도 몇 나라 되지 않습니다. 그 몇 안 되는 나라 가운데 하나가 바로 신라입니다.

고조선을 얘기하면 신화와 역사가 얽히고 설켜 있어 논란이 좀 있지만, 고조선 말고도 고구려, 백제, 신라, 고려 그리고 조선 왕조 모두 수백 년 이상 사직社稷을 보존해 온 유구한 역사를 자랑하고 있습니다. 그것도 수없이 많은 전쟁과 내란을 겪으면서 말입니다. 게다가 더 놀라운 것은 좁은 한반도 안에 고구려, 백제, 신라 세 나라가 대략 700년 가까운 세월 동안 공존했다는 것입니다. 역사학자라면 이 의미가 무엇인지 충분히 연구할 만한 가치가 있다고 생각합니다.

로마제국은 로물로스가 기원전 753년에 건국해 기원후 476년 동로마가 멸망하기까지 대략 1100년의 역사를 가지고 있습니다. 우리나라는 고구려(B.C.37~668)가 705년, 백제(B.C.18~660) 678년, 신라(B.C.57~935)가 개국에서 통일신라까지 992년간 사직을 이어왔습니다. 고려(918~1392)가 475년, 조선(1392~1910)은 건국에서 일제에 국권을 빼앗길 때까지 장장 519년 동안 존속했습니다. 고구려 유민의 후

예가 건국한 발해(698~926)도 228년이나 되는 역사를 가지고 있습니다.

우리 왕조의 역사가 유구하다는 사실은 중국에 세워졌던 왕조들의 흥망사와 비교해보면 차이가 금방 드러납니다. 중국 최초의 통일국가인 진나라(B.C.221~B.C.207)가 고작 14년 만에 망했는가 하면 수나라(581~617) 36년, 당나라(618~907) 299년, 송나라(960~1279) 319년, 원나라(1279~1368) 89년, 명나라(1368~1644) 276년, 청나라(1644~1911) 267년 정도입니다.

단지 역사의 길이로 지배 계층의 책임의식과 도덕성이 뛰어났다고 말하는 것은 지나친 논리의 비약일 수 있습니다. 가끔은 강권 통치나 침략 전쟁을 통해 왕조의 역사를 이어온 나라들이 있기 때문입니다. 또 왕조의 역사가 오래 지속되었다는 것만으로 그 사회가 바람직하고 건강한 사회였다고 말하기도 어렵습니다. 다만 이렇게 오랜 역사를 이어온 데에는 뭔가 특별한 이유가 있다고 생각해볼 수 있지 않느냐는 거죠.

노블레스 오블리주의 관점에서 보자면 나라가 오랫동안 유지되는 데에는 상하, 빈천을 떠나 공동체 사회를 지키기 위해 모두가 얼마나 사회적 책임과 의무에 충실했는가와 깊은 관계가 있습니다. 이런 점에서 우리의 장구한 역사를 찬찬히 추적해보는 것은 잃어버린 고귀한 역사의 맥을 찾는 또 하나의 재미일 것입니다.

'홍익인간弘益人間'은 한국 사상의 뿌리

우리나라의 노블레스 오블리주에 대해 이야기하자면 먼저 홍익인간에 대한 이야기부터 해야 합니다. 널리 인간 세상을 이롭게 한다는 뜻의 홍익인간은 《삼국유사》 고조선 편에 자세히 소개되어 있습니다.

　《삼국유사》는 고려 충렬왕 때 일연(1206~1289)이 고구려, 백제, 신라 3국의 유사(遺事)를 모아 지은 역사서입니다. 편찬 연대는 대략 1281년부터 1283년(충렬왕 7~9) 사이였을 것으로 학계는 보고 있습니다. 《삼국유사》는 김부식이 편찬한 《삼국사기》와 더불어 현존하는 한국 고대 역사서의 쌍벽입니다. 《삼국사기》가 여러 사관들이 쓴 정사正史인 반면 《삼국유사》는 일연 혼자 쓴 이른바 야사野史입니다. 이 두 사서는 우리나라 고대사를 연구하는 데 사료적 가치가 실로 대단합니다. 크고 작은 전쟁으로 유물과 유적, 서책 등이 소실되다 보니 시대를 거슬러 올라갈수록 사실을 규명하기가 참 어렵습니다. 그래도 다행인 것은 워낙 우리 선조들이 뭔가 써서 남기는 것을 좋아해서 빼앗기고 도둑맞아도 아직 남아 있는 게 있다는 겁니다. 《삼국사기》나 《삼국유사》가 바로 그런 책이죠.

　《삼국유사》는 고려가 몽골과 치른 전쟁을 배경으로 태어난 문헌입니다. 고려는 도읍을 강화도로 천도하면서까지 굴복하지 않고 39년간 세계 최강 몽골군을 맞아 격렬하게 항전했습니다. 일연은 청년기와 장년기에 몽골과의 전쟁을 겪으며 살았습니다. 그리고 당시 불교는 대대로 호국불교의 전통을 이어오고 있기 때문에 이 같은 시기에 지은 《삼국유사》는 민족 자주의식을 고취해 국권을 회복하자는 목적이 분명했습니다. 이른바 이념 서적이었던 셈입니다. 우리나라가 어떤 나라인 줄 아느냐는 은연한 경고이자, 그런 전통을 물려받은 우리가 몽골에 나라를 내주어야 되겠느냐는 격한 선동의 메시지이기도 합니다.

그런 《삼국유사》 첫머리에 나오는 것이 고조선의 건국 신화이며, 홍익인간으로 표현된 건국이념입니다. 오늘날 홍익인간의 이념은 대한민국 교육법 제 1조에 교육의 기본 정신으로 구현되어 있습니다.

교육은 홍익인간의 이념 아래 모든 국민으로 하여금 인격을 완성하고 자주적 생활 능력과 공민으로서의 자질을 구유하게 하여 민주국가 발전에 봉사하며 인류 공영共榮의 이상 실현에 기여함을 목적으로 한다.

《삼국유사》의 기록만 봐서는 과연 고조선시대 우리 선조들이 '홍익인간'을 건국이념으로 살았는지 알 수 없습니다. 그러나 적어도 그것이 기록된 고려시대 말엽에 우리 민족은 홍익인간을 한민족의 건국이념으로 이해하고 살아왔다는 점만큼은 확인된 셈입니다. 뒤에 볼 《제왕운기》에도 같은 홍익인간의 건국이념이 나타나는 것을 보면, 고려시대 우리 선조들에게 홍익인간의 건국이념은 아주 친숙한 개념으로 폭넓게 인식되어 있었다고 볼 수 있습니다.

홍익인간. 이 말은 생각하면 할수록 참 뜻이 깊고 웅장합니다. 그 시대에 단순히 몽골에 맞서 싸우자고 한 게 아니고, 전쟁의 상처로 온 민족의 생활이 뿌리 째 흔들리던 시기에 홍익인간이라는 이념 정신을 말한다는 것이 얼마나 대단합니까. 이것은 고루한 민족주의의 한계를 뛰어넘은 역사적 사건입니다. 홍익인간이라는 말에는 인류의 공존 공생과 번영 발전을 추구한다는 사상이 포함되어 있습니다.

노블레스 오블리주에 관한 수많은 사례가 있지만 서구의 그것이 당시의 사회적, 역사적 환경으로 인해 일부 고귀한 신분의 사회적 책무로 인식된 것이라면, 홍익인간은 공존 번영과 평화 애호라는 분명한 메시지를 담고 있습니다. 그것도 일부 특권 계층의 것이 아닌, 사람이라면 누구나 갖춰야 할 보편적 덕목으로 인식하고 실천해왔다고 생각하니 우리 선조들의 인본주의 평화주의 정신이란 참 놀라울 따름입니다. 21세기를 살고 있는 지금 우리 시대상에 비춰봐도 인본주의 평화주의 정신은 여전히 범인류적 가치를 지니고 있습니다. 이렇게 생각해보니 수천 년 역사를 이어온 한 민족의 건국이념이 새삼 대단하게 느껴집니다. 홍익인간의 후예로 사는 것만으로도 우리는 큰 자부심을 가져야 한다고 봅니다.

이렇듯 노블레스 오블리주라는 그릇으로 '홍익인간'의 이념과 정신을 담아내려 한다는 것은 애당초 말이 되지 않습니다.

《제왕운기帝王韻紀》의 홍익인간

고려시대 사서로는 《삼국사기》와 《삼국유사》가 유명하지만, 사실 조선시대까지만 해도 사서로써 더욱 중요하게 인용된 것은 《제왕운기》입니다. 《제왕운기》는 《삼국유사》와 거의 비슷한 시기에 씌여었습니다. 이 책은 충렬왕 13년(1287)에 이승휴李承休가 중국 역사와 우리나라의 역사를 운문으로 엮어서 편찬한 역사서입니다.

이 책에서 이승휴는 우리 민족이 단군을 시조로 하는 단일민족이라는 것, 따라서 중국과는 지리·문화·역사적으로 차이가 있는 독자적이고 주체성을 가진 민족이라는 점을 강조하고 있습니다. 말하자면 《삼국유사》와는 다른 시각에서 민족자주의식과 몽골에 대한 저항 정신을 그 밑바탕에 두고 있는 것입니다. 《제왕운기》가 전하는 단군 이야기입니다.

처음 누가 나라를 열고 풍운을 열었느냐, 제석의 손자니 이름하여 단 군이라.
본기에 말하기를, 상제 환인에게 서자가 있어 웅이라 하였다.
삼위태백으로 내려가 널리 인간을 이롭게 하겠다고 하였다.
웅이 천부인 3개를 받아 귀신 3천을 거느리고 태백산 꼭대기 신단수 아래에 내려오니 이분이 단웅 천왕이다.
손녀에게 약을 먹여 사람 몸이 되게 하여 단수신과 결혼하여 아들을 낳고 그 이름을 단군이라 하니 조선 땅에서 왕이 되었다.
따라서 시라 고례 남북옥저 동북부여 예맥 모두가 단군의 후손이다.
1038년을 다스리고 아사달 산에 들어가 신이 되니 죽지 않기 때문이 다.

《제왕운기》역시 《삼국유사》처럼 고조선의 건국이념을 '홍익인 간'이라고 기록하고 있습니다. 사실 신화라는 것은 오랜 세월 입에서 입으로 전해져 오면서 이야기의 뼈대만 남고 구체적인 사실들은 시대 상황에 맞게 각색됩니다. 나중에는 지방마다 시대마다 서로 다른 이 야기가 되어 당초 이야기와 큰 차이를 보이기도 합니다.

그런 점에서 《제왕운기》의 단군신화가 《삼국유사》의 단군신화와 다소 차이가 나는 것은 어쩌면 당연한 것입니다.

그런데 어쩐지 우리가 평소 알고 있던 단군신화와 내용이 좀 차이가 있습니다. 곰과 호랑이가 마늘과 쑥을 먹으면서 사람이 되기를 빌었다는 얘기, 그중에 곰이 사람이 되어 환웅과 혼인해 단군을 낳았다는 얘기는 어릴 때부터 들어 알고 있습니다. 바로 《삼국유사》의 단군신화 얘기인데, 《삼국유사》에는 단군이 곰의 후손으로 나오는 반면 《제왕운기》에서는 단웅의 손녀, 즉 천손의 자손으로 나옵니다.

우리 민족의 시조를 하늘의 후손으로 보는가, 곰의 후손으로 보는가는 큰 차이가 있습니다. 비록 그것이 역사적 사실인지 신화인지 여부를 떠나서 말입니다. 학자들에 따라서는 당시에 웅족熊族과 호족虎族이 있었는데 《삼국유사》에서 이들 부족을 곰과 호랑이라는 동물로 상징해서 표현한 것이라고 해석하기도 합니다.

하늘의 자손인가, 곰의 자손인가 하는 견해 모두 신화의 영역인 것은 틀림없지만, 적어도 사료마다 다르게 표현되어 있는 것을 굳이 곰의 자손으로만 한정해서 이해하는 것은 잘못입니다. 이것이 오늘날 《제왕운기》를 보아야 하는 이유입니다. 누군가 의도를 가지고 우리 민족을 폄훼하려는 의도로 그런 것이라면 더욱 바로잡아야 합니다. 일제 시대에 우리의 역사를 왜곡한 일본 학자들과 그에 부화뇌동한 일부 조선의 관변 학자들이 《제왕운기》를 무시하고 《삼국유사》의 건국 신화만을 고집한 이유는 굳이 말하지 않아도 알 수 있을 것 같습니다.

두 책에 나타나는 단군신화의 내용은 이처럼 차이가 있지만, 홍익인간이라는 건국이념만큼은 동일하게 전하고 있다는 점에 주목할 필요가 있습니다. 《제왕운기》와 《삼국유사》에 동시에 기록되어 있다는 것은 홍익인간이라는 개념이 어느 한 개인의 창작물이 아니라는 증거이기 때문입니다. 두 책에 동시에 기록된 사실로 볼 때, 홍익인간의 건국이념이 당시 고려인들에게 널리 알려져 있었다는 것을 알 수 있습니다. 기록으로 남긴 때가 고려시대이므로 사람들의 입에서 입으로 전해져 내려온 역사는 그보다 훨씬 오래전의 일일 것입니다. 우리 조상들은 아마도 추측컨대 '우리가 누구냐, 홍익인간의 후예 아니냐' 하면서 높은 긍지와 자부심으로 살아왔을 것입니다.

《제왕운기》는 특히 단군을 신화가 아닌, 한민족의 역사적 시조로 봅니다. 신라 고구려 남북옥저 동북부여 예맥 등이 모두 단군을 동일 조상으로 계승한 것이라고 기록하고 있습니다. 고구려를 자기네 역사라고 주장하는 중국 사람들에게 《제왕운기》를 한 권씩 선물하는 것도 좋을 것 같습니다. 이처럼 단군 이야기를 담은 중요한 사서로서 《제왕운기》가 《삼국사기》나 《삼국유사》에 비해 홀대받고 있는 것은 일제 시대 친일 사학계의 묵은 때를 다 벗지 못했기 때문이 아닌가 생각합니다.

이 밖에도 고조선이나 단군신화에 대한 기록이 나오는 문헌은 많이 있습니다. 《고려사지리지》 《세종실록지리지》 《신증동국여지승람》 《동국통감》 《택리지》 《순오지》는 물론 《동몽선습》에도 등장합니다. 특히 조선시대의 사서인 《동국통감》에서는 고조선의 건국을 '요 즉위 25년 무진'으로 기록하고 있는데, 단기 원년을 기원전 2333년으로 정한 것은 바로 여기에 근거한 것입니다.

화랑도의 사회 통합 정신

지난 1989년에 우리 역사학계에 큰 충격을 준 사건이 있었습니다. 고려시대 이후로 사라진 것으로 알려진 《화랑세기花郎世記》가 발견되었다고 보고되었기 때문입니다. 《화랑세기》는 고려시대 당시만 해도 현존하고 있었습니다. 《삼국사기》에 의하면, '저자 김대문은 귀족 집안의 자제로서 성덕왕 3년(704)에 한산주 도독으로 임명되었으며, 그가 몇몇 전기를 지었는데 그중 《고승전高僧傳》《화랑세기花郎世記》《악본樂本》《한산기漢山記》가 남아 전하고 있다'는 기록이 있습니다.

그러나 《화랑세기》가 어떤 내용의 책인지 자세히 전하는 바가 없었는데, 1200여 년의 세월이 지난 최근에 원본을 옮겨 적은 필사본이 발견됐다고 하니 학계가 떠들썩했던 것도 전혀 무리가 아니었습니다.

이 필사본에 얽힌 이야기는 이렇습니다. 일제 시대 때인 1933년, 당시 일본 궁내성에 왕실도서관 사서로 근무했던 박창화(1889~1962)라는 분이 있었는데, 그가 《화랑세기》 원본을 보고 몰래 필사해서 국내에 들여왔습니다. 그러나 그는 내용이 난잡하다고 생각해 학계에 내놓지 않고 세상을 떠났다 훗날 이를 보관해 오던 후손들이 그 자료를 세상에 내놓게 되었다는 것입니다.

과연 그가 필사했다는 원 자료가 진본 《화랑세기》인지, 또 필사본이 진본 《화랑세기》를 가감없이 제대로 옮겨 적은 것인지는 확인할 방법이 없습니다. 학계는 박창화가 필사했다는 진본을 찾기 위해 백방으로 노력하고 있지만 아직까지 찾지 못했습니다.

《화랑세기》 필사본은 서기 540년부터 681년까지 화랑도의 우두머리인 32명의 풍월주에 대한 이야기를 상세히 전하고 있습니다. 여러 화랑들의 이야기를 골자로 해서 골품제 사회였던 신라의 내밀한 친인척 관계가 흥미진진하게 기록돼 있습니다. 행간을 읽다 보면 지금까지 알려져 있지 않던 당시 신라인들의 풍습까지 알 수 있는 귀중한 자료입니다.

박창화의 행적이나 생전에 지인들에게 했다는 이야기를 종합해볼 때, 진본이 일본 왕실 도서관이나 혹은 제 3의 장소에 옮겨져 보관돼 있을 가능성이 높습니다. 그러나 임진왜란 때나 일제 때 강탈당한 문화유산이 얼마나 되는지 파악조차 되지 않는 형편입니다. 그러니 이 사료들을 돌려받는 것은 말할 것도 없고 찾기만이라도 했으면 좋겠지만 그것도 모래밭에서 바늘 찾기만큼이나 어렵습니다. 선조들의 얼과 혼이 담겨 있는 유물인데, 잃어버린 우리나라 역사의 고리를 되찾기 위해서라도 언젠가 꼭 돌려받아야 하겠습니다.

《화랑세기》 필사본을 우리가 특별히 주목하는 것은 신라 화랑도에 관한 생생한 이야기를 1200년 전 신라인의 목소리를 통해 직접 들을 수 있기 때문입니다. 아직까지도 필사본의 진위 여부를 놓고 학계가 논쟁을 계속하고 있으니 《화랑세기》에 출연한 화랑들의 이야기는 후일을 기약할 수밖에 없겠습니다. 우선은 《삼국사기》에 기록된 내용을 토대로 화랑의 모습을 유추해보고자 합니다.

김대문의 《화랑세기》에서 화랑도에 대해 이렇게 말했다.
'어진 재상과 충성스러운 신하가 이에서 나왔고, 훌륭한 장수와 용감한 병사가 이에서 생겼다.'

당나라 영고징의 《신라국기》에서 이렇게 말했다.
'귀인의 자제 중에서 훌륭한 자를 선발하여 곱게 꾸민 다음, 이름을
화랑이라 하여 백성들이 모두 떠받들어 섬겼다.'

화랑도에 관한 이야기는 《삼국유사》에도 나옵니다. '무리를 뽑아
서 그들에게 효제孝悌와 충신을 가르쳐 나라를 다스리는 대요大要로 삼
는다'고 기록되어 있습니다.

민간에서 아름답고 요염한 낭자를 택하여 원화로 받들었다. 무리를
뽑아서 그들에게 효제와 충신을 가르쳐 나라를 다스리는 대요로 삼
는다.
…… 다시 명령을 내려 양가의 남자로서 덕이 있는 사람을 뽑아 이
를 화랑이라 고치고, 처음 설원랑薛原郎을 받들어 국선國仙을 삼으니 이
것이 화랑 국선의 시초였다.

《삼국사기》와 《삼국유사》에 나오는 화랑도의 가장 큰 역할은 국
가의 인재를 발굴하고 양성하는 것이었습니다. 화랑도는 신라 법흥왕
때인 6세기 초에 조직되어 삼국통일의 위업을 달성하고 신문왕 때 공
식적으로 폐지되었으니 대략 140여 년 간 유지된 조직이었다고 볼 수
있습니다.
법흥왕 당시 가야를 복속하고 곧바로 '원화'라는 이름의 조직을 만
들었습니다. 이 조직이 진흥왕 때 화랑도로 이름을 바꾸고 체계를 갖
춘 조직으로 발전했습니다. 김유신, 김흠춘, 사다함, 관창, 김춘추 같

은 이들을 배출하면서 신라의 전성기를 이끄는 데 큰 공헌을 했습니다. 《삼국사기》에는 바로 이런 화랑들의 활약상을 자세히 전하고 있습니다.

화랑도는 그 후로도 비록 전성기 때의 조직 형태는 사라졌지만, 계속해서 통일신라시대까지 그 명맥을 유지했습니다. 화랑도는 평상시에 집단으로 활동하면서 신라 사회의 동량으로 성장했고, 전시에는 나라를 지키는 무사 집단으로 큰 공을 세웠습니다. 화랑도 하면 먼저 떠오르는 것이 '세속오계'인데, 이 세속오계는 원광법사가 귀산 등 여러 화랑에게 내려 준 것이라고 《삼국사기》에는 전하고 있습니다.

충성으로써 임금을 섬기고事君以忠 사군이충, 부모에게 효도하며事親以孝 사친이효, 믿음으로 벗을 사귀고交友以信 교우이신, 싸움에 임해서는 물러남이 없으며臨戰無退 임전무퇴, 함부로 살생하지 말라殺生有擇 살생유택는 세속오계의 가르침은 당시 화랑도의 성격과 역할이 어떠했는지를 알려줍니다. 뿐만 아니라 유불도 3교가 신라인들의 일상생활에서 매우 친근하고 조화롭게 상생하며 발전해왔다는 것을 말해주는 증거이기도 합니다.

화랑도의 가장 큰 특징은 조직 구성에서 골품제에 기반하고 있으면서도 일반 평민까지 포괄하고 있다는 점입니다. 화랑의 가장 우두머리격인 풍월주風月主와 그 밑의 화랑들은 모두 골품을 받은 사람들로 구성되었으나, 화랑 밑의 낭도들은 귀족과 평민을 막론하고 함께 편재되어 있었습니다.

이것은 매우 중요한 의미가 있습니다. 골품제라는 엄격한 신분사회에서 왕족과 귀족과 평민이 하나의 조직 안에 함께 있었다는 것은 세계사에서 그 유례를 찾기 힘듭니다. 또한 화랑 중에는 김유신처럼 가야의 왕통을 이은 사람들까지 포괄하고 있는 것을 고려하면, 화랑도의 설치 목적이 무엇이었는지 가늠할 수 있습니다. 그 목적 가운데 하나는 이 조직을 통해 궁극적으로 신라 사회를 하나의 공동체로 구현하고자 한 것입니다. 당시 신라는 가야를 복속하면서 사회 곳곳에서 여러 가지 갈등이 있었으며, 신분사회의 일반적인 병폐로부터도 자유롭지 못했습니다.

일부 학계에서는 화랑도의 기원에 대해서 고조선의 홍익인간 정신을 기반으로 삼한의 청년 공동체 조직이 발전해 온 것이라고 말합니다. 이에 대해서는 더 많은 사료가 뒷받침되어야 하겠지만, 화랑도가 왕족이나 귀족 집단의 폐쇄적이고 일시적인 조직 형태가 아니라, 사회통합적이고 어려움에 함께 대처하는 공동체 지향의 조직이었다는 것은 분명한 사실입니다. 무리를 지어 산천을 다니며 호연지기를 기르고, 서로 이끌어주고 밀어주며 나라가 어려움에 처해 있을 때는 목숨을 바쳐 충성을 다하는 것이 화랑의 사명이었습니다.

화랑도는 정치사회적 통합 역할을 한 것 외에도 유학과 불교 같은 외래 사상을 전래의 고유 사상과 잘 융합하는 데에도 큰 역할을 했습니다. 《삼국사기》의 〈신라본기〉에 다음과 같은 글이 소개돼 있습니다.

최치원은 <난랑비 서문>에서 다음과 같이 말했다.
'우리나라에는 현묘한 도가 있으니, 이를 풍류라고 하였다.
이 교를 창설한 내력은 선사仙史에 자세히 밝혀져 있는데, 이는 실제로 3교의 사상을 포함하고 있으며 이로써 중생을 교화하자는 것이다. 즉 집에 들어와서는 부모에게 효도하고 집 밖에 나가서는 나라에 충성하는 것이 곧 공자의 뜻과 같고, 무위의 일에 처하며, 무언의 가르침을 행하는 것은 노자의 뜻과 같으며, 모든 악행을 하지 않고, 모든 선행을 실천하는 것은 석가의 교화와 같은 것이다.'

현묘한 도로써 중생을 교화한다接化群生는 생각은 멀리 고조선의 홍익인간 사상과 닿아 있고, 구한말 동학의 인내천 사상과도 그 맥을 같이 하는 것으로 우리 민족의 사상 체계에서 차지하는 비중이 매우 큽니다. 여기서 3교는 유교, 불교, 도교를 가리키는 것인데, 우리나라 고유의 현묘한 도가 있어 이를 풍류도라 하고 이 풍류도가 3교의 가르침을 모두 포함하고 있다는 뜻입니다. 당대에 유행하던 3교의 좋은 교훈이 풍류 사상에 구현되어 있었다는 이야기입니다. 그렇다면 전래의 풍류 사상은 그 훨씬 이전에 이미 우리 민족의 생활과 정신세계에 깊이 뿌리를 내리고 발전해왔다는 뜻입니다.

흔히 유교 불교 도교를 혼합해서 화랑도를 만든 것이라고 오해하는 경우가 있습니다. 그러나 《삼국사기》가 전하는 바로는 화랑도가 외래의 사상을 모방해서 만든 것이 아니었다는 사실을 확인할 수 있습니다. 이미 오래전에 고유의 풍류 사상이 있어 이것을 정신적 토대로 해서 화랑도를 만들었고, 거기에 외래의 유교, 불교, 도교의 장점을 흡수한 것이라고 보아야 합니다.

풍류 사상에 대해 좀 더 생각을 거슬러 올라가보면, 그 원천이 《삼국유사》나 《제왕운기》에 전하는 '홍익인간'의 정신과 이어집니다. 풍류 사상에 관해서는 학자들마다 견해가 다르지만, 자연 합일과 공존

상생을 추구하는 공동체 지향적인 사상이라는 점에 대해서는 대체로 의견을 같이 하고 있습니다. 유학이나 불교처럼 독자적인 학문이나 사상 체계를 이루지 못한 한계는 있지만, 자연과 더불어 서로 존중하고 상생하는 생활철학으로 이를 실천해왔다는 점에서 풍류 사상은 홍익인간의 정신과 그 맥을 같이 합니다.

《논어》의 〈자한〉편에서 공자는 "군자의 나라, 구이九夷에 가서 살고 싶다"고 했습니다. 구이는 곧 조선인데, 한나라 동방삭이 편찬했다고 알려져 있는 《신이경神異經》에는 공자가 가고 싶어 한 군자의 나라에 대해 이렇게 씌어 있습니다.

동방에 사람들이 있는데
남자들은 명주 띠를 두르고 검은 갓을 쓰며
여자들은 옷을 분별하여 입고 항상 공손히 앉는다.
서로 범하지 아니하며,
서로 존중하고 헐뜯지 아니하며,
남이 환란을 당하면 목숨을 내걸고 이를 구하여 주니
어리석은 듯 보이나 이들을 이름하여 선인善人이라 부른다.

《후한서》〈동이전〉에도 이와 유사한 대목이 나옵니다. "착하여 생명을 아끼고仁而好生, 타고난 성품이 유순하며天性柔順, 도로써 다스리는易以道御 군자의 나라"라고 기록하고 있습니다. 이 외에도 여러 곳에 동이족에 대한 기록이 있는데, 특히 활을 잘 쏘고 춤과 노래를 좋아했다고 합니다.

　이런 기록들을 종합해볼 때, 우리 선조들이 세운 나라는 생명을 사랑하고, 공동체를 위해 헌신하며 춤과 노래를 즐기면서 서로 화합하는 군자의 나라였습니다. 수천 년 동안 여러 왕조가 흥망성쇠했지만 이 같은 사상 전통과 문화가 입에서 입으로, 생활과 철학으로, 귀족과 평민을 가리지 않고 면면히 이어져 왔다는 점은 놀라운 일입니다.

　1940년 5월 경주 석장사지 뒤 언덕에서 돌 하나가 발견되었습니다. 그 돌에는 모두 한자 74자가 씌어져 있었는데, 일명 '임신서기명석壬申誓記銘石'이라고 부르는 돌입니다.

　임신년 6월16일에 두 사람이 함께 서약하여 기록한다. 하늘에 맹세한다. 지금으로부터 3년 이후까지 충성스러운 도리를 간직하고 과실이 없기를 맹세한다. 만일 이 맹세를 어기면, 하늘로부터 큰 죄를 받을 것이라고 맹세한다. 만일 나라가 불안하고 세상이 크게 어지러우면 가히 모름지기 충성스러운 도리를 행할 것을 맹세한다. 또 따로 앞서 신미년 7월22일에 크게 맹세하였다. 시, 상서, 예전을 차례로 습득하기를 맹세하되 3년으로써 한다.

　이 돌은 신라의 두 화랑이 교우이신의 의리로, 나라에 충성을 다하고 열심히 공부하자는 뜻을 새긴 것으로 현재 보물 1411호로 지정되어 경주박물관에 소장돼 있습니다.

　인용된 유교 경서의 이름이나 경서의 유입 시기 등을 고려해볼 때

임신서기명석을 제작한 연대는 552년^{진흥왕 13년}, 612년^{진평왕 34년}, 662년^{문무왕 2년}, 732년^{성덕왕 31년} 등으로 추측되지만 자세한 연도는 확인되지 않고 있습니다. 세속오계의 덕목들을 실천하고자 노력하는 당시 화랑들의 행적 뿐 아니라 신라 청년들의 의로운 기개가 잘 나타나 있는 귀중한 유물입니다.

화랑도에 관한 또 하나의 역사적 기록이 있는데 통일신라시대 경문왕 때 다음과 같은 일화가 전해져 내려옵니다.

왕의 휘^諱는 응렴^{膺廉}이다. 그는 18세에 국선이 되었다. 약관에 이르렀을 때, 헌안대왕이 낭^郎을 불러 전중^{殿中}에 잔치를 베풀고는 물었다.
"국선이 되어 사방을 돌아다니면서 무슨 기이한 일을 본 일이 있는가."
낭이 대답했다.
"신이 미행자^{美行者} 3인을 보았습니다. 남의 윗자리에 있을 만한 사람이면서도 겸손하여 남의 밑에 앉은 이가 있으니 그 첫째요, 부자이면서도 옷차림을 검소하게 하는 이가 있으니 그 둘째요, 본래부터 귀하고 세력이 있는데도 그 위력을 부리지 않는 이가 있으니 그 셋째입니다."

《삼국유사》 제 2권 〈경문왕〉 편에 나오는 이야기로 흔히 삼미행^{三美行}이라 부르는 유명한 일화입니다. 사유^{四維} 즉, 예의염치^{禮義廉恥}를 숭상하고 일상생활이 겸손하고 검소함을 추구한 조선시대 선비정신과 통일신라시대의 화랑정신이 사상적으로 통하고 있다는 점에서 주목할 만한 일입니다. 무릇 전통은 하루아침에 이루어지는 것이 아닙니다. 삼미행은 세속오계와 더불어 화랑정신을 이해하는 중요한 열쇠입니다.

화랑도는 귀족만으로 구성된 조직이 아니었습니다. 화랑도는 엄격한 골품 사회였던 신라에서 신분 사회의 한계를 뛰어넘고 위로는 왕족과 아래로는 서민들까지 포괄하는 광범한 조직이었습니다.

흔히 '기사도騎士道'라 불리듯이 중세 유럽에서 기사들을 중심으로 전사의 규율과 도덕에 관한 사례들이 많이 나타나지만 그것을 화랑도와 비교할 수는 없습니다. 화랑도는 규율과 도덕에 머물지 않습니다. 거기에는 사람된 도리를 실천하고 서로 권면하며, 유불도를 포함하는 독특한 사상과 정신세계가 있고, 공동체에 기여하고자 하는 숭고한 뜻이 있습니다. 무리들이 신분의 차이를 막론하고 광범위하게 참여해 전시에는 누구보다 앞장서서 나라에 충성을 다하고, 평상시에는 서로 돕고 이끌어주는 믿음과 헌신의 관계가 바로 화랑도였던 것입니다.

한때의 전사 조직이 아니라 화랑도 조직이 짧게는 100여 년, 길게는 수백 년 간 유지되어온 것은 오랫동안 전승되어온 공동체 지향적인 사상이 그 밑바탕에 있었기 때문입니다. 이러한 사상은 유학과 불교 같은 외래 사상을 창조적으로 받아들여 독특한 우리 민족의 정신세계를 이루면서 오늘까지 이어져왔습니다. 화랑도는 한국 문화와 사상의 독창성, 주체성을 보여주는 역사적인 사례입니다. 모두 함께 어울려 생활 속에서 노블레스 오블리주를 실천한 화랑도야말로 우리나라 노블레스 오블리주의 효시라 해도 손색이 없을 것입니다.

백제와 고구려에도 화랑도에 견줄 만한 유사 조직이 있었다고 알려져 있으나, 자세한 기록이 없어 실체는 알 수가 없습니다.

공동체 지향성과 통일 지향성

홍익인간이라는 건국이념을 시작으로 풍류 사상과 화랑도를 역사적인 연속선상에서 보면 두 가지 큰 특징이 있습니다. 우선 전통적인 우리 민족의 고유한 이념과 정서는 유난히 다른 나라와 다르게 공동체 지향성이 크다는 것입니다. 그리고 또 하나는 이 같은 우리 민족의 고유한 이념과 정서가 유교나 불교, 도교와 같은 외래 사상을 배타하지 않고 잘 융합함으로써 조화로운 통일을 이룩했다는 점입니다.

사실 공동체 지향성과 통일 지향성은 같은 의미입니다. 내부에 다양성을 존중하고 차이를 인정하는 바탕이 없다면 공동체는 해체되기 마련입니다. 통일이라는 말은 이미 내부에 차이가 있음을 전제로 하는 말입니다. 차이를 무시하면 획일이 됩니다.

하나의 이념과 사상이 다른 이념과 사상을 지배하고 복종시키려 하는 것이 아니라 상대를 인정하고 서로 선의의 경쟁을 통해 상호 발전을 추구려고 노력하지 않았다면, 좁은 한반도 안에서 고구려, 백제, 신라가 그토록 오랫동안 안정적인 삼각 구도를 유지할 수 있었을까요.

고려나 조선이 불교나 유교 혹은 도교 중에서 어떤 사상 이념을 숭상했든지 간에 상대를 적대하지 않았습니다. 근대에 천주교와 기독교가 들어왔을 때에도 사정은 마찬가지였습니다. 서구 유럽과 중동은 종교의 차이를 빌미로 수많은 전쟁과 내란을 치렀습니다. 그리고 지금도 싸움이 계속되고 있는 것을 생각해 보면 우리나라처럼 공존과 상생의 원칙에 충실한 나라도 없습니다. 간혹 지배 계층 사이에 사상이나 신념의 차이로 사화士禍와 같은 정쟁이 있었지만 그것도 권력 투쟁이라는 속성이 빚어낸 일일 뿐이었습니다. 일반 평민들에게 종교나 신념, 사상의 차이는 큰 문제가 되지 않았을 뿐 아니라 오히려 서로가 서로를 보충하면서 삶 속에서 같이 녹아들었던 것입니다.

화랑의 활약상

《삼국사기》〈무열왕〉편에는 백제와 신라가 벌인 최후의 일전을 자세히 전하고 있는데 화랑들의 활약상이 눈부십니다.

장군 흠순이 아들 반굴에게 말하였다.
"신하된 이에게는 충성보다 귀중한 것이 없고, 자식의 도리로는 효도만한 것이 없다. 이 위기를 당해 목숨을 바친다면 충성과 효도가 함께 온전히 갖추어질 것이다."

이에 반굴이 "삼가 분부 말씀 들어 알겠습니다" 하고, 곧장 적진으로 들어가 힘껏 싸우다 죽었다. 좌장군 품일도 이들 관창을 불러 말 앞에 세우고, 여러 장수들을 가리키며 말하였다.

"내 아들 나이가 겨우 열여섯 살이지만 뜻과 기백이 제법 용맹하니 오늘 싸움에서 삼군의 모범이 될 수 있을 것이다."

관창이 "예!" 하고는 갑옷에 말을 타고 창 하나를 가지고 적진으로 달려들어갔으나 적들에게 사로잡혀 계백에게 보내졌다. 계백이 투구를 벗기게 하더니 그가 어린 나이에도 용맹한 것을 아깝게 여겨 차마 해치지 못하고 이내 탄식해 말하기를 "신라를 적대할 수 없겠구나. 소년조차 이러하니 하물며 장사들이야 어떠하겠는가" 하고는 그만 살려 보내도록 하였다.

관창은 다시 적진을 향해 질풍처럼 쳐나갔다. 계백이 그를 붙잡아 목을 베어 말안장에 매달아 보냈다. 품일이 그 머리를 잡아 드니, 흐르는 피가 옷소매를 적셨다. 품일이 말하였다.

"내 아들의 얼굴이 살아 있는 것만 같구나! 나라 일에 죽을 수 있었으니 다행이다."

삼군에서 이 모습을 보고 격정이 솟구쳐 죽음을 각오하고 진격하자, 백제 군사가 크게 패하였다. 계백이 여기서 죽었으며, 좌평 충상과 상영 등 20여 명을 사로잡았다.

2. 선비 정신과 향약·두레

선비의 나라, 조선

흔히 조선을 선비의 나라라고 합니다. 선비는 유자儒者니까 유교를 숭상하고 불교나 도교를 배척했을 것 같지만, 그들조차도 실제 삶은 유교에 근간을 두고 있으면서 불교나 도교를 배척하는 데까지 나아가지는 않았습니다. 그들이 반대하고 배척한 것은 혹세무민惑世誣民하는 일부 타락한 위선자들의 행태였습니다.

500년 조선을 이끌어온 선비들과 그들의 정신세계 그리고 그들이 살아온 삶을 들여다보면, 거기에는 유불도를 통합하고 주체적으로 발전시켜 온 우리 민족의 전통과 정서가 고스란히 담겨 있다는 사실을 이해할 수 있을 것입니다.

선비들의 삶이나 철학 사상이 서구의 노블레스 오블리주와 같다고 말하기 어렵습니다. 그러나 서구의 노블레스 오블리주와 선비정신을 비교하자면, 우리의 선비들이야말로 서구의 노블레스 오블리주가 지키고 추구하고자 했던 사람의 본분과 사회적 책임에 대해 더없이 풍부한 대답을 주고 있다고 단언할 수 있습니다.

조선 세종 때 지은 《용비어천가》에 선비라는 우리말이 처음 등장합니다. 그 이전에는 기록이 없기 때문에 언제부터 선비라는 말을 사용했는지 알 수 없지만 조선 초 《용비어천가》에 기록된 것을 보면적어도 한글 창제 이전부터 일반에 널리 쓰인 말이 아니었을까 추측됩니다.

[제 80장]

무공武功 뿐 아니 위흐샤 션비를 아르실씨 정치지업鼎峙之業을 셰시니이다.

토적討賊이 겨를 업스샤 딕 션비를 드슥실씨 태평지업太平之業을 빛나시니이다.

(촉한의 유비가) 무공만을 위하지 않고 선비를 아시매, 세 나라가 마주 서는 일을 세우신 것입니다.

(이 태조는) 도둑을 무찌르는 데 겨를이 없으시되 선비를 사랑하시매, 나라를 태평하게 하는 일이 빛나신 것입니다.

[제 82장]

혀근 션비를 보시고 어좌御座애 나르시니 경유지심敬儒之心이 엇더흐시니.

늘근 션비를 보시고 예모禮貌로 쑤르시니 우문지덕右文之德이 엇더흐시니.

(원 나라 세조는) 작은 선비를 보고 자리에서 일어나시니, 그 선비를 공경하는 마음이 얼마나 크십니까?

(이 태조는) 늙은 선비를 보고 예의를 갖추어 무릎을 꿇으시니, 그 학문을 높이는 덕이 얼마나 지극하십니까?

《용비어천가》는 조선 건국의 정당성과 선왕의 업적을 찬양하기 위해 지은 것으로 훈민정음으로 기록된 최초의 문헌입니다. 그중 제 80장과 82장에서 태조 이성계가 선비를 예의로 대하고 중용해 조선을 건국함으로써 태평성대를 열었다고 강조하고 있습니다. 선비를 중히 여기는 전통을 세우고, 장차 이들을 중심으로 나라를 일으켜 세웠으니 조선을 선비의 나라라고 한 것이 결코 근거없는 얘기가 아닙니다.

우리말 '선비'의 기원을 찾는 일은 선비의 실체를 이해하는 데 매우 중요하지만, 지난 수천 년 동안 많은 전란을 겪은 탓에 사료를 대부분 유실하다 보니 관련 기록을 찾는 것이 쉽지 않습니다.

선비라는 이름과 연관지어보면 고구려의 선인, 신라의 국선처럼 선비라는 이름과 의미가 유사한 명칭이 있었습니다. 《삼국지》〈위지 동이전〉 고구려편에 선인先人에 대한 이야기가 나오는데 10단계 관직 중 가장 낮은 관직으로 기록되어 있습니다.

그 나라에 왕이 있고 관직이 있어 상가, 대로, 패자, 고추가, 주부, 우태승, 사자, 조의, 선인이라 하니 높고 낮은 등급이 각각 있다.
…… 여러 대가들은 역시 스스로 사자, 조의, 선인을 두어 그 이름을 모두 왕에게 알리는데, 대부 벼슬하는 집의 가신들은 모임에서 앉거나 일어설 때, 왕가의 사자, 조의, 선인과 같은 열에 있지 못한다.

아직 왕권이 확고하지 않았던 3세기 경, 중앙 권력 기관과 함께 토착세력이 같은 이름의 사조직을 거느리고 있었고, 그 이름이 각각 사자, 조의, 선인이었다는 것입니다. 당시의 시대상에 비춰볼 때 이들은 무사武士 성격이 강했을 것이며, 왕권이 강화되면서 서서히 중앙 조직으로 편재되었으리라 짐작됩니다.

신라의 국선도 같은 맥락으로 이해할 수 있을 것입니다. 신라의 화랑도가 급속히 발전하는 과정을 보면서 고구려나 백제도 그와 유사한 집단을 양성했으리라고 추측하는 것은 어렵지 않습니다. 오히려 시기적으로는 고구려의 선인이 신라 화랑도의 결성보다 앞서는데, 크고 작은 분쟁이 계속되는 상황이었으니 이웃 나라끼리 이 같은 조직은 서로 경쟁하면서 발전해 갔을 것입니다.

전통적인 선인仙人이 삼국시대에 와서 선인先人혹은 국선國仙이라는 이름으로 문무를 겸비한 엘리트 집단이 되었습니다. 고려 말기 이후부터는 문사文士로서 서로 교류하고 후학을 양성하며 개혁적인 신진사대부로 등장합니다. 그들은 적극적으로 현실 정치에 참여해 관료 집단으로 편입되면서 본격적으로 선비의 나라, 조선을 이끌게 됩니다.

고려 말 주자학이 들어온 이래 유학은 근대 이전까지 조선의 전 시대를 아우르는 지배 사상이자 종교가 되었습니다. 특히 유학을 근간으로 하는 일군의 학자들이 조선을 개국하는 데 직접 참여함으로써 이 같은 현상은 더욱 탄력을 받았습니다. 유학은 명실 공히 이들의 정치적 신념의 모태이자 치세의 학문이기도 했습니다. 조선은 유학을 기반으로 500여 년을 유지하면서 근대로 이어졌습니다.

유교와 불교의 공존 상생

고려시대만 해도 유교와 불교는 상호 보완적인 관계로 발전해왔고 그 외에도 비교적 다양한 사상과 이념들이 병존해왔습니다. 고려는 건국과 함께 불교의 전통과 문화가 널리 확산되었습니다. 숭불책을 표방하고 불교를 국교로 한 나라가 고려입니다. 그러면서도 광종 때 과거제도를 도입하고 현종 때에는 북송과 교류하면서 유학을 널리 보급한 것도 고려입니다. 어찌 보면 참 헷갈리지만 이런 것이 바로 우리 선조들의 공존 상생하는 전통입니다. 불교를 숭상하지만 유학을 배척하지 않았던 나라가 바로 고려였습니다.

해동공자라 일컫는 최 충을 중심으로 신유학 활동이 성행하면서 오늘날의 사립학교와 같은 사학이 고려시대 초기부터 우후죽순처럼 생겨났습니다. 그 학통이 이어져 조선 건국의 주역인 신진사대부가 나왔으니 고려는 조선을 잉태하고, 조선은 고려를 모태로 태어났다고 해도 전혀 이상할 것이 없습니다.

불교는 불교대로 국가의 강력한 지원 속에서 성장을 거듭하면서 고려가 망할 때까지 그 영향력을 꾸준히 유지했습니다. 유학과 불교는 이처럼 큰 마찰 없이 상호보완적인 관계로 오랫동안 평화를 유지하면서 독자적인 발전을 도모해왔던 것입니다.

고려 성종 때의 개혁 정치가로 이름을 떨친 최승로는 통일신라의 귀족 집안 출신으로 특히 《논어》에 밝았다고 합니다. 그가 올린 '시무 28조'는 이른바 개혁 상소문으로 각종 폐단을 시정하고 새로운 제도를 도입함으로써 고려 왕조의 기틀을 세우는 데 기여했습니다. 《고려사》〈열전〉 최승로편에 그가 올린 시무책 28조 가운데 22조가 전해지는데, 그 내용 중에 당시 불교와 유교의 관계를 설명한 대목이 눈에 띕니다.

불교를 행하는 것은 몸을 닦는 근본이요,

유교를 행하는 것은 나라를 다스리는 근원이니
몸을 닦는 것은 내생을 위한 것이며,
나라를 다스리는 것은 곧 오늘의 일입니다.

일각에서는 최승로의 개혁안이 불교를 견제하고 유학을 기본으로 새로운 통치 질서를 세우기 위한 것이라 하여 유학과 불교의 갈등으로 해석하기도 합니다. 하지만 그 내용의 핵심은 근본적으로 백성들의 고통을 덜고 왕조의 기틀을 마련하기 위해 폐단을 해소하자는 것이었습니다. 이를테면 연등회와 팔관회에 백성을 동원해 강제로 노역을 시키지 못하도록 한다든가, 궁궐의 노비가 지나치게 많으니 줄여야 한다는 것들입니다. 최승로는 상소문의 대부분을 할애하면서 통치의 근본이 백성들을 편안하게 하고 그들의 고통을 덜어주는 것이라는 점을 강조했습니다.

이 같은 정신은 비단 최승로에 국한한 것이 아닙니다. 강력한 숭불 정책을 펼쳤던 고려시대 전반에 걸쳐서 유학과 불교를 비롯한 사상, 종교, 이념이 모두 백성들의 생활 속에서 친숙하게 공존했습니다. 봉행의 근본을 백성에게 두고 이를 실천하는 데 유학과 불교가 합력했다는 것은 이전의 3교를 아우르는 화랑의 통합 정신이 줄기차게 이어져온 증거이기도 합니다.

고려시대 최고의 국가 축제였던 팔관회八關會를 보면 이 같은 정신을 확인할 수 있습니다. 팔관회는 태조 왕 건의 유훈에 따라 고려가 멸망할 때까지 꾸준히 개최되었습니다. 의식은 주로 불교의 형식을 따랐으나 불교 행사에 머물지 않고 유교와 도교는 물론 다양한 민간신앙까지 아우르는 명실 공히 사회통합적인 행사로 성대히 치렀습니다.

팔관회는 팔관재회八關齋會라는 불교 의식에서 유래한 것입니다. 행사가 열리는 기간 동안 여덟가지 계율을 지키고 수행한다는 뜻으로 팔관회라 이름 지은 것입니다. 불교에서 말하는 살생·도둑질·간음·헛된 말·음주를 금하는 오대계五大戒에 사치하지 말고, 높은 곳에 앉지 않고, 오후에는 금식해야 한다는 세 가지를 덧붙여 모두 여덟가지의 계율을 하루 낮 하루 밤 동안 엄격히 지키게 했습니다.

이 행사는 개인적인 수양의 차원에 머무르지 않고 나라의 번영과 왕실의 안녕을 비는 범국가적인 행사였습니다. 또한 송宋 나라 상인이나 여진女眞, 탐라耽羅의 사절이 축하의 선물을 바치고 무역을 크게 행하는 등 국제 행사로 함께 즐겼습니다. 팔관회 의식이 치러지는 곳곳에 등을 달고 채붕綵棚이라는 비단 장막을 내걸었다고 하니 행사가 매우 화려하고 성대하게 치러졌음을 알 수 있습니다.

팔관회는 고려 문화의 꽃이라고 할 만큼 규모나 내용 면에서 충실했고, 고려라는 이름을 세계에 널리 알리는 데 큰 역할을 했습니다.

《삼국사기》에 전하는 바에 따르면, 신라 진흥왕 33년(서기 572)에 '전사한 장병을 위하여 지방에 있는 절에서 팔관연회를 일주일 동안 베풀었다'는 기록이 있습니다. 이후에도 여러 차례 팔관회를 개최했다고 하는데, 《고려사》에는 신라의 팔관회가 10월에 열렸다고 기록돼 있습니다. 훗날 궁예가 건국한 태봉에서도 11월에 팔관회를 열었다는 기록이 있습니다. 고려는 팔관회를 연중 10월과 11월 두 차례 개최했습니다. 이는 신라와 태봉의 전통을 함께 이은 것입니다. 최승로의 개혁 상소로 일시 중단되었던 때를 제외하고, 팔관회는 거의 매년 열렸고 고려시대 말까지 이어졌습니다.

《고려사》에 태조의 '훈요십조'가 전해지는데 그 내용을 살펴보면 팔관회의 성격과 백성을 위하는 태조의 마음을 이해하는 데 도움이 됩니다.

여섯째로 나의 지극한 관심은 연등과 팔관에 있다. 연등은 부처를 섬기는 것이요, 팔관은 하늘의 신령과 5악嶽, 명산, 대천, 용신을 섬기는 것이다.

훗날 여기에 함부로 이것저것 보태려는 간신들의 건의는 단호히 끊고 금지하여야 한다. 내가 당초에 이 모임을 국가 기일忌日과 겹치지 않게 하려고 마음먹은 것은 임금과 신하가 모두 함께 즐기기 위함이니 마땅히 이 뜻을 따라 시행하라.

일곱째로 임금이 백성의 마음을 얻는 것은 매우 어려운 일이다. 백성의 마음을 얻으려면 충언하는 자의 말을 귀담아 듣고 아부 아첨하는 말을 멀리해야 한다. 충언하는 말을 좇으면 훌륭한 임금이 될 수 있다. 참소하는 말은 꿀처럼 달지만 임금이 그 말을 불신하면 참소는 스스로 그치게 된다.

또 백성들에게 일을 시킬 때는 적당한 때에 맞춰 시켜야 하고, 부역과 조세를 가볍게 해야 한다.

농사짓는 것이 얼마나 어려운지 알아주면 자연히 백성들의 신망을 얻어 나라가 부강해지고 백성들은 편안해질 것이다.

옛사람이 말하기를, 좋은 미끼에는 반드시 고기가 물리고 큰 상을 내걸면 훌륭한 장수가 모인다고 했다. 또 활로 겨냥하면 새가 숨듯이

어진 임금 밑에는 반드시 착한 백성들이 있다고 하였다. 상과 벌이 적절하면 음양이 순조로워질 것이다.

팔관회처럼 전통을 소중히 계승하려는 노력과 백성을 근본으로 삼고 다양한 사상과 종교를 존중하는 포용과 화합의 정신 위에서 고려의 문화와 예술은 찬란히 꽃필 수 있었습니다.

조선의 숭유억불책

조선시대로 넘어오면서 유학은 국가의 통치이념으로 자리매김하고, 종전의 불교 사상과 생활양식은 급속히 유교 질서에 자리를 내주었습니다. 신진 사대부들은 유학으로 무장하고 일반 서민들의 생활 풍습까지 유교식으로 바꾸었으며, 순식간에 유학의 중앙집권을 완성했습니다.

신진 사대부들은 고려의 유습을 청산하는 차원에서 불교의 잔재를 없앴고, 그런 이유로 팔관회와 같은 행사는 더 이상 존속할 수 없었습니다. 관직에 나가려면 유학에 정통해야 했으며, 특히 정치에서 불교는 철저히 배제되었습니다.

그러나 유교가 극성했다고 해서 불교나 도교를 탄압하거나 그 명맥을 끊었다는 식으로 이해해서는 곤란합니다. 가문의 취향과 선택에 따라 유교, 불교, 도교는 각자의 방식대로 생존하며 서로의 영역으로 자유롭게 흘러 들어갔습니다. 마을마다 가까이에 법당, 사당, 성황당이 있었고, 유교의 예법을 따르면서도 불공과 보시를 배척하지 않는가 하면 고사나 굿판조차 마을 사람들이 함께 모여 미풍양속으로 함께 즐겼습니다.

서구 사회가 종교개혁과 르네상스를 거치면서 이슬람과 기독교, 유대교와 예수교, 신교와 구교가 수백 년 동안 전쟁을 치렀던 것과 비교하면 이 같은 우리의 공동체 지향적이고 통합적인 사고방식은 독특할 뿐 아니라 대범하기까지 합니다. 그러므로 조선이 숭유억불책을 폈다고 해서 불교를 탄압하고 토속신앙을 금했을 것이라고 생각하는 것은 선조들의 화합하고 공존상생하는 정신을 이해하지 못한 데서 생긴 오해입니다.

조선의 숭유억불책은 비록 양상은 달랐지만, 고려의 숭불책과 본질이 크게 다르지 않습니다. 시대적 환경에 따라 어느 한 종교나 학풍이 다른 종교나 학풍에 비해 주도적인 위치를 점하지만 다른 종교나 학풍을 지배하지 않는다는 점에서 그렇습니다. 여러 사상과 문화를 수용해 더 큰 하나로 통일한 화랑도 정신이나 숭불책을 표방한 고려에서 유학이라는 학문의 기틀을 마련한 것과 마찬가지로, 조선시대의 불교나 도교 역시 유학이 주도하는 사회에서 각자 깊이를 더하며 자기의 길을 갔던 것입니다.

'조선의 선비'는 분명 조선을 바탕으로 발전했습니다. 그러나 그들은 주자성리학의 이념과 다양성을 존중하는 고려의 풍토에서 성장기를 거쳤다 해도 과언이 아닙니다. 그들은 그 옛날 홍익인간의 모태에서 태어나 선인이자 화랑 혹은 선비라는 이름으로 성장해온 사람들입니다. 그들이 조선시대에 유자의 옷을 입었다 하더라도 그들의 진면모는 지행합일의 정신을 생활 속에서 실천하려는 철저함과 자신의 사상과 문화만을 고집하지 않는 포용성에 있다는 점을 이해할 필요가 있습니다.

농경문화와 공동체 정신

고유의 것을 계승하고 외래의 것을 배척하지 않으면서 이 모두를 하나로 융합해 공존할 수 있게 한 우리의 사상과 문화의 밑바탕에는 물론 농경문화의 전통이 깊이 자리하고 있습니다.

농경문화는 정착 문화입니다. 초창기 농경사회에서 인류는 특히 정착을 위한 필요충분조건을 마련해야 했습니다. 우선 입지가 중요합니다. 물을 쉽게 얻을 수 있고 토지가 비옥한 강 하류를 중심으로 문명이 발달했습니다.

자연 조건이 충족되면서 사람의 역할이 더한층 중요해졌습니다. 불확실하고 때로는 가혹하기까지 한 자연환경에 의존하기보다 사람들끼리 서로 힘을 모으거나 역할을 분담하는 것으로 생존의 위협을 극복해 나갔던 것이죠. 좋은 자연환경보다 일하는 사람이 중요하다는 사실을 자각하면서 사람들은 더욱더 공동체에 깊이 귀속되었고, 시간이 갈수록 사회는 더 많은 사람들의 집합체가 되어 분업과 협업 체계가 더욱 일반화될 수 있었습니다.

구성원은 구성원대로 이제는 그가 속한 사회경제공동체를 떠나서는 생존하기 어려웠던 만큼 서로 강한 유대감과 소속감으로 뭉치게 됩니다. 생산성이 향상될수록 소속감과 유대감, 공동체 의식은 더욱 강해졌습니다. 이러한 과정을 거치면서 토지를 기반으로 한 농경문화의 일반적인 특징 위에 민족 고유의 정서가 결합되면서 민족 고유의 문화가 탄생하게 되는 것입니다.

우리 민족은 오랜 역사를 지내오는 동안 '우리'라는 공동체 의식이 특히 강했고, 외래의 것을 흡수해 자기의 것으로 동화시키는 능력이 탁월했으며, 다양성을 존중하고 통일성을 지향하는 개방적이고 포용력 있는 민족으로 발전해왔습니다.

여기에 신분의 차이를 넘어선 우리 식의 노블레스 오블리주 전통이 형성되었습니다. 말하자면 사회적 책임의식과 상부상조의 전통은 특정 신분에 국한하지 않았다는 것입니다. 계, 향약, 두레, 품앗이 같은 풍속은 상부상조의 전통을 계승한 것입니다. 그리고 진대법, 구제도감, 혜민국, 의창, 상평창, 사창 같은 제도는 이 같은 상부상조의 전통을 법과 제도로 확립한 것입니다. 이는 오늘날의 사회복지 제도와 비교해도 뒤떨어지지 않을 정도로 다양한 형식과 방법으로 가난과 질병, 소외로 고통받는 백성들을 구제했고, 일제의 혹독한 민족말살정책에 의해 탄압받으면서도 그 명맥을 이어왔습니다.

유교를 바탕으로 왕도정치를 표방한 조선은 특히 임금을 만백성의 어버이라 부르고, 관리들은 목민관이라 칭할 정도로 어느 시대보다 사회적 책임의식을 강조했습니다. 지배 계층과 일반 백성들이 모두 강한 책임의식과 상부상조하는 미풍양속으로 결속되면서 왕도 정치의 이상을 실현하고자 힘썼던 선비의 나라가 바로 조선이었던 것입니다. 우리는 이 속에서 대의명분을 중시하고, 굳은 신념과 검소한 생활로 모범을 보이며, 나라가 위기에 처할 때마다 초개와 같이 목숨을 던진 선비들의 행적을 어렵지 않게 만나볼 수 있습니다.

조선의 선비

조선시대에 이르러 선비는 '유儒'나 '사士'와 거의 같은 뜻으로 쓰였습니다. 훈몽자회에 유자를 일컬어 도를 닦고 학문에 힘쓰는 사람修道功學日儒 수도공학왈유이라고 했는데, 이 유자를 곧 선비라 했던 것입니다.

우리말 사전에는 '학식이 있고 행동과 예절이 바르며 의리와 원칙을 지키고 관직과 재물을 탐내지 않는 고결한 인품을 지닌 사람'을 이르는 말로 풀이되어 있습니다. 이 말은 '사람 된 도리에 충실한 고귀한 인격체'라는 뜻인데, 조선시대에는 그런 고귀한 인격체들을 일컬어 '도를 닦고 학문에 힘쓰는 자 곧 유자'라 했으니, 성리학에 정통하고 왕도 정치의 이상을 실현하고자 하는 사람들을 조선의 선비라 불러도 큰 손색이 없을 것입니다.

살어리 살어리랏다 청산靑山애 살어리랏다
멀위랑 ᄃ래랑 먹고 쳥산애 살어리랏다
살어리 살어리랏다 바르래 살어리랏다
ᄂᄆ자기 구조개랑 먹고 바르래 살어리랏다

고려가요의 대표작인 〈청산별곡〉의 한 소절입니다. 운율과 깊은 서정성으로 가히 고려 문학의 백미라 할 만한 작품입니다. 이 작품의 배경이나 성격에 대해서는 학자마다 주장이 다릅니다. 안빈낙도하는 삶을 노래했다ㄱ고 하는가 하면, 권문세족의 약탈에 못 이겨 고향을 등진 고려 말엽 농민들의 애환을 담은 노래라는 해석도 있습니다. 고려가요가 나타난 시대적 배경을 생각하면 후자의 해석이 더 설득력이 있는듯 합니다.

원나라의 권세에 빌붙어 토지를 약탈하고 농민들을 노비로 삼아 호의호식하던 무리들이 득세하던 고려 말에 현실을 개혁하고자 하는 양식 있는 지식인 계층이 나타납니다. 정몽주, 길 재, 정도전, 권 근 같은 신진 사대부들이 바로 그들입니다.

이들은 권문세족을 몰아내고 개혁을 통해 도탄에 빠진 백성들을 구하고자 했고, 모두 주자학에 정통한 유학자들이었습니다. 정몽주처럼 고려를 재건하자는 측과 정도전처럼 역성혁명을 통해 새로운 나라를 건설하자는 측으로 나뉩니다. 훗날 이들은 사림파와 훈구파로 일컬어지듯 치열한 정치 투쟁과 사상 투쟁을 거치면서 조선시대 유학까지 학통을 전하게 됩니다. 이들은 대의명분을 중시하고, 절개를 위해 목숨 바치는 것을 주저하지 않았습니다. 이른바 선비정신의 원형이라고 할 만합니다.

선비에게 절의節義만큼이나 중요한 삶의 원칙이 있다면 그것은 바로 출처出處의 의리입니다. 율곡 이 이는 선비의 출처에 따른 도리를 이렇게 말하고 있습니다.

무릇 선비란 벼슬에 나아가 함께 도를 행하고, 모든 백성들이 기뻐하도록 힘쓸 일이며, 벼슬에서 물러나서는 배우고자 하는 이들을 가르쳐 몽매의 깊은 잠에서 깨어날 수 있도록 해야 한다. 벼슬에 나아가도 행할 만한 도가 없고, 물러나서 가히 물려줄 만한 가르침이 없다면 비록 선비라 자처해도 그를 참된 선비라 믿을 수 없다.

《율곡전서》 제 15권 〈동호문답〉 중에서

서양 귀족들의 노블레스 오블리주가 조선의 선비정신과 비슷하다고 느낀다면, 그들의 헌신과 희생이 백성을 위하는 선비의 정신과 닮았기 때문일 것입니다. 로마 귀족들은 공공성을 미덕으로 여겨 기부와 자선에 앞장서고, 전장에 나가서는 로마를 지키기 위해 목숨을 걸었습니다.

그러나 이러한 유사성이 있긴 하지만 로마 귀족들의 노블레스 오블리주와 조선의 선비정신 사이에는 근본적으로 차이가 있습니다. 로마의 귀족은 전쟁에 나가 무공을 세우는 것으로 정계 진출의 교두보를 삼고, 자선이나 기부를 통해 그들의 정치적 지위를 유지했습니다. 반면에 조선의 선비는 청렴을 벼슬하는 이의 근본으로 삼고, 검소함을 몸을 유지하는 터전으로 삼아 평생토록 쉬지 않고 실천하는 사람들이었습니다. 전쟁터에 나가 죽을 각오로 싸우는 것이 결코 쉬운 일은 아니지만, 청렴과 검소함을 평생 동안 지키며 산다는 것이야말로 보통의 신념과 정신으로는 불가능한 것입니다.

여기에 더해 출처의 의리라는 것이 있는데 관직에 나아가는 목적이 무엇이냐고 자신에게 묻는 것입니다. 출세해서 권력을 휘두르고 부귀영화를 누리는 것은 선비된 자가 세상에 나아가 할 일이 아니라는 경고입니다. 세상을 위해 꼭 해야 할 일이 있다는 분명한 이유가 없다면, 학문을 전해 후학들로 하여금 후일을 도모하게 하는 것이 옳은 일이라는 것입니다. 공무원이 되겠다고 하는데, 조선의 선비만큼 준엄한 원칙과 기준을 갖고 있었던 나라가 이 세상에 또 있었는지 모르겠습니다.

을파소乙巴素

《삼국사기》 <열전>에 을파소에 관한 기록이 있는데 선비를 이해하는
데 도움이 됩니다. 을파소는 고국천왕을 도와 진대법을 실시한 명재상이
었습니다.

국천왕國川王이 다음과 같은 영을 내렸다.
"요즈음 벼슬이 총애로써 주어지고 직위에 덕이 없는 사람이 진출하여
그 해독이 백성에게 퍼지고 우리 왕실은 동요하게 하였으니, 이것은 과
인이 밝지 못한 탓이다. 지금 너희 4부四部는 각기 아래에 있는 어질고 착
한 사람을 천거하라."
이에 4부는 동부東部의 안류晏留를 공동으로 천거하였다. 왕이 그를 불러
국정을 맡기려 하였더니 안류가 왕에게 아뢰었다.
"저는 용렬 우둔하여 참으로 큰 정치에 참여할 수 없습니다. 을파소는 성
질이 강직하고 지혜와 생각이 깊은데도 등용되지 못해 부지런히 농사를
지으며 살아가고 있습니다. 대왕께서 나라를 잘 다스리고자 하신다면 이
사람을 꼭 등용하십시오."
왕이 사람을 보내 겸손한 말과 정중한 예로 초빙하여 그를 재상으로 삼
으며 말했다.
"선생은 재주를 감추고 시골에 파묻힌 지 오래이나 지금 마음을 바꾸어
이렇게 오니, 이것은 사직과 생민의 복이오. 가르침을 받고자 하니 공은
마음을 다하여 주오."
파소는 나라의 부름에 응하기로 하고 물러나와 사람들에게 말하였다.
"때를 만나지 못하면 숨어서 살고, 때를 만나면 나아가 벼슬하는 것이 선
비의 도리이다不逢時則隱 逢時則仕 士之常也."
이에 지성으로 나라에 봉사하여 정치와 교화를 밝히고 상벌을 신중하
게 하니, 백성들이 편안하고 내외가 무사하였다.

예의염치禮義廉恥

사유四維는 선비가 지켜야 할 기본 수칙이자 선비의 나라, 조선을 지탱하는 네 가지 근본이었습니다. 《태종실록》, 《세종실록》, 《성종실록》에 여러 차례에 걸쳐 소개하고 있는데 원문은 《관자管子》〈목민편牧民篇〉에 나옵니다.

나라에는 네 가지의 근본이 있으니 그 가운데 하나가 끊어지면 나라가 기울고, 둘이 끊어지면 위태로워지고, 셋이 끊어지면 뒤집어지고, 넷이 끊어지면 망한다.
기우는 것은 바로잡을 수 있고, 위태로운 것은 안정시킬 수 있으며, 뒤집어지는 것은 일으켜 세울 수 있지만 망한 것은 다시 돌이킬 수 없다.
무엇을 일러 사유라 하는가. 예의염치가 바로 그것이다.
예란 절도를 넘지 아니함이요, 의란 스스로 나서지 아니함이며, 염이란 잘못을 은폐하지 아니함이요, 치란 그릇된 것을 따르지 아니하는 것이다.

측은지심惻隱之心, 수오지심羞惡之心, 사양지심辭讓之心, 시비지심是非之心은 각각 인仁, 의義, 예禮, 지智의 근원입니다. 맹자는 성선설의 관점에서, 이 네 가지 덕으로 천하의 백성들을 교화시킴으로써 왕도정치를 실현할 수 있다고 보았습니다. 인의예지의 덕은 다시 사유를 지키고 실천함으로써 선비의 삶과 나라의 흥망성쇄를 좌우하는 수칙이 됩니다.
《맹자》〈공손추편公孫丑篇〉에 나오는 사단四端에 대한 설명입니다.

불쌍히 여기는 마음이 없으면 사람이 아니고, 부끄러워하는 마음이 없으면 사람이 아니며, 사양하는 마음이 없으면 사람이 아니며, 옳고 그름을 아는 마음이 없으면 사람이 아니다.
불쌍히 여기는 마음에서 인이 나오고, 부끄러움을 아는 마음에서 의가 나오며, 사양하는 마음에서 예가 나오고, 옳고 그름을 아는 마음에서 지가 나오는 것이다.

조선시대의 유학을 당시 유행하던 여러 학문 분파의 하나라고 이해해서는 곤란합니다. 조선시대의 유학은 이미 하나의 세계관이고 인생관이며, 임금부터 모든 백성까지 지키고 따라야 하는 도덕이자 생활철학이었기 때문입니다. 그 사이에서 선비들은 임금과 백성을 잇고 정치와 풍속을 이으며, 각 계층을 하나의 공동체로 묶어 세우는 다리 역할을 했습니다. 또한 구체적인 삶에서 지행합일을 실천해 사회의 모범이 되어 사회 통합의 구심점이 되기도 했습니다.

우리나라 노블레스 오블리주의 역사는 태초에 홍익인간에 뜻을 둔 선각자와 그를 따르는 무리가 있어 도덕과 규범을 세우고, 모범을 서로 따라 배우며 공동체 안에서 상부상조하는 전통으로 이어져온 역사입니다.

이것이 바로 일부 고귀한 신분의 사회적 책무로서 노블레스 오블리주가 우리나라에서 시티즌 오블리주가 될 수밖에 없는 이유입니다. 또한 고귀한 사람들이 행하는 사회적 책무가 아니라 사회적 책무에 충실한 사람들이 고귀하다고 말하는 이유인 것입니다.

선비정신의 표상, 청백리淸白吏

청백리는 청렴결백淸廉潔白한 관리官吏라는 뜻으로 주로 사후에 부르는 말이고 생전에는 염근리廉謹吏라 불렀습니다. 염근이라는 말은 청렴과 근면을 뜻합니다. 청렴하되 근면하지 않거나, 근면하더라도 청념하지 못하면 염근리가 될 수 없었습니다. 염근리란 청렴하면서도 맡은 직분을 성실히 해내는 관리를 말하는 것이므로 지금이나 그때나 염근리가 되기는 쉽지 않았습니다.

관직에 나가 도를 행하는 선비들에게 염근리 혹은 청백리라는 별칭은 본인에게 영광인 것은 물론 가문의 명예를 높이는 최고의 영예가 아닐 수 없었습니다. 염근리로 선발되면 승진이나 보직에서 특혜를 받았고, 나라에서는 청백리의 자손들에게 관리가 될 수 있는 길을 열어주었습니다.

고려시대 때에도 청렴결백하고 근면한 관리를 표창한 예가 있었습니다. 그러나 제도를 마련해 청백리를 선정하고 후세까지 귀감으로 삼게 한 것은 조선시대에 들어와서 일입니다. 공식적으로는 태조 때부터 청백리를 선정하기 시작해 순조 때까지 지속되었고, 세도정치가 득세한 순조 이후에는 청백리를 뽑았다는 기록이 없습니다.

《청선고》는 조선시대 청백리들의 명단과 이력을 기록한 책인데, 여기에 기록된 청백리는 모두 186명입니다. 이 책에 실리지 않은 일부 인물들까지 포함하면 조선시대 청백리는 대략 200여 명 정도였을 것이라고 추측됩니다. 황 희, 맹사성, 유성룡, 이원익, 이항복 같은 분들이 청백리로 선정되었습니다. 그러나 심덕부나 조광조, 정약용 같은 인물이 선정되지 않은 것처럼 정치적인 이유 때문에 명단에 들지 못한 분들도 많이 있었습니다.

다산 정약용은 조선의 유학자로서 목민관이 지켜야 할 덕목과 도리를 연구하고 이를 몸소 실천한 행정가이자 개혁 사상가입니다. 다산은 그의 저서 《목민심서》에서 말하기를, "청렴이야말로 목민관의 으뜸가는 본분이요, 모든 선함의 근원이며, 모든 덕의 뿌리이니 일찍이 청렴하지 않은 이가 참다운 목민관이 되는 일을 보지 못했다"고 했습니다. 또한 "지혜있는 선비라면 자고로 청렴을 교훈으로 삼고 탐욕을 경계로 삼지 않을 수 없다"고 하며 청렴의 의미를 무엇보다 강조했습니다.

오리 이원익 선생은 황 희, 맹사성과 함께 조선시대 3대 청백리로 널리 알려진 분입니다. 조선 초기 건국의 기틀을 마련한 태종의 5대손이며, 왕족은 4대 동안 과거에 응시할 수 없다는 법규에 따라 5대손에 와서야 비로소 처음 과거에 응시해 관직에 오른 인물입니다.

명종 2년인 1547년에 태어나 임진왜란 와중에 영의정이 되었으며 인조반정 후 다시 영의정에 올라 민심을 수습하고 국가 안정에 크게 기여했습니다.

지방관이었을 때 가는 곳마다 탁월한 행정력으로 칭송이 자자했고, 백성들의 존경을 한 몸에 받았던 그는 율곡 이 이의 천거로 내직에 들어와 재상이 됩니다. 임진왜란 중에 이순신 장군이 모함을 받아 하옥되었을 때, "이순신이 만일 죄인이 되어 물러난다면 나라의 모든 일은 끝장이 난다"며 그의 무죄 방면을 건의하기도 했습니다.

《조선왕조실족》에 이원익 선생의 말년이 대한 기록돼 있습니다.

상이 승지를 보내 이원익李元翼의 안부를 묻게 하면서 승지에게 하교하기를,

"그의 기력은 어떠하고 살고 있는 집은 또 어떠한지 내가 자세히 알고 싶으니 일일이 서계하라" 하였다.

회계하기를,

"원익은 이미 극도로 쇠약해져 기력이 하나도 없기 때문에 돌아앉거나 누울 때에도 꼭 사람이 부축해주어야 했습니다. 그리고 살고 있는 집도 몇 칸 초옥草屋에 불과하여 바람과 비를 가리지 못하였습니다. 대대로 선영 아래에서 살아 오면서도 한 두락의 밭이나 두어 명의 노비도 없이 그저 온 식구가 월봉月俸으로 겨우 입에 풀칠한다고 하였습니다" 하니, 답하기를,

"40년 동안 정승을 지냈으면서 몇 칸 초옥에 살며 바람과 비도 가리지 못한다니, 그의 청백한 삶이야말로 옛날에 없던 일이다. 내가 평소 그를 경모했던 것은 그의 공덕功德 때문만이 아니다. 이공李公의 맑고 검소한 삶의 자세를 여러 관료들이 본받는다면 백성이 곤궁하게 될까 걱정할 것이 뭐가 있겠는가. 그의 검소한 덕행은 또한 높이 표창하여 드러내지 않을 수 없다. 해도該道로 하여금 정당正堂을 지어주게 하고, 해조該曹로 하여금 무명 이불과 흰 명주 요를 주게 함으로써 그의 높은 정신이 이어지도록 하라" 하였다.

이원익이 마침내 상소를 올려 저택을 사양하니, 상이 부드러운 말로 유시하며 윤허하지 않고, 공신에게 내리는 노비를 다른 예에 따라 주도록 명하였는데, 이는 이원익이 선조先朝 때 호성공신扈聖功臣에 녹훈되었으면서도 사패賜牌를 받지 않았기 때문이다.

겨울이 되어야 소나무 푸른 줄 안다 했듯이 조선시대의 청백리는 탐관오리의 학정이 판치는 세상에서 수기치인修己治人의 도를 실천한 귀감이자 모범으로서 오늘날까지 진한 향기를 전해줍니다. 이원익 선생이 생전에 쓴 글을 보면 얼마나 청렴을 중하게 여겼는지 알 수 있습니다.

세상 사람 중에 형제가 화목하지 못하는 것을 보면 대부분 부잣집에서 그러한데, 재물이 있으면 다툴 마음이 생겨 천륜을 상하게 하니, 재물이 바로 빌미가 되는 것이다. 자손들은 절대로 옳지 못한 재물을 모으지 말고 불인不仁한 부를 경영하지 말라. 다만 농사에 힘써 굶어 죽는 것을 면하면 옳을 뿐이다.

지난 2005년에 경기도 광명시 소하동에 충현박물관을 세워 이원익 선생의 행적을 기리고 있습니다. 이곳에는 보물로 지정된 그의 영정과 600여 점에 달하는 종가의 유물이 함께 전시되어 있습니다. 종가의 전통과 선비의 청렴한 도리를 한눈에 볼 수 있으니 정말 다행입니다.

서양의 기부와 동양의 청렴
서양식 노블레스 오블리주의 전형을 로마 귀족들의 기부 행위에서 찾을 수 있다면, 우리나라 노블레스 오블리주의 전형은 조선 선비들의 청렴과 근면에서 찾을 수 있습니다.
조선의 노블레스 오블리주는 청렴과 근면을 통해 모범을 보이는 방식으로 사회적 책무를 실천해왔습니다. 특히 자신에게 주어진 역할을 공평무사하게 처리하는 것으로 기본을 삼았습니다.

봉사하는 방법도 달랐습니다. 로마의 귀족들은 국가의 손길이 미치지 않는 공공 사업 분야에서 국가의 역할을 보충하는 방식으로 공헌했습니다. 반면에 조선의 선비들은 덕을 쌓고 검소한 생활과 후학양성을 통해 공동체 질서를 세워 나가는 것으로 사회에 기여했다고 볼 수 있습니다.

부<ruby>富</ruby>에 대한 관념에서도 로마와 조선은 큰 차이가 있습니다. 광범위한 영토 확장으로 많은 재산을 축적한 로마 귀족들은 기부 행위를 통해 부의 축적에 대한 사회적 양해를 도모할 수 있었습니다. 또한 공공 기부 행위를 통해서 자신이 축적한 부에 대해 어느 정도 도덕적 정당성을 부여받는 효과를 얻을 수 있었습니다.

반면, 조선의 선비들은 자급자족적인 농업 사회에 기반을 두고 있기 때문에 공동체 안에서 근면 성실을 한 축으로, 수탈과 착취를 또 한 축으로 해서 부를 얻을 수밖에 없었습니다. 그리고 전통적으로 사농공상에 대한 관념이 깊이 뿌리내리고 있다 보니, 사를 우대하고 농을 중심으로 하면서 공업과 상업을 천시하는 한계가 분명했습니다.

토지를 둘러싼 갈등이나 소작 쟁의는 농업을 근간으로 하는 조선 사회에 구조적인 모순으로 늘 상존하는 것이었으므로 부를 자칫 부도덕한 것이라 여기기 십상이며, 수탈과 착취가 심해질수록 농민들의 불만은 더욱 거세질 수밖에 없었습니다. 이 같은 사회적 환경 속에서 청렴결백과 근면은 선비의 으뜸 수칙으로 더욱 빛났으며, 계층 간 대립과 갈등을 완화하는 데 중요한 역할을 했습니다.

임진왜란과 의병

《논어論語》〈헌문편憲問編〉에 자로가 스승 공자에게 어떤 사람을 성인이라 부르는지 묻는 대목이 나옵니다. 이에 대해 공자는 지혜, 청렴, 용기, 예의와 예악禮樂을 두루 갖춘 사람이면 성인이라 할 수 있다고 하면서 다음과 같이 덧붙였습니다.

> 견리사의 견위수명 구요불망평생지언 역가이위성인의
> 見利思義 見危授命 久要不忘平生之言 亦可以爲成人矣
> 이로움을 보면 의로움을 생각하고, 위태로움을 보면 목숨을 바치며,
> 오랜 약속이라도 평생 잊지 않고 실천한다면 또한 마땅히 성인이라
> 할 수 있다.

이 글은 일제 시대 때 이토오 히로부미를 저격해 조선의 기개를 떨친 안중근 의사의 친필 서예 작품으로도 널리 알려져 있습니다. 위기에 처했을 때 이를 피하지 않고 목숨을 바치는 것이 선비의 도리라는 것을 웅변적으로 말해줍니다.

임진왜란 때 왜군에 맞서 싸운 의병들의 이야기는 나라가 위기에 처했을 때 목숨을 바친 선비의 도리를 이해할 수 있는 좋은 사례입니다. 의병은 자발적인 무장 부대로 농민이 주축을 이루었고, 전직 관료나 유학자, 승려가 지휘관으로 참여했습니다.

영남의 곽재우郭再祐, 김 면金沔, 정인홍鄭仁弘, 호남의 고경명高敬命, 김덕령金德齡, 김천일金千鎰, 충청의 조 헌趙憲, 함경도의 정문부鄭文孚 등이 대표적인 의병장으로 크고 작은 전투에서 많은 공을 세웠습니다.

최초의 의병장인 곽재우 장군은 퇴계와 더불어 영남학파의 양대 산맥이었던 남명南冥 조 식 선생의 수제자였습니다. 남명은 공리공론을 일삼는 당시 학계를 비판하면서 수기치인을 밑바탕으로, 경敬과 의義를 중시하는 실천주의 사상을 강조했습니다. 이에 감명을 받아 수많은 제자들이 그의 문하에 들어왔습니다. 임진왜란이 일어나자 이들은 견위수명見危授命하는 선비의 자세를 몸소 실천하는 것으로 지행합일을 이뤘습니다.

1592년 4월 13일, 왜군이 침략해 오자 같은 달 22일 제일 먼저 의령에서 의병을 일으킨 곽재우 장군은 왜군이 조선에서 완전히 패퇴할 때까지 의령, 창녕, 진주, 달성, 현풍 등지에서 맹활약했습니다. 육상전투에서 관군의 권 율과 정기룡 장군이, 해상에서는 이순신 장군이 있었다면 의병으로는 곽재우 장군이 있었다 할 만큼 그는 뛰어난 전략과 전술로 100여 차례의 전투를 승리로 이끌었습니다. 당시 영남에서 의병의 활약으로 왜군의 진격을 가로막아 호남의 곡창지대를 지킬 수 있었습니다. 곽재우 장군은 적의 후방을 끊임없이 교란함으로써 조선이 임진왜란을 승리로 이끄는 데 크게 기여했습니다.

영남에서 곽재우 장군이 활약하는 동안, 호남에는 고경명 장군의 이름이 높았습니다. 전쟁 당시 나라가 위험에 휩싸이자 고경명 장군은 두 아들과 함께 의병을 일으켰습니다.

국운이 비색하여 섬나라 오랑캐의 침략을 받아 국가가 무너질 지경에 이르렀는데 수령이나 관군들은 죽기를 두려워하여 도망치기 일쑤니 어찌된 일인가. 신하로서 왕을 잔학한 왜적 앞에 내버려둔단 말인가. 각 읍의 관군, 수령, 민중들이여! 무기를 들고 군량을 모아 모두 분연히 일어서라. 구국을 위해 다 함께 목숨을 걸고 앞을 다투어 나서자.

고경명 장군의 이 같은 호소에 힘입어 한 달 만에 6000명이 모여 들었습니다. 그는 의병을 이끌고 담양을 떠나 호남 방어의 교두보인 금산에서 치열한 전투 끝에 둘째아들과 함께 전사합니다. 고경명이 세상을 떠난 후 큰아들 종후가 다시 의병을 일으켰습니다. 능주에서 최경회, 보성에서 임계영, 남원에서 변사정 등이 재차 참전했는데 모두 고경명 휘하의 의병들입니다. 고경명은 조선 중종 때 개혁 실천가인 정암 조광조의 학통을 잇는 인물로 관직에서 물러난 뒤 곧바로 의병장으로 활약하다 전사함으로써 선비의 의로운 기개를 크게 떨쳤습니다.

중봉重峯 조 헌은 율곡 이 이의 문하생이었습니다. 임진왜란이 일어났을 당시 귀양살이에서 풀려난 몸으로 곧바로 의병을 일으켜 영규대사와 함께 청주 전투를 승리로 이끌었습니다. 이어 의병 700명을 이끌고 금산 전투에 참가하여 적병 1만 5천 명과 싸웠으나 중과부적으로 모두 전사했습니다. 비록 전투에서는 졌지만, 의병들의 임전무퇴 정신은 조선군의 사기에 큰 영향을 주어 장차 임진왜란을 승리로 이끄는 원동력이 됩니다. 충북 금산에 가면 의병의 충절이 묻혀 있는 칠백의총이 있습니다.

임진왜란 때의 의병 활동은 훗날 구한말의 의병 활동으로 이어집니다. 국운이 쇠퇴해 장차 일본의 속국이 될 것을 우려하여 전국 각지에서 봇물 터지듯 의병이 일어났습니다. 허 위, 신돌석, 유인석, 이인영, 이강년, 민종식, 민긍호, 최익현, 임병찬 등입니다. 목숨을 바쳐 외적에 대항하고 국난을 극복하려 한 점에서, 선비다운 의로움이 임진왜란 때의 의병들과 조금도 다르지 않았습니다.

면암勉菴 최익현 선생은 1905년 을사늑약 체결에 반대하는 상소문을 올리고 74세 때 전북 태인에서 의병을 일으켜 일본군과 대항해 싸웠습니다. 순창 전투에서 패한 후 쓰시마 섬에 유배된 그는 적이 주는 음식을 먹을 수 없다며 단식 끝에 병을 얻어 세상을 떠났습니다.

청렴과 근면을 수신修身의 으뜸으로 삼고 의義에 목숨을 바치는 모범으로, 사회·역사적 책임을 다한 조선의 의병들이야말로 난세에 노블레스 오블리주를 실천한 국난 극복의 선봉장들이었습니다.

지부상소 持斧上疏

    조선시대 관직 중에 삼사三司는 사헌부 사간원 홍문관을 말합니다. 사헌부는 감찰과 인사 검증을 주로 맡아보는 기관이었고 수장을 대사헌이라고 합니다. 사간원의 수장은 대사간인데 요즘의 언론과 유사한 기능을 담당하면서 동시에 왕과 간쟁하거나 관리를 탄핵하는 일을 담당했습니다. 홍문관은 왕의 학문적, 정치적 자문 기구로 경연을 관장하는 기관입니다. 그 수장인 대제학은 당대 최고의 석학으로 인정받아 그 명예가 대단했다고 합니다.

    삼사는 공히 언관言官으로 임금의 잘못을 간하고 언로를 열어 소통을 원활하게 해서 권력의 남용을 막는 데 큰 기여를 했습니다.

    삼사가 제도화된 왕권 견제 기관이었다면, 상소는 하급 관리나 재야의 선비들이 임금에게 직언하는 것을 말합니다. 그중에서도 특히 "내 말이 잘못되었다면 도끼로 내 목을 치라"는 지부상소가 있습니다. 선비의 서슬퍼런 기개가 한껏 서려 있는 상소이며 그야말로 목숨을 건 충언이 아닐 수 없습니다.

    고려 충선왕 때 우 탁은 충선왕이 선왕의 후궁을 범한 것을 알고, 상복 차림에 도끼를 들고 궁에 들어가 왕의 잘못을 지적하는 상소를 올렸습니다. 훗날 조선 숙종 때 우 탁 선생을 기리는 역동서원을 창건했는데 지금은 안동대학교 부속서원으로 관리되고 있습니다.

    임진왜란이 일어나기 전 정명가도를 요구하는 일본 사신의 목을 치라는 중봉 조 헌 선생의 지부상소와 굴욕적인 강화도조약을 반대한 면암 최익현 선생의 지부상소가 잘 알려져 있습니다.

    지부상소에는 목에 칼이 들어와도 할 말을 하는 대쪽 선비들의 신념과 충절이 잘 나타나 있습니다.

향약鄕約의 화합 정신

홍익인간의 건국이념에서 조선시대 선비정신까지 이어지는 사상 문화의 전통은 각각의 시대마다 다양한 형태의 제도나 관습의 모습을 띠고 나타났다가 사라지곤 했습니다. 조선시대의 향약도 그 가운데 하나인데, 양반과 상민이 함께 향촌이라는 사회 공동체 안에서 화합하고 상부상조하도록 한 자치 규약입니다. 매우 독특한 미풍양속이자 자치제도의 하나였습니다.

신분 사회가 해체되는 과정은 상류층의 문화 전통과 일반 서민층의 풍속이 서로 섞이는 과정이기도 합니다. 애당초 상부상조하는 전통은 양반과 상민에 구애되지 않고 미풍양속으로 전해져온 것이었습니다. 또한 지배 계층의 자존심이었던 선비정신 역시 반상班常의 구별이 희박해지는 조선 후기로 접어들수록 지배 계층의 전유물이 될 수 없었습니다.

사실 선비정신의 원류를 찾다보면 멀리 홍익인간의 건국이념까지 그 뿌리가 닿아 있는 만큼 특정 계층의 것이 될 수는 없는 것이었습니다. 다만 조선시대에 와서 유학의 이념과 합해지다 보니 선비의 의미가 '유학에 정통하고 그 배움을 실천하는 유자'로 축소된 것입니다.

그러나 이것은 어찌 보면 당연한 역사적 귀결일지 모릅니다. 조선시대 선비 전통도 저 멀리 삼국시대나 고려시대와 마찬가지로 예전부터 전해져오는 아름다운 미풍양속을 계승하고, 시대적 요구에 맞게 새로운 것을 추구하며 발전해 나가는 경로를 밟기 때문입니다. 조선시대 선비는 공동체 지향적이고 솔선수범하며 상부상조하는 전통적인 가치관을 계승했으나 유교의 틀에 갇혀 버린 한계도 많았습니다.

조선시대 지배 계층은 자신들이 구축한 성리학적 질서를 평민층에게 전파하기 위해 노력했는데 그 중 가장 대표적인 사례가 바로 '향약'입니다. 말하자면 향약을 통해서 지배 계층의 이념과 일반 서민층의 풍속이 한 데 섞이게 되고, 이는 유교적 질서에 바탕을 둔 향촌 공동체를 꿈꾸던 조선의 지배 계층에게 매우 중요한 시도였습니다.

향약은 중종 때 조광조가 처음 제안한 이래, 퇴계와 율곡이 조선의 실정에 맞는 향약을 마련했고, 임진왜란을 겪은 뒤에 본격적으로 시행되었습니다. 즉 오랜 전쟁으로 흐트러진 민심을 수습하고 사족士族과 상민들을 하나의 공동체로 결속하기 위해 만들어진 것입니다. 처음에는 사족의 상계上契와 상민의 하계下契로 나뉘어오다가 이 둘을 합친 형태인 동약洞約으로 통합되었습니다.

율곡이 지은 <해주향약>은 향약의 전형으로, 모임의 근본 정신이나 권장 항목, 금지 항목이 아주 구체적으로 제시되어 있어 누구라도 실생활에서 쉽게 따라 배우고 익힐 수 있도록 했습니다. 물론 지금의 눈으로 보면 지나치게 자세해서 그대로 다 따라하기 힘들어 보입니다. 그러나 율곡 선생이 그처럼 조목조목 세목을 밝혀둔 뜻은 그동안 양반 사회의 전유물처럼 여겨온 도덕적 규범을, 이제는 모든 사람들이 함께 지키고 따라야 할 수범으로 제시하기 위해서였습니다. 즉 유교적 질서를 전 사회로 확대하고자 했던 것입니다.

향약은 양반과 상민을 하나로 통합하는 사회 통합적인 생활 교본이자 관습으로 시대적 요청에 부응한 것이었습니다. 비록 그것이 당시 지배 계층이 자신의 통치를 더욱 원활히 하기 위한 방편으로 시작되었다 해도, 그 안에 담겨 있는 내용에는 형식을 뛰어넘는 아름답고 숭고한 인본주의 정신이 깔려 있습니다.

조선시대 향약은 마치 요즘 사단법인의 정관이나 동창회칙을 보는 듯한 착각을 일으킬 정도로 그 내용이 이들과 유사하고 조직 형태도 많이 닮아 있습니다.

덕업상권德業相勸, 과실상규過失相規, 예속상교禮俗相交, 환난상휼患難相恤과 같은 부분은 단체의 설립 목적에 해당하는데, 좋은 일을 서로 권하고 잘못을 규제하며 좋은 예절과 풍속으로 사귀고, 어려울 때 서로 돕는다는 향약의 기본 정신은 상부상조하는 우리 민족의 오랜 전통에 잘 부합합니다.

처음 규약을 정할 때에는 뜻이 같은 이에게 규약문을 두루 알려서, 그 마음을 바로잡고, 몸가짐을 단속하고, 허물을 고쳐서 착하게 한다. 향약에 참례하기를 원하는 자 몇 사람을 선택하여 서원에 모아 약법을 의논하여 정하고, 도약정, 부약정과 직월, 사화를 선정한다.

도약정은 요즘의 회장, 부약정은 부회장, 직월은 총무, 사화는 회계와 같습니다. 도약정은 나이와 덕망과 학식이 있는 사람으로 하고 직월과 사화는 약원 중에서 돌아가며 맡도록 했습니다. 조직이 구성되면 격월로 한번씩 만나 모임을 갖고 관혼상제나 동네 공동의 일을 점검하는가 하면, 어려운 사람을 돕는 방법을 의논하고 착한 일을 한 사람과 나쁜 일을 한 사람을 격려하거나 징계하기도 했습니다.

잘못을 서로 규제하는 과실상규 항목 중에는 공공성을 외면하고 사적 이익만을 취하는 행위를 특히 경계하고 있는데 요즘 세태와 많이 비슷한 점이 있습니다.

> 의리에 위반하는 것이라 함은 남과 재물을 거래하면서 남에게 손해
> 를 입혀서 자기의 이익만 보며 오로지 공리公利에만 힘을 쓰고 다른
> 일은 생각지 않으며, 남에게 물건을 요구하기를 좋아하되 시골 백성
> 이나 절의 중들을 침해하며, 남의 부탁을 받고도 속이고 숨기는 바가
> 있으며, 남의 재물을 받아 관사官司에 청탁하며, 관청에서 직무를 수
> 행하되 능히 청렴결백하지 못한 것을 말한다.

환난구휼 항목에서는 구제해야 할 이웃의 어려움을 모두 일곱 가지
로 열거하고 있는데 요즘의 공공복지 개념과 아주 흡사합니다. 수재
나 화재로 피해를 입은 경우나 도둑이 들어 재산을 잃은 경우, 질병에
걸리거나 초상을 당한 경우, 외롭거나 어려서 의지할 데 없고 무고로
억울하게 몰리는 경우 그리고 극히 가난한 경우 등에는 약원들이 합
력해 구제하도록 하고 있습니다.

오늘날의 화재보험이나 의료보험, 법률 구조와 영세민 보호에 해당
하는 항목들을 향약 하나로 상호부조한 셈이니 비록 법과 제도로 정
착되지 않았을 뿐, 그 미풍양속이 이토록 아름다울 수가 없습니다.

하지만 향약은 양반들이 주도해 지역 주민 전부가 의무적으로 참여
하도록 했기 때문에 능동적이고 적극적인 참여를 이끌어내는 데에는
한계가 있었습니다. 더욱이 그 주도적인 세력이 향촌의 양반들이다
보니 향촌 사회의 갈등을 조정하는 역할보다는 질서 유지 기능이 강
할 수밖에 없었습니다. 훗날에는 지방 수령관이 향촌을 지휘하고 관

리하는 통치 수단으로 전락했고, 일제 식민통치 아래에서는 이 조직을 통해 주민을 감시하고 동원하는 데 활용하기도 했습니다.

그럼에도 불구하고 향약은 양반과 상민을 하나의 공동체로 강하게 결속하는 역할을 하면서 신분사회 속에서 상부상조의 전통을 이어왔다는 점에서 큰 의미가 있습니다.

상호부조의 꽃, 두레

농경사회의 가장 큰 특징 중 하나는 공동 노동입니다. 이때 공동 노동은 자연발생적인 형태로 농사를 짓는 것과 동시에 시작됐습니다. 농경사회에서 공동 노동의 초기 형태는 가족 단위 노동입니다. 촌락에 모여 정착 생활을 하면서 가족은 생활과 생산의 기초 단위가 되었는데, 가족 단위 노동이 주를 이루었다고 해도 때에 따라서는 여러 가족들이 힘을 모아 공동 경작을 해야 했습니다. 공동 노동은 분업과 협업을 축으로 발전해왔습니다. 농경사회의 공동 노동 형태는 사회마다 부분적으로 혹은 다양한 방식으로 이뤄져 왔고, 생산과 놀이 등 여러 분야에서 각각 독특한 공동체 문화를 꽃피울 수 있었습니다.

부분적으로 행해지던 공동 노동이 촌락을 단위로 일반화된 시기는 그로부터 오랜 시간이 흐른 뒤였습니다. 우리 역사에서 촌락 단위의 공동 노동이 일반화된 시기는 이앙법이 널리 행해지던 조선시대 후기로 볼 수 있습니다. 이앙법은 공동 노동이 아니고서는 가능하지 않은 농법이었기 때문에 향촌 사회는 이앙법의 도입으로 인해 종전과는 비교할 수 없을 정도로 강력한 사회 통합력을 가질 수 있게 되었습니다. 사회 경제적 조건이 이러한 상황에서 종전과는 다른 더욱 강력한 공동 노동

조직이 필요했고 그 필요에 의해 만들어진 조직이 바로 두레입니다.

이앙법은 고려 말기에 고안된 농법인데, 못자리에서 모를 어느 정도 키운 다음 논에 옮겨 심는 농법입니다. 이렇게 하면 못자리에서 좋은 모와 나쁜 모를 골라낼 수 있습니다. 또 심을 때 줄을 맞춰 심기 때문에 나중에 잡초를 쉽게 제거할 수 있는 이점도 있습니다. 옮겨심기를 하면 식물의 생장 발육 상태가 좋아져 수확량도 크게 늘어납니다. 이앙법이 일반화된 이 시기는 전국적으로 이모작이 널리 행해지던 때이기도 했습니다.

이앙법과 이모작이 보편화되면서 농사 방법에서 큰 변화가 나타났습니다. 무엇보다 모내기와 김매기 그리고 보리 수확이 같은 시기에 겹치면서 이때는 '고양이 손도 빌려 쓰고 싶다' 할 정도로 일손이 모자라게 됩니다. 바야흐로 두레와 같은 공동 노동이 조직될 수밖에 없는 환경이 된 것입니다.

17세기 이후 조선 사회에서 두레가 차지하는 비중은 매우 컸습니다. 상호부조, 공동 노동, 공동 놀이와 같은 공동체 문화가 두레에서 나왔고, 농악이나 풍물놀이도 여기에서 유래한 것입니다. 두레는 생산 공동체이자 놀이 공동체로서 우리나라 공동체 문화의 산실이자 핵심이라고 할 수 있습니다.

두레는 또한 지배 계층의 통치 도구가 아닌, 농민들에 의한 자주적인 결사체로 구성되었습니다. 이는 이미 오랫동안 촌계村契나 향도香徒 같은 조직이 전통 풍속으로 전승되어온 것을 계승한 것입니다. 향도의 역사는 신라 화랑도까지 거슬러 올라가는 것이니, 선조들의 공동체 문화는 어느 날 하루 아침에 이뤄진 것이 아닙니다.

두레는 한국민속연구소 주강현 소장의 저작에 자세히 소개돼 있습니다. 그가 쓴 《농민의 역사, 두레》에는 이런 대목이 있습니다.

조선 후기에 이르면 농민 경영의 성장을 바탕으로 새로운 농촌 공동체 결속이 가속화되었다. 농업 생산력 발전에 따라 리里·동洞이 좀 더 독자적인 자연촌으로 성장해갔다. 자연촌의 공동체적 결속은 사족士族이나 신향新鄕에 대응하는 힘이 되었고, 국가에 대한 저항까지 가능한 힘의 토대가 되었다.

……새로운 농법은 새로운 노동 관행을 요구했으며, 선진 노동 조직인 두레의 정착은 필연적이었다. 두레의 풍물굿은 바로 마을 공동체 문화가 독자적 성장에 도달했음을 의미했다. 두레는 수전농업 지대의 대표적인 조직으로 자리잡게 되었으며, 이른바 두레 문화를 정착시킴으로써 조선 후기 마을 문화의 대표격이 되었다.

두레는 조선시대 말기에 성행해 구한말 변혁운동을 이끌었던 농민 조직으로도 큰 역할을 했습니다. 그런데 아쉽게도 농촌이 도시화되면서 사라지고 말았습니다. 자본주의 화폐경제가 확대되고, 마을 공유지가 없어지고 풍물을 단속하는 등 일제의 문화적 침탈이 본격화되면서 두레 같은 공동체 문화가 큰 타격을 입고 소멸되었습니다.

한때 홍성에는 두레가 197개나 존재했다고 하니 농경문화의 아름다운 전통을 현재까지 계승하지 못한 것이 참으로 안타까울 따름입니다. 요즘 들어 두레와 같은 공동체 조직이 절실하게 느껴지는 것은 비단 과거에 대한 향수만은 아닐 것입니다.

'우리'의 의미

한국항공대 최봉영 교수가 <한국사와 선비의 전통>이라는 논문에서 '우리'라는 말에 담긴 의미를 분석했는데 그 내용이 크게 공감하는 바가 있습니다.

……중국인은 '나의 힘'에 바탕을 둔 개인적 결속을 통해서 힘을 가지려는 경향이 매우 강하였다. 중국에서 일찍부터 문장에 대한 시험으로 개인의 능력을 평가하여 관료를 선발하는 과거제도가 발달한 것은 이런 이유에서였다. 이런 까닭에 '나'와 '너'가 어울려서 하나가 되는 경우에도, 한국인은 '나'도 아니고 '너'도 아닌 '우리'를 만들고자 하는 반면에 중국인은 '너'를 '나'에게 끌어넣어 '我門-나와 같은 이들'을 만들고자 하였다.

……한국인은 이 사람과 저 사람이 만나기만 하면 함께 어울려 '우리'를 만들어서 아름다움에 이르고자 한다. 그리고 한국인은 우리와 우리 밖에 있는 것을 어울러서 더욱 큰 우리를 만듦으로써 더욱 큰 아름다움에 이르고자 한다. 한국인은 '우리'의 결을 겹겹이 쌓아나감으로써 아름다움을 온 누리로까지 넓혀가고자 한다. 이것이 바로 '열린 우리'이다. 한국인은 '열린 우리'에 대한 바람을 갖고 있기 때문에 사람의 도리인 덕德을 '클 덕'으로 새겼고, 사람이 주고받는 인사를 '덕을 나누어주는 일德分'로 보았고 나라를 세우는 목적을 '크게 사람을 도우는 일弘益人間'에 두었다.

민족성이란 오랜 역사를 살아오면서 형성된 민족 고유의 성향인데, 공동체 지향적이고 다양성을 존중하며 통일성을 추구하는 성향은 우리 민족의 가장 큰 특징이라고 할 수 있습니다.

3. 상부상조 전통의 현대적 계승

시티즌 오블리주의 사회적 조건

신분이 철폐되고 모두가 주인인 시대에 과거의 선인, 화랑, 선비 같은 이름을 되살리자는 것은 가능하지 않은 이야기입니다. 하지만 사회 곳곳에서 훈훈한 이야기가 자주 들리는 것을 보면 옛 선조들의 아름다운 전통을 오늘에 되살리지 못할 이유도 없어 보입니다. 말하자면 낡은 형식은 버리고 합리적인 내용은 취하자는 것입니다.

그 옛날 선인, 화랑, 선비들이 펼쳤던 노블레스 오블리주나 두레와 향약과 같이 마을 단위로 서로 돕고 살던 미풍양속 모두가 시티즌 오블리주라는 개념 속에 통일되어 기부 선행 봉사의 이름으로 널리 확산되고 있습니다.

시티즌 오블리주가 가능한 사회적 조건은 현대사회의 주요 특징과 맞물려 있습니다. 각 개인의 권리가 신장되고 개성이 존중되는 현대 사회에서 시티즌 오블리주는 열심히 땀 흘려 일하는 사람들에 의해 다양한 형식과 내용으로 발전해가고 있습니다.

교통과 정보 통신의 발달, 높은 교육 문화 수준 그리고 제도화된 사회복지 시스템 덕에 사람들은 전보다 많은 복지 혜택과 사회안전망의 보호를 받으며 생존의 위협에서 벗어날 수 있게 되었습니다.

그러나 다른 한편으로 우리 사회는 분배 불균형으로 부익부빈익빈 현상이 심하고, 가난과 질병과 소외로 고통받는 사람들이 여전히 줄어들지 않고 있는 것도 사실입니다. 과거보다 더 촘촘한 사회 구조와 제도 안에 있으면서도 이런 현상이 생기는 이유는 무엇일까요? 개인의 무능과 불성실만으로는 설명할 수 없는, 우리 사회의 구조적인 문제점이 있기 때문입니다.

불균형한 분배를 근본적으로 해결할 방법을 아직까지 인류는 찾아내지 못했습니다. 하지만 역사 이래로 우리 민족은 이런 경우 십시일반, 이심전심, 상호부조 같은 것을 통해서 고통에 동참하는 의리와 지혜를 보여주었습니다.

지금 우리 사회는 보이지 않는 손들의 활약 덕택에 어려워도 참고 희망을 버리지 않는 사람들이 있습니다. 어떤 경우는 국경을 넘어서 인류애를 발휘하기도 하며, 낙도 오지에 내려가 의료 봉사를 하거나 홀로 사는 어르신의 말벗이 되어 드리기도 합니다. 어디든 자신의 도움이 필요한 곳에 도움의 손길을 내밀어 자신을 키워준 사회에 책임과 의무를 같이 나눠 지는 것입니다.

누구나 기부 선행 봉사를 기꺼이 함으로써 우리 사회를 좀더 건강하고 평화롭게 만들 수 있습니다. 그것이 이 시대를 살아가는 한 사람으로서 보람되고 가치 있는 일일 것입니다.

최근 들어 기업들이 CSRCorporate Social Responsibility, 기업의 사회적 책무에 눈을 돌린 것도 같은 맥락입니다. 기업 이익의 사회 환원은 이윤 추구라는 기업 목적에 위배되는 듯하지만, 결과적으로 그렇게 하는 것이 기업의 이익에 도움이 된다는 것입니다.

CSR이 기업의 마케팅 전략의 일환으로 추진되는 것은 기업이라는 조건에서 무시하기 어렵습니다. 중요한 것은 기업이 이제는 무한 이윤 추구라는 관점에서 벗어나고 있고, 사회적 공헌이 경영의 한 부분으로 자리 잡게 되었다는 사실입니다. 기업을 단지 영리를 추구하는 사업체로 보지 않고, 시민 사회의 일원이라는 관점에서 보면 '기업 시민' 역시 오늘날 시티즌 오블리주의 한 주체로 이해할 수 있을 것입니다.

모두가 모두를 돕는 사회

과거에는 목숨을 건 헌신과 희생 그리고 청렴결백하고 근면한 것으로 사회에 기여했다면, 오늘날에는 가난과 질병, 소외로 고통받는 사람들에게 봉사하는 것으로 기여합니다. 과거에는 선택된 소수의 책임과 의무가 강조되었다면, 오늘날에는 사회 공동체 구성원 모두가 사회의 주인이자 주체로서 함께 사회적 책무를 나누는 것을 강조하고 있습니다. 또 과거에는 주로 가족과 마을 단위로 상호부조하는 방식으로 도움을 주고받았다면, 오늘날에는 모든 사람이 특정한 지역이나 계층에 한정하지 않고 서로 돕는 전 사회적 상호부조 형태로 확대되었습니다. 시티즌 오블리주 시대가 열린 것입니다.

향약이나 두레가 자신이 속한 생활 터전을 기반으로 상부상조하는 것이었다면, 오늘날의 시티즌 오블리주는 국경을 초월한 인류애로 누구나 참여할 수 있습니다. 지금의 도시는 그 옛날 향촌이 커진 것이 아니라, 산업사회에서 태동한 현대의 산물입니다. 그 자체로 이미 거대한 인적 물적 네트워크이며, 도시와 도시도 과거의 마을과 마을처럼 뚜렷한 경계로 구별되지 않습니다.

재산을 기부할 때 수혜 대상을 정하고 하는 기부도 있지만, 대개는 학교 재단이나 사회복지 단체에 기증하는 경우가 많아지고 있습니다. 선로에 떨어진 사람을 구하러 갔다가 목숨을 잃은 고 이수현 군의 의로운 행동은 선로에 떨어진 사람이 한국인인지 일본인인지 가리지 않습니다. 헌혈을 하거나 골수를 기증할 때도 마찬가지입니다. 자신의 혈액과 골수가 누구한테 이식되었는지가 중요한 것이 아니라, 누구라도 생명을 잃을 어려움에 처해 있을 때 사회 구성원 누군가로부터 도움을 받을 수 있다는 사실이 중요합니다.

이처럼 대가를 구하지 않고 모든 사람에 대해 행하는 기부 선행 봉사는 자유를 최대한 누리면서도 공동체 정신에 충실한 우리 시대 시민들이 펼치는 오블리주의 한 형태이며 상부상조의 현대판이라고 할 수 있습니다.

우리는 지금 도움이 필요한 사람에게 자신이 가진 것을 나눌 수 있습니다. 자신이 할 수 있는 선행을 하며, 마음에서 우러나오는 봉사로 얼마든지 이웃과 사회 나아가 인류에 기여할 수 있습니다. 개인의 이 같은 봉사와 헌신은 결국 자신의 생명과 재산을 지켜주고 키워준 사회에 감사하는 마음에서 우러나오는 것입니다.

지구촌이라는 말이 있듯이 우리가 사는 세상은 인종, 성별, 국적을 막론하고 부자나 가난한 사람이나 거대한 하나의 울타리 안에서 인류라는 이름으로 하나가 되는 세상입니다. 노블레스 오블리주의 흐름이 바야흐로 국경을 넘어 온 세상으로 퍼져 나가는 시대입니다.

우리의 후손들이 과거를 회상할 때, '모두가 서로 돕는 진정한 의미의 인류애가 21세기 들어서서 비로소 시작됐다'고 기억할 날이 멀지 않았습니다.

3장 시티즌 오블리주를 위하여

1. 노블레스 오블리주는 더 이상 숭고하지 않다

노블레스 오블리주라는 말에서 노블레스Noblesse는 중세 유럽의 특권층인 '귀족'을 의미합니다. 신분의 차별이 사라진 오늘날에는 사회적, 경제적 지위가 높은 사람들을 일컫기도 합니다. 오블리주Oblige는 '사회적 책임'을 뜻하는데, 이 책임을 다하기 위해서는 반드시 희생이 따랐습니다. 때론 목숨까지 내놓았고 전 재산을 조국과 인류를 위해 바치기도 했습니다.

항일 독립운동사에서 빼놓을 수 없는 이회영 형제들의 활동은 일제시대 노블레스 오블리주의 전형을 보여줍니다. 조선 최고 명문 가문 중 하나로 꼽히는 집안의 후손인 이회영 형제들은 6명 모두 만주 일대에서 독립운동에 헌신했습니다. 뿐만 아니라 그들의 자식들까지 대부분 항일 활동을 벌였고, 집안의 모든 재산을 조국의 독립을 위해 바쳤습니다. 1932년 이회영은 일본 경찰에 체포돼 혹독한 고문을 받고 끝내 감옥에서 숨을 거두었습니다. 6형제 중 5명이 조국의 독립을 보지 못하고 타국 땅에서 생을 마쳤습니다. 이시영만이 살아서 해방된 조국에 돌아올 수 있었습니다.

영국 최고 명문 중고등학교로 알려진 이튼스쿨 교정에 있는 교회 건물에는 제 1·2차 세계대전에 참전해 목숨을 잃은 이 학교 동문들의 이름이 새겨져 있습니다. 1차 세계대전에서만 1100명이 넘는 이 학교 출신 군인이 목숨을 잃었다고 합니다. 이튼스쿨은 영국에서 귀족 자제와 최고 부유층 집안의 자식들이 주로 다니는 학교입니다. 영국인들은 조국과 국민이 어려움에 처했을 때 가장 앞서서 싸운 이튼인들의 정신을 자랑스럽게 여기고 있습니다. 이튼 출신 영국 엘리트들의 희생도 노블레스 오블리주를 보여주는 대표적인 사례입니다.

이처럼 전통적인 의미의 노블레스 오블리주는 먼저 나선 사람들의 엄청난 자기희생을 통해 이루어졌습니다. 이 때문에 여기에는 항상 '숭고하다'는 말이 따라 다녔습니다.

하지만 이제 노블레스 오블리주는 더 이상 숭고하지 않습니다. 너무 과격한 표현인가요. 물론 노블레스 오블리주 전통은 여전히 소중합니다. 또 이를 실천하는 사람들에게 존경과 찬사를 보내는 것은 당연합니다.

그런데 굳이 숭고하지 않다고 하는 것은 이렇게 말하면 노블레스 오블리주가 평범한 사람들의 삶과는 너무 멀리 떨어져 있는 것처럼 느껴지기 때문입니다. '숭고하다'를 사전에서 찾아보면 '뜻이 높고 고상하다'고 풀이합니다. 또 희생 또는 죽음과 연관지어 사용하는 경우가 많습니다. '죽음이 가져다준 숭고한 교훈', '고인의 숭고한 정신' 등이 그 예입니다. 앞에서 살펴본 이회영 선생과 이튼스쿨의 예도 모두 목숨을 바친 경우입니다.

이렇다 보니 '노블레스 오블리주는 숭고하다'고 하면 우리 같은 보통 사람들은 할 수 없는 것처럼 느껴집니다. 귀족이 사라지며 공동체를 위한 사회적 책임이 어떤 특정 계층만의 의무이던 시대는 끝났습니다. 노블레스 오블리주에 담긴 가치를 실천하는 것은 일부 특권층만의 몫이 아닙니다. 사회적 책임을 다하는 것은 이제 평범한 우리들이 실천해야 할 덕목이 됐고, 더 이상 숭고하거나 엄숙할 필요도 없습니다.

사람을 배려하는 선한 의지와 공동체에 대한 연대의식

얼마 전 언론에 가난한 집 학생들에게 무료로 과외를 해줄 선생님을 연결해주는 '이루미 www.erumi.kr'라는 사이트를 만든 주인공이 소개됐습니다. 그런데 이 홈페이지를 만든 사람이 바로 두 명의 고등학생으로 알려져 더 화제가 됐습니다. 함께 청심국제고에 다니던 김민용, 김창묵 학생은 고등학교에 입학한 후 같은 반 친구들을 보고 크게 놀랐다고 합니다. 대부분의 친구들이 몇 개씩 과외를 받거나 여러 학원에 다니는 등 부족할 것 없이 사교육을 받고 국제고에 들어왔기 때문입니다. 사교육의 양극화가 아주 심하다고 느낀 두 학생은 무료 과외 봉사 사이트를 만들기로 마음을 먹었습니다. 대부분의 과외 중계 사이트들이 소개비를 받고 유급 과외 교사를 연결해주는 것과 달리 이들은 모두 무료로 하기로 했습니다. 용돈을 아끼고 아르바이트를 해서 모은 100만 원 남짓한 돈으로 홈페이지를 만들었습니다. 2007년 여름에 활동을 시작한 이루미는 약 1년 만에 자원봉사 교사 100여 명이 500명에 이르는 학생들에게 무료로 과외를 해주고 있습니다.

두 학생은 물론 무료 과외 봉사를 하고 있는 교사들 모두 분명 새로운 의미의 노블레스 오블리주를 실천하고 있습니다. 자신이 가진 것을 더 어려운 이웃을 위해 나누며, 누구도 강요하지 않은 사회적 책임을 스스로 다하고 있는 것입니다. 하지만 이들의 활동을 두고 숭고한 자기희생을 말하는 것은 어딘지 어색합니다. 오히려 나눔을 통해 '행복한 자아실현'을 하고 있다고 해야 더 어울릴 것 같습니다.

기부와 봉사는 특권에 따른 의무감 때문에 하는 게 아닙니다. 다른 사람을 배려하는 선한 의지와 공동체에 대한 연대의식이 사회적 책임을 실천하는 원동력이 되고 있습니다.

　나눔의 행태도 수직적인 것에서 수평적으로 변하고 있습니다. 지난날에는 높은 사람이 낮은 사람에게 또는 많이 가진 사람이 없는 사람에게 베푸는 것이었다면 지금은 조금 가진 사람들이 서로 이웃과 나누는 것으로 바뀌고 있습니다. 즐거운 봉사, 행복한 나눔이 있는 시대에 더 이상 노블레스 오블리주는 숭고할 필요가 없습니다.

2. 시티즌 오블리주 : 사회적 책임을 다하는 시민

아름다운재단 기부문화연구소 소장으로 활동하고 있는 한양대 예종석 교수는 "노블레스 오블리주의 의미는 '귀족의 목숨을 아끼지 않는 용기와 솔선수범'에서 '사회 지도층의 도덕적 책무'로 변해왔다"고 그의 저서에서 밝혔습니다. 귀족이 사회 지도층으로 확대되고, 목숨을 건 희생이 도덕적 책무로 바뀌었다는 것입니다. 시대의 변화에 맞춰 달라진 그 의미를 잘 설명해주고 있습니다.

우리는 여기에서 더 나아가 사회적 책임을 다하는 시민이라는 의미를 담아 시티즌 오블리주를 제시하고자 합니다. 이 말을 바로 해석하면 시민의 사회적 책무라고 할 수 있습니다. 과거 귀족이 지던 사회적 책임을 이제 사회 지도층만이 아니라 모든 시민이 함께 나누어 갖자는 것입니다.

이 사회의 주인은 누구일까요?

고대 로마나 중세 유럽에서 그 사회의 주인은 사실상 귀족 계급이었습니다. 주권이 국민에게 있다는 주권재민主權在民 의식이 일반화된 것은 근대 이후입니다. 로마의 귀족이나 유럽의 상류층은 자신들이 살아가던 공동체의 주인으로서 그것을 지키기 위해 스스로를 희생했던 것입니다. 오늘날 우리가 살고 있는 이 사회의 주인은 누구일까요? 지금은 시민주권시대입니다. 때로는 주권자인 국민이 정치로부터 소외되기도 하지만 이 사회의 주인은 모든 시민이라는 사실을 누구도 부정할 수 없습니다.

시티즌 오블리주라는 새로운 개념은 이 같은 인식에서 출발한 것입니다. 모든 시민이 인류 사회의 주인으로서 공동체의 구성원들 모두가 행복할 수 있도록 책임을 다하자는 것입니다. "돈이 많거나 지위가 높아 특권을 누리고 있으니 그에 합당한 책임을 다하라"고 하는 것은 근대적인 개념입니다. 시쳇말로 "노블하니까 오블리주 해야 한다"는 것은 현대사회와 맞지 않습니다. 오블리주를 실천하는 사람은 누구나 그 사람의 사회적, 경제적 지위를 떠나 고귀하다고 할 수 있습니다. 노블레스와 오블리주의 관계에서 앞뒤가 바뀐 것입니다.

시티즌 오블리주라는 말은 이 책을 저술하며 시티즌Citizen, 시민과 오블리주Oblige, 책임 두 단어를 조합해 새로 만들어낸 것입니다. 그렇다고 세상에 없던 게 갑자기 나타난 것은 아닙니다. 이미 우리는 시티즌 오블리주 시대에 살고 있고, 그 힘을 곳곳에서 느끼고 있습니다.

2007년 사상 최악의 기름 유출 피해를 입은 태안 등 서해안 지역에서는 100만 명이 넘는 사람들이 자원봉사를 했습니다. 미국은 이미 10년 전에 성인의 57퍼센트가 일주일 평균 3시간 이상 자원봉사 활동을 하고 있다는 통계도 있습니다. 갑부 한 사람이 수백 억 원을 사회에 기부하는 것은 매우 뜻깊은 일입니다. 그 돈으로 좋은 일을 많이 할 수 있을 테니 말입니다. 하지만 태안 사고처럼 몇몇 사람의 거액 기부금보다 많은 사람들의 시간과 손길이 필요한 일들이 많습니다.

시티즌 오블리주의 힘은 시간을 기부하는 자원봉사에서 뚜렷하게 빛을 냅니다. 시간은 한 개인이 남보다 획기적으로 더 많이 기부할 수 없습니다. 아무리 돈이 많고 지위가 높아도 이웃을 위해 쓸 수 있는 시간은 한 사람의 몫만큼만 가능할 뿐입니다. 시간과 손길이 필요한 곳에서 가장 강력한 힘을 발휘할 수 있는 것은 오직 사회적 책임을 실천하는 다수의 시민뿐입니다.

나눔이 필요한 것은 돈과 시간만이 아닙니다. 지식과 기술도 나눌 수 있습니다. 아무리 학식이 높아도 한 개인이 혼자서 백 명, 천 명이 가진 지식만큼을 내놓을 수는 없습니다. 반면 백 사람, 천 사람이 지식과 지혜를 모으면 교육과 정보에서 소외된 수많은 사람들에게 배움과 깨달음의 기쁨을 선물할 수 있습니다. 지식을 나누는 봉사 역시 시민의 참여가 가장 큰 힘입니다.

요즘은 돈을 모으는데도 소수의 거액 기부금보다 다수의 소액 성금이 차지하는 비중이 더 커지고 있습니다. 극심한 경제 위기를 겪은 2008년 말. 사회복지공동모금회에 모인 성금은 기대했던 액수에 미치지 못했다고 합니다. 어려움에 처한 기업들이 후원을 줄였기 때문입니다. 하지만 모금 건수는 예년에 비해 크게 증가했습니다. 많은 돈은 아니지만 성금을 내는 개인의 수는 오히려 늘어난 것입니다.

물론 빌 게이츠 같이 엄청난 돈을 사회에 기부하는 착한 부자는 앞으로 더 많이 나와야 합니다. 사회적 책무가 모든 시민의 것이 된 오늘날에도 이들의 존재는 여전히 중요합니다. 언론이 거액 기부자들을 비중 있게 보도하고, 사회가 이들에게 찬사를 보내는 것은 여전히 필요합니다. 이런 사람들이 있기 때문에 더 많은 사람들이 나눔과 봉사에 참여하게 되는 것입니다.

노블레스 오블리주와 시티즌 오블리주는 서로 대립하는 개념이 아납니다. 어느 한쪽이 더 우위에 있다고 할 수도 없습니다. 신분의 차별이 사라졌다고 해도 노블레스 오블리주의 전통과 가치는 아직도 소중합니다.

하지만 여기에 머무를 수는 없습니다. 시민이 세상의 주인이 된 오늘날 사회적 책임을 실천하는 것도 이제 모든 시민의 몫입니다. 새롭게 시티즌 오블리주가 필요한 이유입니다. 특히 경제적으로 윤택한 삶을 살고 있는 나라에서 어느 정도 안정된 삶을 사는 사람이라면 먼저 나서서 이웃과 인류를 위해 시티즌 오블리주를 실천해야 합니다.

진정한 노블레스 오블리주는 시티즌 오블리주를 더욱 확산시킬 것입니다. 시티즌 오블리주가 더욱 확대되면 노블레스 오블리주도 더 활력을 얻을 것입니다.

모두가 빌 게이츠 같은 갑부가 돼 엄청난 돈을 사회에 기부할 수는 없습니다. 하지만 그의 나눔 정신은 똑같이 실천할 수 있습니다. 수천 명, 수만 명이 모이면 게이츠보다 더 큰돈을 모을 수도 있고, 더 많은 일을 할 수도 있습니다. 빌 게이츠가 수만 명의 마음을 움직이고, 수만 명이 또 다른 게이츠를 탄생시킬 것입니다.

물론 노블레스 오블리주와 시티즌 오블리주를 기부 액수나 사회적 지위를 기준으로 나눌 수는 없습니다. 결코 바람직하지도 않습니다. 다만 지금은 이 두 가지의 차이를 인정하고 둘 다 더욱 활성화되기를 바랄 때입니다. 언젠가는 노블레스와 시티즌을 구별할 필요가 없게 될 것입니다. 이때 비로소 완전한 의미의 시티즌 오블리주가 될 것입니다.

유럽과 미국에서는 세계적인 갑부였던 발렌베리나 카네기가 설립한 재단 못지않게 왕성하게 활동하는 시민재단이 많습니다. 이들 시민재단은 한 개인이 거액을 기부해 재단을 만든 게 아니라 수많은 시민의 성금으로 재단을 설립해 공익을 위한 여러 사업을 벌이고 있습니다.

시민주권은 정치적인 영역에만 있는 게 아닙니다. 기부와 봉사의 주인공은 이제 모든 시민입니다. 모든 시민이 공동체의 구성원 모두가 행복할 수 있도록 함께 나누는 시대, 시티즌 오블리주 시대가 열리고 있습니다.

<저자 후기>

우리 아이들의 미래에 이 책을 바칩니다

아이가 밝고 착하게 자라기를 바라는 것은 모든 부모의 마음입니다.

어렸을 때 제 어머니께서는 "항상 나보다 더 불쌍한 사람을 생각해야 한다"고 가르쳐 주셨습니다. 아버지께서는 "친절한 사람이 되라"는 말씀을 많이 하셨어요. 어르신들이 무거운 짐을 들고 가면 들어드리고, 누군가 길을 물을 때는 가까운 곳이면 말로만 설명하지 말고 함께 가서 "여기예요" 하고 알려드리라고 하셨죠.

저는 이 말을 저희 아이들에게도 똑같이 해주고 싶습니다. 제겐 정말 예쁜 두 딸이 있습니다. 그런데 아내는 '큰일 날 소리'랍니다. 그 이유는 여러분들도 잘 아시겠죠.

아이들에게 몹쓸 짓을 하는 나쁜 어른들의 이야기가 끊이지 않는 세상에서 어떤 부모가 자기 아이에게 모르는 사람을 도와주라고 말할 수 있겠습니까.

자식에게 "엄마 아빠 말고 다른 사람은 절대 믿으면 안 돼!"라고 가르쳐야 하는 현실. 이렇게 자란 아이들이 공동체를 더 따뜻하게 만들고, 사회 속에서 행복하게 살아갈 수 있을까요? 물질적 풍요는 육체를 조금 더 편안하게 해줄 뿐입니다. 여러분의 자녀가 여러분이 누리던 자유로움과 즐거움을 느끼지 못하고 더 불행한 삶을 살고 있다고 생각해보세요. 지금 당장 나서서 뭐라도 해야 하지 않겠어요.

아이를 더 꽁꽁 감싸서 험한 세상과 떼어놓는다고 문제가 해결되지는 않습니다. 아무리 생각해도 세상을 바꾸는 방법밖에 없어요. 그렇다고 모두 거창하게 뭘 하자는 건 아닙니다. 우리는 이 책에서 작은 실천으로 세상을 바꾸고 있는 수많은 사람들을 만났잖아요. 당장 이들보다 더 잘하지는 못하더라도 따라하는 것은 할 수 있지 않을까요.

우리 내면에 있는 선한 본성을 깨우고, 인간에 대한 믿음과 사랑을 회복하기 위해 자신이 할 수 있는 것부터 찾아서 해보면 어떨까요. 저는 많이 부족하지만 이 책을 세상에 내놓는 것으로 이 일을 시작하려고 합니다.

책을 처음 쓰기 시작할 무렵 평소 잘 알고 지내던 분과 전화 통화를 했을 때 일입니다. 그분은 많은 사람에게 존경을 받을 만한 삶을 살아온 널리 알려진 인물입니다.

어떻게 지내느냐고 물으셔서 "노블레스 오블리주에 대한 책을 쓰려고 준비하고 있습니다." 이렇게 답했습니다. 전화로 시티즌 오블리주에 대해 말씀드리면 번거로울 것 같아 그런 것입니다.

그런데 뜻밖의 말씀을 하시더군요.

"남을 비판하거나 공격하는 것은 요즘 시대에 맞지 않아."

이 말이 오랫동안 머리에 남았습니다. '노블레스 오블리주에 대한 책이 왜 남을 공격하는 거라고 생각하실까?'

그러고 보니 노블레스 오블리주에는 두 가지 얼굴이 있더군요. 여기에 대해서는 이미 본문에서 말씀을 드렸죠.

원고를 쓰는 내내 제 머릿속에는 '시티즌 오블리주라는 새로운 개념을 더 많은 사람들이 쉽게 이해할 수 있도록 책을 잘 써야 한다'는 생각이 가득했습니다.

그런데 집필을 마친 지금, 이 글이 독자 여러분께 당당하게 내놓을 만큼 자신 있는 결과물인지 확신이 없습니다. 솔직히 출간을 주저하게 되는 것도 사실입니다. 그럼에도 불구하고 부족한 채로 여러분들께 내놓은 것은 이 책이 모든 시민의 사회적 책임에 대해 더 많이 생각하고 토론하고 연구하고 실천하는 소중한 계기가 되길 간절히 바라기 때문입니다. 칭찬이나 찬사는 아니어도 질책보다는 격려를 보내주시면 더 용기가 날 것 같습니다.

너무 욕심이 지나친 것 같네요. 저는 이미 분에 넘치는 지원과 격려를 받았습니다. 책을 쓰는 동안 제 아내와 두 딸 시현, 지헌이는 언제나 저를 믿고 응원해 주었습니다. 지켜보고 보살펴주신 어머니와 누나들, 장인, 장모님께도 고마운 마음을 전합니다.

특히 원고도 나오기 전에 저를 믿고 출판 기금을 후원해준 두 친구, 조문택과 여선구에게도 꼭 고맙다고 말하고 싶습니다.

조문택 '필름나라' 대표는 대학교 같은 과 후배입니다. 저는 그를 후배라기보다 '참 좋은 사장님'이자 친구라고 생각합니다. 직원들을 깊이 배려하고, 회사를 투명하게 운영하는 것은 물론 젊은 날의 꿈을 자기 처지에 맞게 실천하고 있다고 믿기 때문입니다. 이런 책을 쓰는데 돈을 좀 보태달라는 이메일에 이 친구는 "그런 훌륭한 일에 저 같은 장사꾼이 참여할 수 있게 해줘 정말 고맙습니다"라는 문자 메시지로 저를 부끄럽게 만들었습니다.

여선구는 고등학교 친구입니다. 그는 공정무역으로 커피를 수입해 원두커피 전문점 '연두' 등을 운영하고 있습니다. 바른 생각을 갖고, 우리 공동체를 좀 더 따뜻하게 만드는 삶을 살려는 좋은 친구입니다. 도움을 청한 제게 이 친구는 "의미 있는 일을 하고 있는 친구가 있다는 게 자랑스럽다. 결식 어린이 후원하는 일에 큰 도움을 못줘서 늘 마음 한 구석이 불편했었다. 그 때의 미안함 때문인지는 몰라도, 언제든 사회가 필요로 하는 일이 있다면 기여해야겠다는 마음은 한결같단다"라고 쓴 메일과 함께 후원금을 보내왔습니다.

두 친구 외에도 김동욱, 김영태, 라성철, 마경조 등 여러 벗들이 이 책의 출판을 흔쾌히 돕겠다는 뜻을 전해왔는데 너무 큰 빚을 지는 것 같아 마음만 받았습니다.

고마움을 표하려니 말씀 드릴 분이 많네요. 상 받은 분들이 방송에서 길게 말하는 이유를 알 것 같습니다.

고마운 사람 중에 빼놓을 수 없는 분들이 바로 역사비평사 김백일 사장님과 정윤경, 조원식, 조수정, 정순구, 황주영 선생님입니다. 저희 부족한 책이 역사비평사라는 과분한 옷을 입고 독자 여러분을 찾아뵐 수 있게 배려해주셔서 정말 고맙습니다. 특히 정순구 선생님께는 다시 한 번 고맙다는 인사를 드립니다.

또 이 책의 표지 디자인과 조판을 후원해주신 굿플러스커뮤니케이션즈의 이재교 선배께도 깊이 고마운 마음을 전합니다.

조카들을 돌보며 틈틈이 원고 교정을 도와준 누나 양경선과 최종 교정·교열 작업을 맡아 주신 나은수 선생님께도 감사드립니다.

우리 모두에게 조금이나마 보탬이 되겠다고 책을 썼는데, 이렇게 또 사회에 감당하기 힘든 빚을 지게 됐습니다.

이제 책을 마무리할 순간입니다.

"자고 일어나니 유명해졌다."

영국의 시인 바이런(1788-1824)은 시집 《차일드 헤롤드의 순례》 가 출판된 후 갑자기 유명세를 얻자 이렇게 말했습니다.

이 말을 인용하는 것은 이번 책으로 제가 하루아침에 유명 작가가 될 것이라고 기대해서가 아닙니다. 책 한 권 냈다고 금방 처지가 달라질 것은 없겠죠.

다만 이 책을 내기 전과 낸 후 필자의 생활은 분명 달라질 것입니다. 다른 사람을 더 배려하고, 사회를 더 따뜻한 시선으로 바라보고 실천하기 위해 더 열심히 노력해야겠죠. "책에서 온갖 좋은 소리는 다해놓고 실제 생활은 그렇지 않다"는 소리를 들으면 얼마나 부끄럽겠어요.

책의 저자가 이런 다짐을 한다면 독자 여러 분들도 뭔가 할 몫이 있지 않을까요. 우리 아이들이 살고 있는 이 세상과 앞으로 살아갈 미래를 위해서 말입니다.

우리가 먼저 조금씩 달라지면 세상은 훨씬 더 빨리 변할 것이라고 믿으며 감히 여러분께 '시티즌 오블리주를 실천하는 다섯 가지 약속'을 제안합니다.

● **바르고 고운 말로 대화하기(서체를 다르게 하면 더 좋을 것 같아요.)**

버스나 지하철에서 청소년들이 주고받는 대화를 들어보세요. 욕을 섞어서 말하지 않으면 그게 이상할 정도입니다. 어른들의 말도 거칠기는 마찬가지입니다. 욕은 하지 말고, 말에 상대방을 배려하고 존중하는 마음을 담아 이야기하기로 해요.

● **기부 저금통 갖기**

책상이나 화장대 위에 또는 텔레비전 옆에 기부 저금통 하나 마련해보세요. 여기에 돈을 모아 복지단체도 좋고, 가난한 이웃에게 직접 전달해도 좋아요. 또 좋아하는 정치인에게 보내도 되죠. 나와 가족이 아닌 누군가를 위해 돈을 모아 기부하는 습관을 가져요.

● **장애인 주차장에 주차하지 않기**

무심코 또는 너무 바쁘다는 핑계로 장애인 주차장에 차를 세운 적 없나요. 건강한 우리가 조금만 더 걸으면 되잖아요. 몸이 불편한 이웃을 위해 장애인 주차장은 항상 비워두기로 해요.

● **헌혈하고 장기 기증 서약하기**

생각하기에 따라 가장 쉽게 사랑을 나누는 방법이 헌혈입니다. 또 장기를 기증하기로 서약하거나 시신을 기증하는 것은 마음만 먹으면

할 수 있는 일이죠. 건강과 생명보다 더 절실한 게 있을까요. 가장 소중한 것을 나누는 헌혈과 장기 기증 서약에 참여해요.

● 공공의 것을 아껴 쓰기

우리 모두의 것, 공공의 것을 아껴 쓰기로 해요. 집에서는 전기요금 아끼려고 에어컨을 틀지 않으면서 사무실에 혼자 있을 때 에어컨 세게 튼 적 없나요. 공공 화장실 수돗물과 강의실 전등부터 아낍시다.

독자 여러분 중에서 "나는 이 책을 읽고 이것만은 꼭 해보겠다" 나아가 "이렇게 달라졌다"고 말하는 분이 많이 계시면 그게 가장 큰 보람일 것입니다.

이 책을 서로 나누고 함께 행복하게 살아갈 우리 아이들의 미래에 바칩니다.

2009년 겨울
광명중앙도서관 열람실에서
저자 양순필 드림

세계인권선언

1948년 12월 10일 유엔총회에서 채택

전 문

인류가족 모두의 존엄성과 양도할 수 없는 권리를 인정하는 것이 세계의 자유, 정의, 평화의 기초다. 인권을 무시하고 경멸하는 만행이 과연 어떤 결과를 초래했던가를 기억해보라. 인류의 양심을 분노케 했던 야만적인 일들이 일어나지 않았던가?

그러므로 오늘날 보통사람들이 바라는 지고지순의 염원은 '이제 제발 모든 인간이 언론의 자유, 신념의 자유, 공포와 결핍으로부터의 자유를 누릴 수 있는 세상이 왔으면 좋겠다'는 것이리라.

유엔헌장은 이미 기본적 인권, 인간의 존엄과 가치, 남녀의 동등한 권리에 대한 신념을 재확인했고, 보다 폭넓은 자유 속에서 사회 진보를 촉진하고 생활 수준을 향상시키자고 다짐했었다.

그런데 이러한 약속을 제대로 실천하려면 도대체 인권이 무엇이고 자유가 무엇인지에 대해 모든 사람이 이해할 수 있도록 하는 것이 가장 중요하지 않겠는가?

유엔총회는 이제 모든 개인과 조직이 이 선언을 항상 마음속 깊이 간직하면서, 지속적인 국내적 국제적 조치를 통해 회원국 국민들의 보편적 자유와 권리 신장을 위해 노력하도록, 모든 인류가 '다 함께 달성해야 할 하나의 공통 기준'으로서 '세계인권선언'을 선포한다.

1조 모든 사람은 태어날 때부터 자유롭고, 존엄하며, 평등하다. 모든 사람은 이성과 양심을 가지고 있으므로 서로에게 형제애의 정신으로 대해야 한다.

2조 모든 사람은 인종, 피부색, 성, 언어, 종교 등 어떤 이유로도 차별받지 않으며, 이 선언에 나와 있는 모든 권리와 자유를 누릴 자격이 있다.

3조 모든 사람은 자기 생명을 지킬 권리, 자유를 누릴 권리, 그리고 자신의 안전을 지킬 권리가 있다.

4조 어느 누구도 노예가 되거나 타인에게 예속된 상태에 놓여서는 안 된다. 노예제도와 노예 매매는 어떤 형태로든 일절 금지한다.

5조 어느 누구도 고문이나 잔인하고 비인도적인 모욕, 형벌을 받아서
는 안 된다.

6조 모든 사람은 법 앞에서 '한 사람의 인간'으로 인정받을 권리가 있
다.

7조 모든 사람은 법 앞에 평등하며, 차별 없이 법의 보호를 받을 수 있
다.

8조 모든 사람은 헌법과 법률이 보장하는 기본권을 침해당했을 때, 해
당 국가 법원에 의해 효과적으로 구제받을 권리가 있다.

9조 어느 누구도 자의적으로 체포, 구금, 추방을 당하지 않는다.

10조 모든 사람은 자신의 행위가 범죄인지 아닌지를 판별받을 때, 독
립적이고 공평한 법정에서 공평하고 공개적인 심문을 받을 권
리가 있다.

11조 범죄의 소추를 받은 사람은 자신을 변호하는 데 필요한 모든 것
을 보장받아야 하고, 누구든지 공개재판을 통해 유죄가 입증될
때까지 무죄로 추정될 권리가 있다.

12조 개인의 프라이버시, 가족, 주택, 통신에 대해 타인이 함부로 간

섭해서는 안 되며, 어느 누구의 명예와 평판에 대해서도 타인이 침해해서는 안 된다.

13조 모든 사람은 자기 나라 영토 안에서 어디든 갈 수 있고, 어디서든 살 수 있다. 또한 그 나라를 떠날 권리가 있고, 다시 돌아올 권리도 있다.

14조 모든 사람은 박해를 피해, 타국에 피난처를 구하고 그곳에 망명할 권리가 있다.

15조 누구나 국적을 가질 권리가 있다. 누구든지 정당한 근거 없이 국적을 빼앗기지 않으며, 자기 국적을 바꾸거나 다른 국적을 취득할 권리가 있다.

16조 성년이 된 남녀는 인종, 국적, 종교의 제한을 받지 않고 결혼할 수 있으며, 가정을 이룰 권리가 있다. 결혼에 관한 모든 문제에 있어서 남녀는 똑같은 권리를 갖는다.

17조 모든 사람은 혼자서 또는 타인과 공동으로 재산을 소유할 권리가 있다. 어느 누구도 자기 재산을 정당한 이유 없이 남에게 함부로 빼앗기지 않는다.

18조 모든 사람은 사상, 양심, 종교의 자유를 누릴 권리가 있다.

19조 모든 사람은 의사표현의 자유를 누릴 권리가 있다.

20조 모든 사람은 평화적인 집회 및 결사의 자유를 누릴 권리가 있다.

21조 모든 사람은 직접 또는 자유롭게 선출된 대표자를 통해, 자국의
　　　정치에 참여할 권리가 있다. 모든 사람은 자기 나라의 공직을 맡
　　　을 권리가 있다.

22조 모든 사람은 사회의 일원으로서 사회보장을 받을 권리가 있다.

23조 모든 사람은 일할 권리, 자유롭게 직업을 선택할 권리, 공정하고
　　　유리한 조건으로 일할 권리, 실업 상태에서 보호받을 권리가 있
　　　다. 모든 사람은 차별 없이 동일한 노동에 대해 동일한 보수를 받
　　　을 권리가 있다.

24조 모든 사람은 노동시간의 합리적인 제한과 정기적 유급휴가를 포
　　　함하여, 휴식할 권리와 여가를 즐길 권리가 있다.

25조 모든 사람은 먹을거리, 입을 옷, 주택, 의료, 사회 서비스 등을 포
　　　함해 가족의 건강과 행복에 적합한 생활수준을 누릴 권리가 있
　　　다.

26조 모든 사람은 교육받을 권리가 있다. 초등교육과 기초교육은 무

상이어야 하며, 특히 초등교육은 의무적으로 실시해야 한다. 부모는 자기 자녀가 어떤 교육을 받을지 '우선적으로 선택할 권리'가 있다.

27조 모든 사람은 자기가 속한 사회의 문화생활에 자유롭게 참여하고, 예술을 즐기며, 학문적 진보와 혜택을 공유할 권리가 있다.

28조 모든 사람은 이 선언의 권리와 자유가 온전히 실현될 수 있는 체제에서 살아갈 자격이 있다.

29조 모든 사람은 자신이 속한 공동체에 대해 한 인간으로서 의무를 진다.

30조 이 선언에서 말한 어떤 권리와 자유도 다른 사람의 권리와 자유를 짓밟기 위해 사용될 수 없다. 어느 누구에게도 남의 권리를 파괴할 목적으로 자기 권리를 사용할 권리는 없다.

<국가인권위원회 홈페이지 제공>

해주향약海州鄕約

〈해주향약〉은 율곡이 42세 때인 1577년 병조참兵曹參知를 사직하고 해주海州 석담石潭으로 물러나와 있던 중 이 고을 유지들과 의논해서 만든 것입니다. 〈서원 향약西原鄕約〉에 비해 내용이 매우 방대하고, 〈주자 증손여씨향약〉에 비해 덕업과 예속에 대해 구체적으로 명시해서 교화의 효율성을 높였습니다.

또 수평적 오륜 덕목의 실천과 상부상조의 정신이 잘 나타나 있습니다. 참고할 만한 내용을 간추려 게재합니다. 《율곡의 향약과 사회 교육사상》, 《율곡전서》, '율곡사랑www.yulgok.co.kr' 에서 큰 도움을 받았습니다.

입약 범례立約凡例

ㅁ 처음 규약을 정할 때에는 뜻이 같은 이에게 규약문을 두루 알려서 그 마음을 바로잡고, 몸가짐을 단속하고, 허물을 고쳐서 착하게 한다. 향약에 참례하기를 원하는 자 몇 사람을 선택하여 서원에 모아 약법을 의논하여 정하고, 도약정, 부약정과 직월, 사화를 선정한다.

ㅁ 세 가지의 장부를 두어 무릇 입약入約을 원하는 자를 하나의 장부에 적고, 덕업이 볼 만한 자를 또 하나의 장부에 적고, 바로잡을 과실

이 있는 자를 또 하나의 장부에 적어 직월이 관장하였다가 매번 모임에 약정에게 알려서 각각 그 차례를 매긴다.

ㅁ 처음 입약入約할 때 약에 참여한 사람은 각각 면포布, 마포麻布 한 필씩과 쌀 한 말씩을 내어 사화司貨에게 위탁하여 서원에 간직해 두고, 근간謹幹한 제직齊直을 선발하여 그 출납을 관장했다가 뒷날 경조 구휼救恤의 자원을 삼게 한다.

덕업상권德業相勸

ㅁ 덕德이란 부모에게는 효도하고, 국가에는 충성하고, 형제간에는 우애하고, 어른에게는 공경하며, 도道로 몸을 다스리고, 예禮로 가정을 올바르게 다스리며, 말은 반드시 충성스럽고 믿음직스럽게 하고, 행동은 반드시 돈독하고 공경스럽게 하며, 분노와 욕심을 억누르고, 성색聲色을 멀리 하며, 선을 보면 반드시 행하고, 허물을 들으면 반드시 고치며, 제사에는 정성을 다하고, 초상初喪에는 슬픔을 다하며, 종족과 화목하며 이웃과 사귀고, 친구를 가려 어진이를 가까이 하며, 바른 도로 자식을 가르치고, 근엄한 법으로 아랫사람을 다스리며, 가난할 때에도 청렴한 지조를 지키고, 부유해져도 예로 사양함을 좋아하는 따위를 이르는 것이다.

ㅁ 업業이란 글을 읽고 이치를 연구하며, 예禮를 익히고 수數를 밝히며, 집안을 엄숙하게 다스리고, 과정課程을 신중히 하며, 살림살이를 구차스럽게 하지 않고, 남을 구제하되 인仁을 행하며, 약속한 것을 실천하고, 남의 부탁을 들어주며, 환난을 구제하고, 널리 은혜를 베풀며, 남에게 선을 하도록 인도하고, 남의 잘못을 바로잡아주며, 남을 위하

여 일을 도모하고, 대중을 위하여 일을 성사시키며, 서로 싸우는 것을 화해시키고, 옳고 그른 것을 판결하며, 이로운 것을 일으켜 해로운 것을 제거하고, 관직에 있어서는 책임을 완수하며, 법령을 두려워하고, 세금을 포탈하지 않는 따위를 말하는 것이다.

과실상규過失相規

과실이란 의義를 범하는 허물을 말한다.

□ 희락嬉樂과 유희遊戲에 절제가 없는 것으로, 멋대로 술을 마시고 함부로 떠들거나, 음란한 창녀를 가까이 하거나, 바둑과 장기에 빠지는 것을 말하는 것이니, 무릇 범람한 생활로 학문을 폐하는 일은 모두 이에 해당한다.

□ 법도에 위배되는 행동을 많이 하는 것으로, 몸가짐을 조심스럽게 하지 않고 몸단속을 해이하게 하여 연세 높은 이와 덕이 높은 어른을 업신여기거나, 혹은 장단長短을 가려 사람을 대하며, 세도를 믿고 남을 깔보거나 혹은 자신은 높게 여기고 남은 낮추어 보며, 가정을 다스림에 법도가 없어서 부부夫婦가 지나치게 가까워 무람없거나, 혹은 지나치게 박대하거나, 잘못을 알고도 허물을 고치지 아니하고, 간언諫言을 듣고도 더욱 심하게 하는 것을 말하는 것이니, 무릇 예에 벗어나고 법을 어기는 여러 가지 악은 모두 이에 해당한다. 향약에 참여한 자가 향약에 참여하지 않은 자를 경시하는 것도 자신은 높게 여기고 남은 낮추어 보는 것이다.

□ 남과 재물을 거래하면서 남에게 손해를 입혀서 자기의 이익만 보며, 오로지 공리功利에만 힘을 쓰고 다른 일은 생각지 않으며, 남에

게 물건을 요구하기를 좋아하되 시골 백성이나 절의 중들을 침해하며, 남의 부탁을 받고도 속이고 숨기는 바가 있으며, 남의 재물을 받아 관사官司에 청탁하며, 관청에서 직무를 수행하되 능히 청렴결백하지 못한 것을 말한다.

예속상교禮俗相交

존자尊者와 유자幼者사이의 동아리輩는 모두 5등급이 있다.

첫째는 존자尊者이니, 자기보다 20세 이상의 연장자로 아버지와 같은 연배인 사람을 말한다. 만약 사제 사이라면 나이가 높지 않더라도 당연히 존자로 대우하여야 한다.

둘째는 장자長者이니, 자기보다 10세 이상의 연장자로 형의 연배인 사람을 말한다. 만약 장자가 혹 아버지와 친구이거나 동네 어른으로 어릴 적부터 공경하던 사람이거나 혹은 덕망과 지위가 있어 존경할 만한 사람이라면 당연히 존자로 대우해야 한다.

셋째는 적자敵者 맞상대이니 자신과의 나이 차이가 위아래로 10세 미만인 자를 말한다. 연장자는 약간 어른이 되고 연소자는 약간 젊은이가 된다.

넷째는 소자少者이니, 자기보다 10세 이하의 젊은이를 말한다.

다섯째는 유자幼者이니, 자기보다 20세 이하의 젊은이를 말한다. 나이는 비록 어리더라도 덕망과 지위가 있어 존경할 만한 사람이라면, 존장尊長이 마땅히 대등한 예를 행하게 하여 대하기를 적자와 같게 해야 한다.

환난상휼患難相恤

환난의 일에는 일곱 가지가 있다.

▫ 수재와 화재이니, 재난이 적으면 사람을 보내어 도와주고, 재난이 심하면 직접 가되 많은 사람을 이끌고 가서 도와주고 또 위문한다. 만약 이로 인하여 양식이 떨어지게 되면 여러 사람이 의논하여 재물로써 돕는다.

▫ 도적이니, 가까이 있는 사람들은 힘을 합쳐 도둑을 잡고, 힘이 있는 사람은 관사官司에 이를 고한다. 그 집안이 가난하면 도움이 되는 것을 모아서 주고, 만약 이로 인해 조석의 공양을 못하게 되거나 또는 발가벗게 되는 지경에 이르게 된다면 여러 사람이 의논하여 재물로써 이를 돕는다.

▫ 질병이니, 병이 가벼우면 사람을 보내어 병문안을 하고, 병이 심하면 그를 위해 의사와 약을 구해본다.

▫ 사상死喪이니, 만약 가난이 극심하여 장사를 지낼 수 없는 경우에는 여럿이 의논하여 규정된 부의 외에 재물을 더하여 도와준다.

▫ 어린 고아孤兒이니, 약원 중의 한 사람이 죽었을 때, 어려서 의탁할 곳이 없는 자식이 있는 것을 말한다. 만약 그 집안이 충분히 여유가 있으면, 그 친족 가운데서 믿고 일 잘할 만한 사람을 가리어 그에게 일을 알맞게 처리하도록 하고 그 출납을 조사한다. 집안 사람 가운데 마땅한 사람이 없으면 약원 가운데 절친한 사람이 맡는다.

▫ 무고誣告를 당하는 것이니, 만약 약원 중에 다른 사람의 무고를 당하여 과오나 잘못을 스스로 밝힐 수 없는 사람이 있어, 사세가 관부官府에 알릴 만하면 그를 위해 말을 하고, 무고를 풀어줄 만한 방략方略이

있으면 풀어주도록 한다. 그리고 혹 그 집이 그로 인하여 갈 곳이 없게
되면 여럿이 함께 재물을 내어 도와준다.

　□ 가난이니, 약원 가운데 가난을 달게 여기고 깜냥을 지키나 생계
가 궁색하여 끼니를 잇기 어려운 지경에까지 이른 자가 있으면 재물
을 내어 돕는다. 혼기婚期를 넘긴 처녀가 있으면 동약이 연명하여 글을
올려 관사에서 해결해주기를 요구한다.

참고문헌

강지훈, 『착한 스타들, 바보 재테크』, 해피스토리, 2008.

구본형·오세나·홍승완, 『아름다운 혁명 공익 비즈니스』, 세종연구원, 2007.

금장태, 『실천적 이론가 정약용』, 이끌리오, 2005.

금장태, 『유교사상과 한국사회』, 한국학술정보, 2008.

김경훈, 『뜻밖의 한국사』, 오늘의 책, 2005.

김경수·이영화, 『테마로 읽는 우리 역사』, 동방미디어, 2004.

김경식, 『율곡의 향약과 사회교육사상』, 배영사, 2005.

김누리, 『기부 향기는 매콤한 페퍼로드를 타고』, 아르케, 2008.

김대문, 이종욱 역, 『화랑세기』, 소나무, 2005.

김부식, 고전연구실 역, 『삼국사기』, 신서원, 2004.

김성호, 『사회공헌은 아름다운 동행』, 삼영사, 2007.

김종대, 『여해 이순신 : 너라야 세상을 화평케 하리라』, 예담, 2008.

넥스터스, 『아름다운 거짓말』, 북노마드, 2008.

노광표·이명규, 『노동운동의 미래 의제: 기업의 사회적 책임』, 한국노동사회연구소, 2007.

데이비드 본스타인, 『달라지는 세계』, 지식공작소, 2008.

마크 베니오프·칼리 애들러, 김광수 역, 『세상을 바꾸는 비즈니스』, 해냄, 2008.

무함마드 유누스·칼 웨버, 『가난 없는 세상을 위하여』, 물푸레, 2008.

문철영, 『고려 유학의 새로운 모색』, 경세원, 2007.

바바라 메츨러, 윤현봉 역, 『세상을 바꾸는 사랑의 열정가들』, 마고북스, 2008.

박영규, 『한 권으로 읽는 세종대왕 실록』, 웅진씽크빅, 2008.

박현모, 『세종처럼 : 소통과 헌신의 리더십』, 미다스북스, 2008.

박현모, 『세종, 실록 밖으로 행차 하다 : 조선의 정치가 9인이 본 세종』, 푸른역사, 2007.

백기복, 『대왕 세종』, 크레듀, 2007.

부자학연구학회, 『생각이 부를 결정한다』, 무한, 2008.

브래들리 K. 구긴스·필립 H. 머비스·스티븐 A. 로크린, 강주현·안젤라 역, 『세계 최고 기업들의 기업
시민활동』, FKI, 2008.

빌 클린턴, 김태훈 역, 『기빙:우리 각자의 나눔으로 세상을 바꾸는 법』, 물푸레, 2007.

사티시 쿠마르·프레디 화이트필드, 채인택 역, 『희망의 근거』, 메디치, 2009.

서병덕·심경섭·정동욱, 『기업과 사회의 이해』, 에이드북, 2008.

송호정, 『단군, 만들어진 신화』, 산처럼, 2007.

스티브 힐튼·자일스 기번스, 안진환 역, 『세상을 이롭게 하는 멋진 비즈니스』, 아카넷, 2003.

실벵 다르니·마튜 르 루, 민병숙 역, 『세상을 바꾸는 대안기업가 80인』, 마고북스, 2006.

아름다운재단 기부문화연구소, 『국제기부문화심포지엄 기빙코리아 : "한국 기업의 사회공헌활동
실태조사 결과 발표와 2020년 기업 사회공헌 전망", 2007(제7회)』, 아름다운북, 2007

알베르트 슈바이처, 심재관 역, 『열정을 기억하라』, 좋은생각사람들, 2006.

알베르트 슈바이처, 이종인 역, 『슈바이처의 유산』, 시공사, 2003.

앤드류 카네기, 박상은 역, 『성공한 CEO에서 위대한 인간으로』, 21세기 북스, 2006.

예종석, 『노블레스 오블리주』, 살림, 2006.

와타나베 나나, 송수영 역, 『체인지 메이커』, 넥서스북스, 2007.

와타나베 나나, 이정환 역, 『미래 사회를 여는 변화의 물결』, 에이지21, 2008.

우승미, 『실학의 꽃 정약용』, 이룸, 2007.

유병선, 『보노보 혁명』, 부키, 2007.

이기석 역해, 『소학』, 홍신문화사, 2002.

이상각, 『이도 세종대왕 : 조선의 크리에이터』, 추수밭, 2008.

이성호 편역, 『아버지, 내 삶의 거울』, 문자향, 2008.

이순신, 허경진 역, 『난중일기 : 인간 "이순신"을 만나다』, 중앙북스, 2008.

이승휴, 김경수 역, 『제왕운기』, 역락, 1999.

이영춘 외, 『조선의 청백리』, 가람기획, 2006.

이용범, 『인생의 참 스승 선비』, 바움, 2004.

이원용 편저, 『세계를 움직인 12인의 천재들』, 을유문화사, 1996.

이 이, 『만언봉사, 목숨을 건 직설의 미학』, 꿈이 있는 세상, 2007.

이 이, 『율곡전서』, 한국학중앙연구원, 2006.

이이화, 『한국사의 아웃사이더 : 누가 역사의 진정한 주역인가!』, 김영사, 2008.

이이화, 『한국사 이야기 9 조선의 건국』, 한길사, 2000.

이장희, 『조선시대 선비 연구』, 박영사, 2007.

이재원, 『천년의 향기 편지로 남다』, 답게, 2008.

이종욱, 『화랑』, 휴머니스트, 2003.

일연, 김원중 역, 『삼국유사』, 민음사, 2007.

임혁백·김윤태·김철주·박찬웅·고형면, 『사회적 경제와 사회적 기업』, 송정문화사, 2007.

전국경제인엽합회, 『2007 기업·기업재단 사회공헌 백서』, 전경련, 2008.

전병길·고 영, 『새로운 자본주의에 도전하라!!』, 꿈꾸는터, 2009.

정선희, 『사회적 기업』, 다우출판사, 2004.

정옥자, 『우리가 정말 알아야 할 우리 선비』, 현암사, 2002.

조규태, 『용비어천가』, 한국문화사, 2007.

조대엽 외, 『21세기 한국의 기업과 시민사회』, 굿 인포메이션, 2007.

조성기, 『유일한평전』, 도서출판 작은 씨앗, 2005.

주강현, 『두레』, 들녘, 2006.

주성수, 『기업시민정신과 NGO』, 아르케, 2003.

최해진, 『경주 최 부자 500년의 신화』, 뿌리깊은나무, 2006.

최해진·권혁기, 『참부자 이야기』, 대명, 2007.

최효찬, 『세계 명문가의 자녀교육』, 예담, 2006.

코너 오클리어리, 이순영 역, 『아름다운 부자 척 피니』, 물푸레, 2008.

크리스틴 아레나, 『휴렛팩커드가 산골마을을 찾은 이유』, 지식의날개, 2007.

토마스 람게, 이구호 역, 『행복한 기부』, 풀빛, 2007.

편집부, 『논어·대학·중용』, 은광사, 2001.

편집부, 『선비와 선비정신』, 남명학연구원, 2008.

폴 뉴먼·A.E. 허츠너, 윤영호 역, 『아름다운 비즈니스』, 세종연구원, 2006.

필립 코틀러·낸시 리, 남문희 역, 『착한 기업이 성공한다』, 웅진씽크빅, 2006.

한정주, 『조선의 거상 경영을 말하다』, 비즈페이퍼, 2007.

함기선, 『두 사람의 행복한 빈 손』, 21세기북스, 2009.

현상윤, 『조선유학사』, 현음사, 2003.

KBS 한국사전 제작팀, 『한국사전』, 한겨레출판, 2008.

KBS 한국사전 제작팀, 『한국사전2』, 한겨레출판, 2008.

참고사이트

국가인권위원회 http://www.humanrights.go.kr

노리단 http://www.noridan.org

사회복지공동모금회 http://www.chest.or.kr

아이들과미래 http://www.kidsfuture.net

아름다운가게 http://www.beautifulstore.org

아름다운재단 http://www.beautifulfund.org

어린이재단 http://www.kwf.or.kr

연합뉴스 http://www.yonhapnews.co.kr

유진크레베스 http://www.yujinkreves.com

율곡사랑 http://www.yulgok.co.kr

이루미 http://www.erumi.kr

조선왕조실록 http://sillok.history.go.kr

현명한 투자자들의 모임 http://cafe.naver.com/highstock15